rororo studium

Herausgegeben von Ernesto Grassi
Universität München

*rororo studium ist eine systematisch konzipierte wissenschaftliche Ar-
beitsbibliothek, die nach Inhalt und Aufbau die Vermittlung von theoretischer Grundlegung und Handlungsbezug des Wissens im Rahmen interdisziplinärer Koordination anstrebt. Die Reihe orientiert sich an den
didaktischen Ansprüchen, der Sachlogik und dem kritischen Selbstverständnis der einzelnen Wissenschaften. Die innere Gliederung der Stu-
dienkomplexe in* EINFÜHRENDE GRUNDRISSE, SCHWERPUNKTANALYSEN *und*
PRAXISBEZOGENE EINZELDARSTELLUNGEN *geht nicht vom überlieferten Fächerkanon aus, sondern zielt auf eine problemorientierte Zusammenfassung der Grundlagen und Ergebnisse derjenigen Wissenschaften, die
wegen ihrer gesellschaftlichen Bedeutung didaktischen Vorrang haben.
Kooperation und thematische Abstimmung der mitarbeitenden Wissenschaftler gewährleisten die Verknüpfung zwischen den einzelnen Bänden
und den verschiedenen Studienkomplexen.*

E. G.

Sozialwissenschaft

KLAUS HURRELMANN

Erziehungssystem und Gesellschaft

ROWOHLT

Herausgeberassistent: Eginhard Hora (München)
Redaktion: Bernhard Bauer

Veröffentlicht im Rowohlt Taschenbuch Verlag GmbH,
Reinbek bei Hamburg, März 1975
© Rowohlt Taschenbuch Verlag GmbH, Reinbek bei Hamburg, 1975
Alle Rechte vorbehalten
Umschlagentwurf Werner Rebhuhn
Satz Aldus (Linotron 505 C)
Gesamtherstellung Clausen & Bosse, Leck/Schleswig

ISBN 978-3-531-22070-3   *ISBN 978-3-663-01255-9 (eBook)*
DOI 10.1007/978-3-663-01255-9

Inhaltsverzeichnis

Einleitung

Alle industriellen Gesellschaften sind auf dem Wege von der naturwüchsigen zur gesellschaftlich geplanten und organisierten Sozialisation und Erziehung. Der Anteil derjenigen interaktiven Prozesse des Einwirkens auf den Aufbau der soziokulturellen Persönlichkeit der Heranwachsenden wird ständig größer, der von gesellschaftlich formal beauftragten und kontrollierten Rollenträgern in eigens zu diesem Zweck konstituierten komplexen sozialen Organisationen durchgeführt wird. Der Anteil derjenigen Prozesse wird kleiner, der als Nebenprodukt interaktiver Beziehungen mit durchaus multivalenter sozialer und gesellschaftlicher Funktionsbestimmung größtenteils unbeabsichtigt und ungeplant abläuft. Das gilt nicht nur in der Perspektive der biographischen Entwicklung des einzelnen Kindes und Jugendlichen: Die Zeit, die in formal organisierten Sozialisationsinstanzen im Laufe des Heranwachsens verbracht wird, nimmt gegenüber früheren Phasen der gesellschaftlichen Entwicklung zu; man denke an die Ausweitung der Pflichtschulzeit. Das gilt auch in der Perspektive des kollektiven gesellschaftlichen Organisierungsgrades der jungen Generation: Der Anteil eines Altersjahrgangs, der von staatlichen oder zumindest öffentlich verfaßten Erziehungseinrichtungen wie Kindergärten, Vorschulen, Schulen und Hochschulen erfaßt wird, wird von Jahrzehnt zu Jahrzehnt größer.

Die Ursachen dieses Entwicklungsprozesses liegen in umfassenden gesamtgesellschaftlichen Veränderungen, insbesondere in den miteinander verflochtenen Faktoren des Wandels der ökonomischen Produktions- und Verwertungsbedingungen, der politischen Herrschafts- und Entscheidungsstrukturen und der makrogesellschaftlichen Sozialstrukturen. Eine Analyse der Entwicklung der Sozialisations- und Erziehungsprozesse in unseren Gesellschaften muß deshalb verbunden sein mit einer Analyse dieser gesellschaftlichen Veränderungen selbst. Eine Sozialisationstheorie muß notwendigerweise in eine Theorie gesellschaftlicher Strukturen und Prozesse übergehen und Bestandteil einer umfassenden Gesellschaftstheorie sein.

In dieser Arbeit wird versucht, moderne sozialwissenschaftliche Theorie- und Forschungsansätze auf ihre Erklärungskraft für den hier gewählten Gegenstandsbereich hin abzufragen und zu prüfen, inwieweit ein kombinierter, komplementäre Theoriebestandteile integrierender Gesamtansatz einer Theorie gesellschaftlich organisierter Sozialisation möglich und sinnvoll ist. Dabei wird unterstellt, daß ein solches Vorgehen ertragreicher ist als die in den letzten Jahren oft zu beobachtende Bindung der Sozialisations- und Bildungsforschung an einen einzelnen als universalistisch und allumfassend verstandenen theoretischen Ansatz; solch eine meist dogmatisch ausfallende Bindung lähmt die Kommunikationsprozesse von Wissenschaftlern und Praktikern untereinander und miteinander und lädt sie über Gebühr ideologisch auf. Deshalb scheint mir zumindest der Versuch angezeigt, die hier im Vordergrund stehende Forschungsrichtung durch eine – wenn auch notwendigerweise noch unvollständig bleibende – theoretische Verbindung verschiedener ausgewählter neuer Ansätze neu anzustoßen.

Ich fühle mich dabei in besonderer Weise von neueren Strömungen der «kritischen Gesellschaftstheorie» angeregt. Der flexible soziohistorisch-sozioökonomische sozialwissenschaftliche Ansatz dieser Denkrichtung hat heute systemtheoretische und interaktionstheoretische Elemente in sich aufgenommen. Wir sind mit Hilfe dieses Ansatzes am ehesten in der Lage, die Merkmale und Entwicklungsprozesse der gegenwärtigen Entwicklungsphase der Gesellschaftsformation westlicher Industrieländer zu erfassen und das Erziehungssystem in diesem Bezugsrahmen zu analysieren. Die Ergänzung durch systemtheoretische Elemente macht es darüber hinaus möglich, die Erscheinungsformen der Interdependenzen von Erziehungssystem und anderen Teilsystemen unserer Gesellschaften auf ihre Begrifflichkeit zu bringen; in ihrer organisationssoziologischen Komponente sind die Systemtheorien außerdem in der Lage, die formale soziale Organisation des Erziehungssystems und innersystemische Eigengesetzlichkeiten adäquat zu erfassen. Die Ergänzung durch interaktionstheoretische Elemente erlaubt es, die Transformationseffekte gesellschaftlicher Makrostrukturen für die Interaktions- und Kommunikationsstrukturen im Bereich der Erziehungseinrichtungen zu analysieren und kritisch zu prüfen, in welcher Weise und in welchem Maße die interaktiven Bedürfnisse der in diesen Einrichtungen Handelnden erfüllt werden.

Ein in dieser Weise angereicherter und ergänzter kritischer theoretischer Ansatz ist meiner Meinung nach in der Lage, die Gesamtheit der Strukturen und Prozesse gesellschaftlich organisierter Sozialisation zu analysieren und zu erklären. Er ist geeignet, die drei zentralen Ebenen (die gesellschafts-, organisations- und interaktionstheoretische) zu vereinen, denen sich heute jede Analyse und Theorie der Gesamtgesellschaft oder eines gesellschaftlichen Teilsystems zu stellen hat.

Indem die vorliegende Arbeit sich dem Anspruch stellt, das skizzierte theoretische Programm einzulösen, stellt sie einen Beitrag zur wissenschaftlichen Fachdiskussion der Sozialisations- und Bildungsforschung dar. Zugleich wendet sie sich an Studenten der Soziologie, der Sozialpädagogik und der Erziehungswissenschaft, an Lehrer und Erzieher, an Bildungspolitiker, Bildungsverwalter und Bildungsplaner in der Praxis. Sie sollen einen Überblick über wichtige neuere Fragestellungen und Erkenntnisse der Sozialisations- und Bildungsforschung als eines zentralen Teilgebietes angewandter sozialwissenschaftlicher Forschung erhalten. Lesern, die an der komplizierten theoretischen Grundlagendiskussion nicht interessiert sind, wird empfohlen, den Abschnitt 1.2 zu überspringen.

Um die Arbeit nicht ausufern zu lassen, mußten einige Begrenzungen des Gegenstandsbereiches vorgenommen werden. Die folgende Analyse konzentriert sich auf das staatliche Schul- und Hochschulwesen, und zwar insoweit, als es mit den normalen Entwicklungsphasen der Sozialisation befaßt ist. Andere gesellschaftliche Sozialisationsinstanzen, insbesondere solche, die sich mit der Korrektur von (nach Auffassung der dafür zuständigen Definierer) nicht «normalen» Sozialisationsprozessen befassen, werden nur am Rande berücksichtigt. Es geht hier also um die organisierten Sozialsysteme der *Sozialisation*, nicht die der *Resozialisation* (wie Sonderschulen, Jugendgefängnisse, Erziehungsheime usw.). Auch spezifische gesellschaftliche Institutionen außerhalb des staatlichen Bildungswesens, die einen mehr oder weniger formalen gesellschaftlichen «Erziehungsauftrag» haben (wie z. B. Einrichtungen der Jugendfreizeitarbeit, Massenmedien), bleiben hier ausgeklammert. Die vorliegende Arbeit kann also nur Teilaspekte dessen thematisieren, was in den großen gesellschaftlichen Teilbereich «Sozialisation» fällt.

Die folgende Abhandlung gliedert sich in drei analytisch voneinander abgegrenzte Untersuchungsschritte, die der gesellschafts-, der organisations- und der interaktionstheoretischen Ebene des Gegenstandsbereiches gerecht werden sollen. Sie beginnt mit einem Überblick über wichtige traditionelle und moderne Ansätze der Sozialisations- und Bildungsforschung und stellt dann die theoretischen Elemente vor, die den weiteren Fortgang der Analyse bestimmen sollen.

1 Theoretische Ansätze der Sozialisations- und Bildungsforschung

1.1 Der Stand der wissenschaftlichen Diskussion

In der wissenschaftlichen Diskussion der letzten Jahre hat sich «Sozialisation» als ein weitgefaßter interdisziplinärer Begriff in Theorie und Forschung durchgesetzt. Er hat sich als ein Oberbegriff für eine ganze Reihe von Einzelaspekten des Prozesses der «zweiten, soziokulturellen Geburt» des Menschen etabliert, die bisher jeder für sich mit diesem Begriff belegt wurden. Ich will hier Sozialisation im Anschluß an einen Vorschlag von Geulen (1973) ganz allgemein als den Prozeß der Persönlichkeitsgenese in Abhängigkeit von der sozialen Umwelt verstehen, einer Umwelt, die ihrerseits historisch-gesellschaftlich vermittelt ist. Diese Definition verhindert Beschränkungen des Sozialisationsbegriffs, etwa solche auf bestimmte psychologische Mechanismen (wie Lernen und Identifikation), in bezug auf bestimmte Altersstufen (wie die Jugendzeit), auf bestimmte Instanzen der Sozialisation (wie die Familie) oder auf bestimmte qualitativ-strukturelle Aspekte (wie Erziehung als Summe der intendierten und bewußt geplanten Entwicklungsimpulse).

Alle diese Einzelaspekte sind im heute vorherrschenden Begriffsverständnis unter Sozialisation subsumiert. Zögernd wird dieses Begriffsverständnis auch von der sozialwissenschaftlich sich verstehenden Psychologie und Psychoanalyse übernommen – zögernd deshalb, weil man sich darüber im klaren ist, welche soziologischen Implikationen im oben skizzierten Begriffsverständnis enthalten sind: Dieser Begriff bringt schon in seinem konzeptionellen Zuschnitt zum Ausdruck, daß das ganze menschliche Subjekt als durch Sozialisation vermittelt anzusehen ist, daß es also nicht nur Teile der Persönlichkeit sind, die gesellschaftlichem Einfluß unterworfen sind, und – abstrakt-soziologisch gesehen – Bereiche gesellschaftsfreier reiner Individualität nicht existieren. Nicht nur die Bedingungen des gesellschaftlich formal organisierten Sozialisationsprozesses, sondern auch die des gesellschaftlich kaum explizit geplanten und organisierten familialen Sozialisationsprozesses müssen in dieser Perspektive als durch gesellschaftliche Verhältnisse (mit-)determiniert verstanden werden – ein Verständnis, das in den genannten Disziplinen erhebliches Umdenken verlangt (Walter 1973, Heinz 1974).

Zur Entwicklung der allgemeinen Sozialisationsforschung
Die Geschichte des Begriffs Sozialisation begann um die Jahrhundertwende in der amerikanischen Soziologie. Etwa seit Ende der zwanziger Jahre zeichnete sich in der sozialwissenschaftlichen Diskussion der USA eine gewisse Konvergenz im konzeptionellen Verständnis dieses Begriffs ab. Im wesentli-

chen faßte man Sozialisation sehr einseitig als Prägung und Formung der Persönlichkeitsstruktur der heranwachsenden Kinder und Jugendlichen gemäß den institutionalisierten Erwartungen der wichtigen sozialen Bezugsgruppen auf. Zunächst herrschten psychoanalytische, lerntheoretische und kulturanthropologische Strömungen vor, sozialpsychologische und soziologische Ansätze waren noch wenig entwickelt (Überblick bei Fürstenau 1967). Erst im Verlauf der dreißiger Jahre setzte eine im engeren Sinn sozialwissenschaftliche Erforschung von Sozialisationsprozessen ein, maßgeblich beeinflußt durch G. H. Mead (1934, deutsch 1968) und seine sozialpsychologisch-interaktionistische Schule und dann rasch in den Bann der bis vor wenigen Jahren vorherrschenden strukturell-funktionalistischen Theorie im Anschluß an Parsons (1951) geratend.

Diese spezifische Ausrichtung der amerikanischen Sozialisationsforschung hat auch die nach dem Zweiten Weltkrieg sich in diesem Bereich konstituierende Theorie in Westdeutschland stark beeinflußt. Zusätzlich zu diesen Komponenten knüpfte man unter dem Eindruck der aktuellen historischen Ereignisse an einige Postulate der sozialkritischen Wissenschaftstradition der zwanziger Jahre an und stellte die erkenntnisleitende Frage nach der Entwicklung eines Widerstandspotentials des Individuums gegenüber gesellschaftlichem Konformitäts- und Anpassungsdruck mit in den Vordergrund der Theorieentwicklung. Wurzbacher, der zusammen mit Claessens maßgeblich die Sozialisationstheorie in Westdeutschland anregte, kritisiert in diesem Sinne die «Überlastung des Sozialisationsbegriffs mit anpassungsmechanistischen Vorstellungen» (Wurzbacher, 1963). Er will diesem Mangel beikommen, indem er die Begriffstrias Sozialisation–Enkulturation–Personalisation entwickelt: Sozialisation wird überwiegend als der Prozeß der Integration des Individuums in die Gesellschaft verstanden, der für das Individuum einen gewissen Zwangscharakter hat. Enkulturation ist demgegenüber eine gruppen- und personspezifische Aneignung und Verinnerlichung von Erfahrungen, Maßstäben und Symbolen der Kultur zur Erhaltung, Entfaltung und Sinndeutung der eigenen wie der Gruppenexistenz. Personalisation soll die Aktivität des Objekts der Sozialisation betonen und stellt ab auf die «Selbstformung und -steuerung der Triebstrukturen» und die sinngebend koordinierende und verantwortlich gestaltende «Rückwirkung» des Individuums auf die Faktoren Gesellschaft und Kultur.

In diesem Modell, das weite Verbreitung auch in den an die Soziologie angrenzenden Disziplinen gefunden hat, stehen sich Gesellschaft/Kultur und Individuum als monolithische Blöcke verdinglicht gegenüber. Dem passiven «Internalisierer», der in der amerikanischen Sozialisationsforschung dominierte, wird das Bild des aktiven Gesellschafts- und Kulturformers gegenübergestellt. Beide Vorstellungen stehen aber eigenartig unverbunden nebeneinander, die Beziehung zwischen Individuum und Gesellschaft bleibt grundlagentheoretisch völlig ungeklärt (Walter 1973, Einleitung S. 23 ff.). Die Konzeption von Wurzbacher stellt eindeutig einen

Fortschritt und eine Bereicherung der Diskussion dar, vor allem, wenn man die starren strukturell-funktionalistischen Ansätze jener Zeit im Auge hat. Doch sie ist ständig in Gefahr, über die Verdinglichung der Begriffe von Individuum und Gesellschaft sich im Gestrüpp rein moralischer Appelle und humanistischer Ideologien zu verstricken, ohne gesellschaftsstrukturelle Gesetzmäßigkeiten mit in die Konzeption aufzunehmen.

Dieser Gefahr entgeht der ebenfalls in konstruktiver Auseinandersetzung mit strukturell-funktionalistischen Theoremen entstandene Ansatz von Claessens (1962), der ansonsten nicht wesentlich anders motiviert ist als der von Wurzbacher. Denn hier werden Sozialisationsprozesse und -effekte eng mit familienstrukturellen Variablen verknüpft, die ihrerseits wiederum in ihrer gesellschaftlichen Bedingtheit erkannt sind. Claessens stellt ein sehr differenziertes Modell der Sozialisationsleistungen der modernen Kleinfamilie vor, die, wie gezeigt wird, mittels ihrer einfachen Beziehungsstruktur bei gleichwohl größter Differenziertheit und höchster Intensität der Beziehungen den gesellschaftlichen Nachwuchs in flexibler Weise sozialisiert. Der Autor verarbeitet auch Theoreme des symbolischen Interaktionismus, indem er die Fähigkeit des Individuums zu kritischer Distanz gegenüber Rollenanforderungen betont und auf Möglichkeiten des Ausbalancierens zwischen Fremdanforderungen und eigenen Bedürfnissen hinweist, die die Entwicklung selbstbestimmter Handlungsalternativen zulassen.

Mit diesen Arbeiten von Wurzbacher und Claessens und einigen weiteren, hier nicht besonders hervorzuhebenden Veröffentlichungen hatte die soziologische Sozialisationsforschung in der BRD wieder einigermaßen den Anschluß an die internationale Entwicklung in diesem Bereich hergestellt. In der Folgezeit ist es zu einer gewissen Konvergenz der Entwicklungen in Westdeutschland und in den in diesem Forschungszweig führenden USA gekommen. Gemeinsame Impulse waren 1. eine Abwendung von den festgefahrenen statischen Modellkategorien der strukturell-funktionalistischen Theorie und 2. eine zunehmende Berücksichtigung der gesellschafts- und bildungspolitischen Implikationen der Methoden und Resultate der Sozialisationsforschung.

Der erste Impuls führte zu einer neuen und intensiven Hinwendung zu den flexibel gehaltenen dynamischen Denkansätzen der interaktionistischen Sozialisations- und Rollentheorie. Wie der bisher umfassendste Sammelband in diesem Bereich, der von Goslin (1969), zeigt, bietet ein undogmatisch verstandenes interaktionistisches Paradigma sowohl der soziologisch als auch der (sozial-)psychologisch orientierten Sozialisationsforschung einen gemeinsamen Bezugspunkt. Sowohl die Anhänger einer flexiblen interaktionistischen Rollentheorie, etwa im Anschluß an Goffman (1961, deutsch 1973), als auch die einer sozialpsychologisch akzentuierten Theorie sozialen Lernens betonen die große Bedeutung kognitiver und symbolischer Prozesse als Vermittlungsvorgänge zwischen dem Individuum und seiner sozialen Umwelt. Sie legen den Akzent auf die potentiell sich immer wieder erneut konstituierenden Interaktions- und Kommunikationsbeziehungen zwischen den in Sozialisationssystemen Handelnden und entwickeln zum erstenmal ein ideologisch vergleichsweise wenig belastetes und in sich geschlossenes Rollenmodell des in Grenzen spontan und für Umwelteinflüsse offen handelnden Individuums.

Im deutschen Sprachraum haben im Bereich der Soziologie in erster Linie Habermas (1970), Krappmann (1971) und Oevermann (1972) diese Entwicklungstendenzen aufgenommen und weiterentwickelt. Sie stellen vor allem das erkenntnisleitende Interesse der Suche nach individuellen Freiheitsräumen und Entlastungsmöglichkeiten von gesellschaftlich zugemuteten Handlungs- und Einstellungszwängen in den Vordergrund. Mittels der kritisch-interaktionistischen Rollentheorie kann es ihrer Überzeugung nach gelingen, Handlungs- und Interpretationsspielräume für individuelle Interessen und Bedürfnisse präzise zu erfassen und Kriterien für notwendige und wünschenswerte Interaktions- und Kommunikationskompetenzen in heutigen Gesellschaften herauszuarbeiten. Insbesondere geht es ihnen darum, über eine gesellschaftskritisch verstandene interaktionistische Rollentheorie ein analytisches Instrumentarium zu entwickeln, das Interaktions- und damit auch Sozialisationsprozesse nach dem Grad ihrer Repressivität, Rigidität und der Art der von ihnen auferlegten Verhaltenskontrolle abzutasten in der Lage ist. Umgekehrt soll mit diesem begrifflichen Instrumentarium die Möglichkeit gegeben werden, die erworbenen Grundqualifikationen des handelnden Subjekts in einem Rollensystem mit einem gegebenen Grad von Repressivität, Rigidität und Internalisierungsanforderung zu «evaluieren». Und zwar zu evaluieren daraufhin, ob das Individuum im Vergleich zu anderen der Rollenambiguität gewachsen ist und eine Frustrationstoleranz aufgebaut hat, ob es ein ausreichendes Maß von Rollendistanz entwickelt hat, um die Möglichkeiten für die Realisierung eigener Interpretations- und Handlungsspielräume zu erkennen und wahrzunehmen, ob es gut verinnerlichte Normen reflexiv anwenden kann, ob es eine kontrollierte Selbstdarstellung aufzubauen in der Lage ist und schließlich, ob es alle diese Anforderungen in ein ausgewogenes Verhältnis zueinander bringen, also eine flexible und dennoch stabile Ich-Identität etablieren kann.

Der zweite Impuls förderte die empirisch vorgehende schichtspezifische Sozialisationsforschung und die in ihrem Gefolge auftretenden kritischen makrosoziologischen, darunter auch neomarxistischen, Theorieansätze. Im deutschen Forschungsbereich lassen sich diese Phasen etwa durch den Hinweis auf die theoretischen und empirischen Untersuchungen von Dahrendorf (1965a, 1965b) und die Literatur- und Forschungsübersichten von Rolff (1967), Gottschalch u. a. (1971) und Ortmann (1971) belegen.

Dieser Impuls bewirkte gleichzeitig eine gewisse Distanzierung von der interaktionistischen Rollentheorie, deren unbedachte gesellschafts- und bildungspolitische Implikationen angeprangert wurden. Das gilt vor allem für die neomarxistischen Ansätze, die sich selbst allerdings nicht zu einer in sich geschlossenen und ausgereiften Konzeption für die Sozialisationsforschung entwickelt haben. Es blieb bei einer Reaktionsbildung gegen sämtliche Forschungsansätze der «bürgerlichen» Sozialisationsforschung; nur in wenigen Arbeiten (etwa Lorenzer 1972) wurde das anspruchsvolle Programm einer umfassenden materialistisch-gesellschaftstheoretisch orientierten Sozialisationstheorie wenigstens versuchsweise eingelöst. Gleichwohl haben die kritischen Impulse dieser Theorierichtung die Sozialisationsforschung nachhaltig beeinflußt und mit dafür gesorgt, daß sie sich zu einer sowohl auf den primären familiären als auch auf den sekundären schulischen Bereich angewandten gesellschaftspolitisch sensiblen Forschung entwickelt hat. Denn das war eine der wesentlichen Erkenntnisse der Diskussion der sechziger Jahre, daß die Sozialisationsforschung sich nicht auf die Phase der frühkindlichen, in den Grenzen der familialen Kleinsysteme ablaufenden Entwicklungsprozesse des heranwachsenden Individuums beschränken dürfe, sondern daß ihr der Aufbau eines umfassenden, interaktions- und gesellschaftstheoretisch relevante Komponenten berücksichtigenden begrifflichen und methodischen Instrumentariums nur gelingen kann, wenn sie sämtliche Phasen dieses Prozesses und seine sämtlichen Instanzen einbezieht. Gerade die Erforschung der Sozialisationsbedingungen und -effekte in den Bereichen von Schule und Hochschule hatte das Phänomen der gesellschaftlichen (insbesondere: der sozialstrukturell-schichtspezifischen) Vermittlung der Prozesse der Persönlichkeitsgenese der Heranwachsenden angesprochen und plausibel gemacht – und zwar über den Bereich der rein wissenschaftlichen Diskussion hinaus. Sie hatte bewirkt, daß große Aufmerksamkeit auch auf den weniger manifesten und methodisch schwerer zu erfassenden gesellschaftlichen Charakter der Sozialisationsprozesse in der Familie und in der Peer-Group gelenkt wurde. Sie trug auf diese Weise ganz entscheidend mit dazu bei, daß der eingangs erwähnte umfassende Begriff von Sozialisation sich mehr und mehr durchgesetzt hat und sich heute auf den Gesamtbereich der Persönlichkeitsgenese in Familie, Schule, Hochschule und anderen Instanzen erstreckt.

Bildungsforschung als angewandte Sozialisationsforschung
Es hat sich eingebürgert, die Sozialisationsforschung als Bildungsforschung zu bezeichnen, sofern sie sich mit denjenigen Prozessen der Persönlichkeitsgenese befaßt, die in mehr oder weniger formal organisierten gesellschaftlichen Erziehungseinrichtungen ablaufen. Die Bildungsforschung ist in diesem Verständnis ein Anwendungsbereich der Sozialisationsforschung. Sozialwissenschaftliche Theorie- und Forschungsansätze dringen auf diese Weise in ein Terrain vor, das traditionellerweise der sich als eigenständig definierenden Pädagogik vorbehalten war. Die Pädagogik hat sich im Verlauf einer jahrzehntelangen Auseinandersetzung mit der Soziologie auch von sich aus mehr und mehr als eine Sozialwissenschaft definiert und den Versuch aufgegeben, sich die Soziologie lediglich als eine untergeordnete

Hilfswissenschaft vorzustellen, die wichtige soziale und gesellschaftliche Rahmendaten heranzuschaffen habe. Einer der ersten deutschen Erziehungssoziologen, Geiger, berichtet 1930 (wiederabgedruckt 1974) noch erbost von Versuchen der Pädagogen, die Soziologie je nach wissenschaftstheoretischem Verständnis für ihre Ziele einzuspannen und zu funktionalisieren. Goldschmidt und Händle (1974) schildern, wie diese Auseinandersetzung im einzelnen in der Nachkriegszeit verlaufen ist und schließlich zu der heute zu beobachtenden weitgehenden Konvergenz der beiden Disziplinen im Zugriff auf den Gegenstandsbereich «organisierte Sozialisation und Erziehung» geführt hat: Das Erziehungssystem und die in ihm ablaufenden Sozialisationsprozesse werden zunehmend zum Gegenstand der Soziologie, umgekehrt arbeitet die Erziehungswissenschaft zunehmend mit sozialwissenschaftlichen Theorieansätzen und Methoden.

Das Gesamtgebiet der Sozialisationsforschung einschließlich der Bildungsforschung wird also heute von Teilen der Psychologie, der Pädagogik und der Soziologie getragen. Im Bereich der Bildungsforschung als auf das Erziehungswesen angewandter Sozialisationsforschung ist naturgemäß die Zusammenarbeit zwischen der Soziologie und der Pädagogik am intensivsten. Es lassen sich nur noch schwer Grenzen der Aufgabengebiete zwischen den beiden traditionellen Disziplinen erkennen, seitdem auch in die Problemstellungen der allgemeinen und der Fachdidaktik sowie der Curriculum- und der Unterrichtsforschung sozialwissenschaftliche Theorieelemente, Methoden und Erkenntnisse aufgenommen worden sind. In der wissenschaftlichen Arbeitsteilung bleiben diese Bereiche, die sich im weitesten Sinne mit den Kenntnissen und Kunstfertigkeiten des Lehrers in der Schule befassen, allerdings weiterhin die primäre Domäne der Pädagogen. Soziologen beschäftigen sich demgegenüber schwerpunktmäßig mit der Analyse der gesellschaftlichen und organisatorischen Rahmenbedingungen von Sozialisations- und Erziehungsprozessen im gesamten Bildungswesen, mit der Entwicklung des Erziehungssystems als eines gesellschaftlichen Teilsystems und mit der Untersuchung der internen Organisations-, Interaktions- und Kommunikationsstrukturen der einzelnen Erziehungseinrichtungen. Der Beitrag der Psychologie liegt schwerpunktmäßig unter anderem in der Analyse der Feinstruktur der Interaktionsbeziehungen und in der Entwicklung von Sondierungs- und Therapieverfahren im Bereich von Persönlichkeits-, Begabungs- und allgemeinen Verhaltensmerkmalen.

Der Einfluß der Soziologie in der Bildungsforschung hat bislang bewirkt, die vor allem von Pädagogen geisteswissenschaftlicher Orientierung geprägten autonomistischen Konzeptionen des Erziehungsprozesses in Schule und Hochschule zu revidieren. Ziele, Inhalte und Formen der Bildungs- und Erziehungsleistungen dieser Einrichtungen sind in Wissenschaft und Praxis in ihrer gesellschaftlichen Bedingtheit anerkannt worden, man ist sich darüber klargeworden, daß diese Institutionen eigentlich in jeder Phase ihrer Entwicklung von gesellschaftlichen, politischen und ökonomischen Prozessen direkt und indirekt abhängig und sogar explizit Gegenstand öffentlicher Willensbildungs- und politischer Entscheidungsprozesse sind.

Der Einfluß der Soziologie äußert sich auch darin, daß die in der Pädagogik lange Zeit vorherrschende Fixierung auf intentionale und geplante Erziehungsziele und -effekte zugunsten einer zusätzlichen Berücksichtigung auch der latenten, der unbeabsichtigten und ungeplanten Erziehungsziele und -effekte abgebaut werden konnte. Dieser Sachverhalt läßt sich durch den zunehmenden Gebrauch des Begriffs Sozialisation als eines Oberbegriffs für Erziehung illustrieren. Mit Erziehung werden alle diejenigen Prozesse bezeichnet, die sich auf die bewußten und beabsichtigten Einwirkungen von (meist erwachsenen) Personen auf noch unerwachsene beziehen, die nach bestimmten regelhaften, vordenkend entworfenen und geplanten, reflektierten und kontrollierten Verhaltensweisen mit definitiven Zielen, Normen und Maßstäben ablaufen (vgl. Strzelewicz 1970). Solche Erziehungsprozesse können wir in Schulen und Hochschulen identifizieren, aber auch in anderen, weniger formalisierten und weniger gesellschaftlich organisierten Rollensystemen wie etwa der Familie. Erziehung stellt aber nur eine bestimmte, strenggenommen nur analytisch isolierbare, weil mit anderen Phänomenen eng verbundene Dimension der Sozialisation dar. Das Erziehungssystem in unseren Gesellschaften ist zwar entstanden, um primär oder sogar ausschließlich Erziehung in dem soeben definierten Sinne zu betreiben, tatsächlich geht die Gesamtheit der Einwirkungs-, der Sozialisationsprozesse aber über diesen Bereich weit hinaus. Die Erforschung dieser über Erziehung hinausgehenden und teilweise mit ihr interferierenden Einflüsse stellt heute eines der wesentlichen Problemfelder der Bildungsforschung dar.

Die Erweiterung des Gegenstands- und Anwendungsbereichs der Sozialisationsforschung auf das öffentliche Bildungswesen in den sechziger Jahren fiel – wie vielfach in der Geschichte der Sozialwissenschaften zu beobachten – zusammen mit aktuellen Krisenerscheinungen im gesellschafts- und besonders bildungspolitischen Bereich. Quantitäts- und Strukturprobleme der Ausbildung und erkennbare Loyalitäts- und Motivationsbarrieren der jungen Generation haben innerhalb weniger Jahre Politikern und Wissenschaftlern klargemacht, wie gering der wissenschaftlich fundierte Erkenntnisstand im Bereich gesellschaftlich organisierter Sozialisation und Erziehung war und ist. Bildungsforschung hat sich seitdem in fast allen Industrieländern als ein öffentlich geförderter und finanzierter Forschungsbereich etabliert, an den naturgemäß von seiten staatlicher politischer Entscheidungsträger in technokratischer (Krisenmanagement-)Absicht Anforderungen und Erwartungen gestellt werden. Die Verknüpfung dieser auf den Bildungssektor angewandten Sozialisationsforschung mit kurz- und langfristigen politischen (und auch ökonomischen) Interessen ist schon deshalb sehr unmittelbar, weil sie – wie andere Bereiche angewandter Sozialforschung auch – als direktes Instrument politischer Praxis eingesetzt werden kann, weil wissenschaftliche Forschung und politische Aktion in diesem Bereich eng aufeinander bezogen sind. Die Gefahr ist deshalb ständig gegeben, daß die Aufgabenstellung der Bildungsforschung durch vordergründige Interessen eingeengt, die Unabhängigkeit des Forschungsprojekts selbst beschnitten und der zumindest teilweise notwendige Aktualitätsbezug der Forschungsergebnisse durch einseitige Selektion und unvollständige Interpretation mißbraucht wird (Goldschmidt 1967).

Gegen diese Gefahren kann sich die Bildungsforschung nur immunisieren, wenn sie selbst ein wissenschaftlich hervorragend fundiertes Konzept für ihre Arbeit zu entwickeln in der Lage ist und sich der gesellschafts- und bildungspolitischen Implikationen ihrer Arbeit bewußt stellt. Der Deutsche Bildungsrat hat diese Aufgabe insofern in Angriff genommen, als er eine erste umfassende Bestandsaufnahme der Forschungsprobleme der Bildungsforschung und einen Vorschlag für die theoretische Konzeptionierung und forschungstechnische Planung dieses Forschungszweiges vorgelegt hat. In seinen Empfehlungen zur «Planung der Bildungsforschung» betont der Bildungsrat u. a. die Notwendigkeit, die Bildungsforschung als angewandte Forschung mit der grundlagentheoretischen Forschung rückzukoppeln. Die Bildungsforschung ist, wie richtig festgestellt wird, «einmal von der Grundlagenforschung der Disziplinen abhängig, zum anderen bedarf nach einem modernen Wissenschaftsverständnis jede sogenannte angewandte Forschung auch einer ihr angemessenen Grundlagenforschung, so wie diese sich nicht mehr von anwendungsorientierten Aspekten freihalten kann» (Deutscher Bildungsrat 1974a, S. 17).

Die Verbindung zwischen der Sozialisationsforschung als sozial- und gesellschaftswissenschaftlicher Grundlagenforschung und der Bildungsforschung als angewandter Forschung ist ein Problem, dem sich die wissenschaftliche Diskussion in den nächsten Jahren stellen muß. Die vorliegende Arbeit versucht, einen Vorschlag zur Weiterführung der Diskussion zu unterbreiten, indem sie moderne grundlagentheoretische Ansätze der Soziologie auf ihre Tauglichkeit für die Sozialisations- und Bildungsforschung überprüft. Im nächsten Abschnitt sollen einige wichtige neuere soziologische Theorieansätze, die bereits mit großem Erfolg auf den hier zur Diskussion stehenden Gegenstandsbereich angesetzt wurden, kurz nachgezeichnet und auf Möglichkeiten einer gegenseitigen Ergänzung und Korrektur hin abgefragt werden.

1.2 Elemente einer Theorie gesellschaftlich organisierter Sozialisation

Die bisherige wissenschaftliche Diskussion der Theorie und Methodik der Sozialisationsforschung hat deutlich gezeigt, daß es weder sinnvoll noch ergiebig ist, von einem einzelnen als allumfassend und universal verstandenen Paradigma auszugehen. Weder die strukturell-funktionalistische noch die symbolisch-interaktionistische oder schichttheoretisch-sozialstrukturelle Theorie war und ist jeweils in der Lage, den Gesamtbereich der Probleme primärer und sekundärer Sozialisation und erst recht nicht den beider Gebiete zusammen analytisch zu erfassen, theoretisch und methodisch in den Griff zu bekommen und ausreichend und umfassend zu erklären. Ähnliches gilt für Einzelansätze der Psychologie und der Pädagogik. Daß dennoch die Repräsentanten vieler dieser Ansätze, mit wissenschaftlicher Betriebsblindheit und Konkurrenzbewußtsein zur Genüge ausgestattet, allzuoft die Universalität ihres jeweiligen theoretischen und methodischen Instrumentariums behaupten, gehört zu den fatalen Spielregeln des anomischen Wissenschaftsbetriebs der Gegenwart. Tatsache ist, daß ein einzelner Ansatz jeweils nur bestimmte Aspekte und Dimensionen des Sozialisationsprozesses in Familie und Schule in den Griff bekommt und andere ausblendet oder negiert.

Einer Theorie gesellschaftlich organisierter Sozialisation muß es aber – und das ist meine zentrale These – möglich sein, zumindest drei elementare analytische Dimensionen gezielt und mit wissenschaftlicher Sorgfalt zu erfassen:

1. *eine gesellschaftstheoretische Dimension,* die Erziehungseinrichtungen und die in ihnen ablaufenden Sozialisationsprozesse systematisch in Beziehung setzen kann zu gesamtgesellschaftlichen Strukturen und Prozessen;

2. *eine organisationstheoretische Dimension,* die Erziehungseinrichtungen und die in ihnen ablaufenden Sozialisationsprozesse systematisch auf die Gesetzmäßigkeiten organisierter Sozialsysteme hin analysieren kann; und

3. *eine interaktionstheoretische Dimension,* die Erziehungseinrichtungen und die in ihnen ablaufenden Sozialisationsprozesse systematisch als Interaktions- und Kommunikationsprozesse eigener Regelhaftigkeit zu dechiffrieren in der Lage ist.

Wir müssen deshalb nach Theorieansätzen Ausschau halten, die entweder möglichst viele dieser Dimensionen ansprechen oder in Kombination miteinander alle genannten Dimensionen abdecken. Von den bereits erwähnten traditionellen Ansätzen der Sozialisations- und Bildungsforschung hat der schichttheoretisch-sozialstrukturelle eine unverkennbare Affinität zur gesellschaftstheoretischen Dimension des Problembereichs, der strukturell-funktionalistische berührt im Grunde alle Dimensionen, legt den Schwerpunkt seiner Erkenntnisinteressen aber faktisch auf die organisationstheoretische, und der symbolisch-interaktionistische ist durch seine eindeutige Spezialisierung auf die interaktionstheoretische Dimension gekennzeichnet. Es wäre also von Vorteil, wenn wir die spezifischen Erklärungs- und Erkenntnisleistungen solcher unterschiedlicher Ansätze in irgendeiner Weise miteinander verknüpfen könnten. Eine einfache Aneinanderkopplung der genannten Ansätze verbietet sich jedoch, da jeder für sich mit zu vielen theoretischen Vorannahmen und erkenntnistheoretischen Implikationen kontroversester Natur ausgestattet ist.

Eine denkbare Möglichkeit besteht allerdings darin, Theorieelemente aus den einzelnen grundlagentheoretischen Ansätzen herauszulösen, die jeweils nur schwach oder jedenfalls nicht dominant durch die erkenntnis- und wissenschaftstheoretischen Vorgaben determiniert sind (Bernstein 1974, Hurrelmann 1974). Solch ein Vorgehen scheint mir sinnvoll und notwendig zu sein, wenn die für weite Bereiche der Sozialwissenschaften heute kennzeichnende unfruchtbare und lähmende Phase der «Paradigma-Diskussionen» nicht voll auf die Sozialisations- und Bildungsforschung durchschlagen und der wissenschaftliche Erkenntnisprozeß nicht immer wieder durch den potentiell unendlichen Regreß auf «letzte Annahmen» und «letzte Setzungen» dominiert werden soll. Ich will deshalb darangehen, aus den heute vorliegenden einigermaßen ausgereiften theoretischen Ansätzen diejenigen Argumentationsfiguren herauszugreifen, die sich partiell aufeinander beziehen lassen und zusammen die genannten zentralen Dimensionen des Gegenstandsbereichs abdecken. Ich will mich dabei auf diejenigen Versionen der Ansätze konzentrieren, die im deutschen Sprachraum vertreten werden, so daß sich für den interessierten Leser leicht die Möglichkeit ergibt, sich in den herangezogenen Quellen ausführlicher zu informieren.

Meine Bemühungen werden in gewisser Weise erleichtert durch die in den letzten Jahren eingetretenen Weiterentwicklungen der obengenannten theoretischen Ansätze und ihre teilweise Konvergenz. Wichtige Elemente der oben so genannten schichttheoretisch-sozialstrukturellen einschließlich der politökonomisch-neomarxistischen Ansätze sind inzwischen in eine neu konzipierte kritische Theorie der Gesellschaft eingearbeitet worden, wie sie heute von Habermas und Offe im Anschluß an Adorno und Horkheimer repräsentiert wird. Dieser kritische Ansatz, der historische, ökonomische und sozialstrukturelle Komponenten aufnimmt, befindet sich zugleich in einer konstruktiven Auseinandersetzung mit den modernen Erscheinungsformen der strukturell-funktionalistischen Schule, die in der Bundesrepublik maßgeblich durch die funktionalistische Systemtheorie Luhmanns dominiert werden. Funktionalistisch-systemtheoretische Elemente finden sich bereits in allen neueren Arbeiten der Vertreter der kritischen Gesellschaftstheorie der genannten Richtung. Für die Zwecke dieser Arbeit läßt sich deshalb an einige der programmatischen Vorschläge von Habermas, Offe und Luhmann anknüpfen.

Für die gesellschafts- und die organisationstheoretische Dimension des Problembereichs «gesellschaftlich organisierte Sozialisation» läge damit ein bereits teilweise integrierter Theorie- und Forschungsansatz vor. Meiner Meinung nach lassen sich auch interaktionistische Theorieelemente so in diesen Mischansatz einbeziehen, daß die interaktionstheoretische Dimension des Problembereichs ebenfalls berücksichtigt werden kann. Sowohl die kritische sozioökonomische Gesellschaftstheorie als auch die Systemtheorie betonen auf ihre Weise die Unabdingbarkeit interaktionstheoretischer Fragestellungen und theoretischer Instrumentarien zu ihrer Bewältigung (vgl. die Diskussion Habermas/Luhmann 1971). Aus diesem Grunde scheint mir der Versuch, mit dem hier kurz skizzierten theoretischen Instrumentarium den Gesamtbereich der drei konstituierenden Analysedimensionen des Problembereichs «gesellschaftlich organisierte Sozialisation» zu erfassen, durch die genannten Strömungen der grundlagentheoretischen Entwicklung durchaus abgesichert zu sein.

Es sollen nun die hier ausgewählten Theoriebausteine kurz vorgestellt werden, die jeweils zur gesellschafts-, zur organisations- und zur interaktionstheoretischen Analyse des Gegenstandsbereichs herangezogen werden.

Ansätze zur gesellschaftstheoretischen Analyse

Die westliche Soziologie tut sich seit jeher schwer in der Entwicklung einer Konzeption von Gesellschaft, die die historisch entstandenen und veränderlichen konkreten gesellschaftlichen Verhältnisse berücksichtigt und gleichzeitig eine systematisch-analytische Deskription universaler Eigenschaften von Gesellschaften zuläßt. Abgeschreckt durch die apodiktische Aussage der marxistischen Soziologie, Gesellschaft sei identisch mit der «ökonomischen Gesellschaftsformation», der «Gesamtheit der materiellen und ideologischen Verhältnisse des Menschen, die durch geschichtlich bestimmte Produktionsverhältnisse . . . determiniert sind» (Wörterbuch der marxistisch-leninistischen Soziologie 1969, S. 152), sind viele Soziologen bis heute geneigt, auf einen umfassenden Begriff für die Totalität sozialer Verhältnisse völlig zu verzichten. Das gilt ganz besonders auch für die deutsche Soziologie. Erst in den letzten Jahren haben sich in Form von Versuchen der Neubelebung der kritischen Gesellschaftstheorie, angestoßen durch eine Auseinandersetzung zwischen Habermas und Luhmann (1971), Ansätze gezeigt, die eine Wiederaufnahme und Weiterentwicklung umfassender gesellschaftstheoretischer Konzeptionen erkennen lassen. Dieser Neuanfang konnte vor allem deshalb zu einem gewissen Erfolg führen, weil marxistische Denkfiguren jetzt nicht länger tabuisiert, sondern in undogmatischer Weise umkonstruiert und damit weiterentwickelt und weitergedacht wurden.

Die kritische Theorie der Gesellschaft hat sich diesen Bemühungen schon seit langem gestellt. Seit der «Dialektik der Aufklärung» von Horkheimer und Adorno (1947) bis zu den «Legitimationsproblemen im Spätkapitalismus» von Habermas (1973) wurde sie als ein sozial- und gesellschaftswissenschaftlicher Ansatz konzipiert, dem es in ständiger Auseinandersetzung mit den theoretischen und praktischen Postulaten von Marx und seinen Anhängern um die Erfassung der Strukturen und Prozesse, der lang- und kurzfristigen «Bewegungsgesetze» der kapitalistischen westlichen Industriegesellschaften geht. In undogmatischer Fortschreibung der gesellschaftstheoretischen Aussagen von Marx bemüht man sich um eine ganzheitliche Erfassung der Wesensmerkmale der als historisch-soziale Einheit aufgefaßten Gesellschaftsformationen von der «bürgerlichen» bis zur heutigen «spätkapitalistischen» Gesellschaft.

Als bedeutungsvollstes charakteristisches Kennzeichen der Gesellschaftsformationen unserer Gesellschaften wird in diesem theoretischen Zugriff ähnlich dem marxistischen die Tatsache angesehen, daß alle ökonomischen, politischen, sozialen und kulturellen Strukturen und Prozesse maßgeblich durch die Produktionsverhältnisse bestimmt werden, die auf dem Privateigentum an den Produktionsmitteln beruhen. Allerdings unterscheidet sich nach dieser Denkart die gegenwärtige Phase der Entwicklung der westlichen Industriegesellschaften zumindest durch zwei wichtige Phänomene grundlegend von der Gesellschaftsformation der klassischen liberalen bürgerlichen Gesellschaft: durch den teilweise schon vollzogenen und ständig anhaltenden Konzentrationsprozeß der Unternehmen auf nationaler und internationaler Ebene und die damit zusammenhängende durchgreifende Neuorganisation der Güter-, Kapital- und Arbeitsmärkte einerseits und durch die Interventionen des Staates in den Produktions- und Verwertungsprozeß und die wachsenden Funktionslücken des Marktes andererseits. Diese beiden Phänomene haben eine in sich ambivalente Mischstruktur der gegenwärtigen Gesellschaftsformation bewirkt, die Habermas in seiner Veröffentlichung zur Analyse des heutigen Spätkapitalismus beschreibt:

Zwar bedeutet die Ausbreitung oligopolistischer Marktstrukturen das Ende des klassischen Konkurrenzkapitalismus, doch wird der Steuerungsmechanismus des Marktes so lange nicht außer Kraft gesetzt, wie die Investitionsentscheidungen noch nach Kriterien betriebswirtschaftlicher Rentabilität gefällt werden. Ebenso bedeutet die Ergänzung und teilweise Substituierung des Marktmechanismus durch staatliche Interventionen das Ende des Liberalkapitalismus – aber in welchem Umfang auch immer der Bereich des privatautonomen Verkehrs der Warenbesitzer administrativ eingeschränkt wird: «... eine politische Planung der Allokation knapper Ressourcen tritt solange nicht in Kraft, wie sich die gesellschaftlichen Prioritäten naturwüchsig, nämlich als Nebenfolgen privater Unternehmensstrategien, herausbilden» (Habermas 1973, S. 51). Ein weiterer Punkt betrifft die legitimierende Basisideologie der gegenwärtigen Gesellschaftsformation: Die der klassischen liberalkapitalistischen Gesellchaft eigene Ideologie des «gerechten Tausches» ist, wie in Abschnitt 2. 3 noch ausführlich zu zeigen sein wird, mit den genannten sozialen und ökonomischen Strukturänderungen faktisch zusammengebrochen. Dennoch besteht sie im öffentlichen Bewußtsein weiter in Form der abstrakten und inhaltsleeren Formel von der «gerechten Gratifikation» (materieller und immaterieller Art) je nach individuell erbrachter «Leistung».

Wie sieht dieser theoretische Ansatz nun den Stellenwert des Erziehungssektors in unseren Gesellschaften? Um diese Frage zu klären, müssen wir einen Blick auf die Rolle des Staates werfen. Der Staat erfüllt nach Auffas-

sung der sozioökonomischen Gesellschaftstheoretiker in spätkapitalistischen Industriegesellschaften im Unterschied zu früheren Phasen der gesellschaftlichen Entwicklung vor allem folgende wichtige Funktionen: Er regelt
zu großen Teilen den gesamtwirtschaftlichen Kreislauf mit Mitteln globaler
Planung und schafft oder verbessert Verwertungsbedingungen für über-
schüssig akkumuliertes Kapital. Durch diese Planungsaktivität manipuliert
der Staat in Grenzen die Rand- und Rahmenbedingungen der ihrer Natur
nach privaten Unternehmensentscheidungen und hält den Marktmechanismus nach Möglichkeit von störenden Außeneinwirkungen und unvorher-
sehbaren Nebenfolgen frei. In bestimmten Bereichen des ökonomischen
Produktions- und Verwertungszusammenhangs ersetzt der Staat durch seine Aktivitäten sogar den Marktmechanismus. Das ist vor allem dort nötig,
wo das Gewinnstreben als Steuerungsprinzip des Wirtschaftsprozesses versagt, wo die Kosten nicht von denen primär aufzubringen sind, die den
ökonomischen Nutzen haben oder wo bestimmte Dienste gleichmäßig nach
außerökonomischen Kriterien angeboten werden müssen. In diesen Bereich
gehört (neben der strukturpolitischen Lenkung des Kapitals in den durch den
Markt vernachlässigten Sektoren und neben der Stützung der Militär- und
Rüstungsindustrie) die Aufrechterhaltung und teilweise Verbesserung der
materiellen gesellschaftlichen Infrastruktur, also der Energie-, Verkehrs-,
Gesundheits- und anderen Sektoren sowie der Sektoren Erziehung, Wissenschaft und Forschung.

Diese Infrastrukturbereiche, die einem direkten staatlichen Eingriff unterworfen sind und nach anderen als privatwirtschaftlichen Steuerungs- und
Verwertungskriterien organisiert sind, sind in allen westlichen Industriegesellschaften von wachsender Bedeutung und zunehmendem Einfluß, und
zwar quantitativ wie qualitativ (Offe 1972). Die Leistungen dieser Bereiche
und Sektoren sind für das gesamte Gesellschaftssystem und auch für das
privatwirtschaftlich verfaßte Produktionssystem unverzichtbar; sie sind
aber eben nicht rentabel und profitabel, es geht hier nicht um abstrakte, in
Geldwert bemeßbare Tauschwerterzeugung, sondern einzig um konkrete
Gebrauchswerterzeugung. Das heißt, die Güter und Leistungen des Infra-
strukturbereichs werden im Hinblick auf die Erfüllung bestimmter Zwecke,
etwa zur Befriedigung von Bedürfnissen, bewertet. Die Leistungen dieses
Sektors werden auf diese Weise nur zum Teil und nur indirekt an Kriterien
gemessen, die funktional auf die Bedürfnisse des privatwirtschaftlich verfaßten Produktionssektors bezogen sind.

Natürlich kann man, etwa mit Hilfe einer Kosten-Nutzen-Analyse, annähernd den Beitrag einer Infrastruktureinrichtung, z. B. einer Schule oder
Hochschule, messen, den sie unmittelbar oder mittelbar für die Erhöhung
der Einsatzfähigkeit und der Produktivität von Arbeitskräften hat. Doch die
grundsätzliche Funktionalität für die Erfordernisse des privatwirtschaftlich
organisierten Produktionsprozesses erklärt nur einen Teil des Charakters
der Infrastrukturleistungen: «Verwertungsbezogene Funktion und ge-

brauchswertbezogene Form der Infrastrukturinvestition klaffen auseinander, und es ist infolgedessen keineswegs selbstverständlich, daß sich dieser Strukturwiderspruch wird harmonisieren lassen» (Offe 1972, S.53). Dieser Strukturbruch und -widerspruch liegt nicht nur innerhalb der weitgehend staatlich und nur in Randgebieten privat verfaßten Infrastrukturbereiche, sondern zeichnet sich auch zwischen diesen in sich ambivalenten und den übrigen privatwirtschaftlich verfaßten Produktions- und Dienstleistungsbereichen ab. Die Wirtschaftssysteme und damit auch die Gesellschaftssysteme der westlichen Industriegesellschaften sind auf diese Weise gekennzeichnet durch eine Antinomie zwischen solchen Sektoren, die durch auf Gewinnstreben beruhende Wettbewerbsprozesse gesteuert und organisiert sind und durch solche Sektoren, die durch kollektive und öffentliche, prinzipiell auf das Gemeininteresse der Bevölkerung gerichtete Planungen des Staates gesteuert und organisiert werden. Diese Strukturcharakteristiken unserer westlichen Gesellschaften sind nicht für alle industriellen Gesellschaften typisch, wie etwa ein Blick auf die osteuropäischen Industriegesellschaften zeigt (vgl. Arndt/Swatek 1971, Einleitung).

Einer der sehr wichtigen Bestandteile der Infrastruktursektoren unserer Gesellschaften ist das Erziehungssystem. Es wird von der kritischen sozioökonomischen Gesellschaftstheorie als ein Sektor mit ungeheuer wichtigen Funktionen für die gesellschaftliche Reproduktion erkannt und in eine Theorie der gesellschaftlichen und wirtschaftlichen Infrastruktur einbezogen (Offe 1972). Die Erziehungs- und Sozialisationsleistungen des Erziehungssystems unserer Gesellschaften sind wie die übrigen in den Infrastrukturbereich fallenden Güter und Leistungen für den Fortbestand und die Weiterentwicklung unserer Gesellschaften und insbesondere auch für das privatwirtschaftlich verfaßte Produktionssystem unverzichtbar. Da sie aber nicht rentabel und nicht profitabel sind und auch nicht durch andere gesellschaftliche Institutionen und Mechanismen gleichsam kostenlos zu erbringen sind (in früheren gesellschaftlichen Epochen mag die Familie noch als eine solche Institution gegolten haben, die diese Leistungen mit übernahm), ist der Aufbau eines gesonderten gesellschaftlichen Bereichs für diese spezifischen Leistungen notwendig geworden. In erster Linie sind dies die gewandelten Anforderungen an Wissen und Fähigkeiten der künftigen Arbeitskräfte und die veränderten Voraussetzungen für das soziale Leben (und Überleben) in Gesellschaften mit gewandelten und sich ständig wandelnden Sozial- und Handlungsstrukturen, die eine im Vergleich zu früheren Entwicklungsphasen aufwendigere, staatlich beaufsichtigte und organisatorisch gesondert verfaßte schulische und berufliche Sozialisation und Erziehung notwendig machen. Das Erziehungssystem wird so im Verlauf der geschichtlichen Entwicklung unserer Industriegesellschaften dem staatlichen Herrschafts- und Kontrollsystem unterworfen und mit wichtigen Teilfunktionen der Sicherung der sozialen, ökonomischen und politischen Reproduktionsbedingungen der Gesellschaft beauftragt. Im Blick auf das ökonomische System handelt der Staat in westlichen Ländern quasi als Organ des fiktiven Gesamtkapitalisten und bezieht das Erziehungssystem in seine Aufgaben als Realisator sozioökonomischer Reproduktionsbedingungen ein: Er garantiert durch seine Aktivitäten im Erziehungssektor den Nachschub an adäquat ausgebildeten Arbeitskräften und damit den Fortgang der von Marx (1867 ff.) so genannten «permanenten revolutionären Umwälzungsprozesse der Produktivkräfte». Zugleich erwirbt sich der Staat aber ein (wenn auch auf einige Lebensjahre des Heranwachsenden begrenztes und nach Ausbildungsniveau unterschiedlich lang währendes) Ausbildungsmonopol, das es ihm gestattet, sowohl die Kontrolle über die grundlegenden Qualifikationen der Arbeitskräfte als auch die Einwirkungsmöglichkeiten auf den Aufbau von Loyalitäten zum politischen Macht- und Wertsystem an sich zu ziehen.

Wie die Analyse im nächsten Kapitel zeigen wird, ist dieser Prozeß zunehmenden staatlichen Einflusses auf Erziehungs- und Sozialisationsprozesse auch in der gegenwärtigen Phase unserer gesellschaftlichen Entwicklung nicht abgeschlossen. Vielmehr lassen sich gerade in den letzten beiden Jahrzehnten Tendenzen einer Ausdehnung der staatlichen Kontrolle beobachten; hier sei nur an die Bereiche der Vorschulerziehung, der beruflichen Bildung und der Wissenschafts- und Forschungsförderung erinnert. Allerdings ist der Charakter dieser staatsbürokratischen Planungsaktivitäten in der wissenschaftlichen Diskussion vielfach falsch beurteilt worden. Das geht bis zu der Einschätzung, die staatlichen Eingriffe im Erziehungsbereich stellten eine nahezu perfekt funktionierende Reaktionsbildung des kapitalistischen Systems auf gesellschaftliche Bedingungen dar, die durch den kapitalistischen Produktions- und Verwertungsprozeß jeweils schon gesetzt sind (Hirsch/Leibfried 1971; Becker/Jungblut 1972). Im Gesamttenor dieser Analysen wird die Realität einer umfassenden staatlichen Planifikation mit dem angeblich sehr nahen Ziel einer zentralisierten Reorganisation des Ausbildungssektors und einer zentral gesteuerten organisatorischen und finanziellen Rationalisierung aller Erziehungs- und Forschungsaktivitäten suggeriert. Auf diese Weise wird ein völlig unrealistisches Bild vom Charakter staatlicher Planungsaktivitäten im Erziehungssystem westlicher Gesellschaften gezeichnet. Der immanent widersprüchliche Charakter staatsbürokratischer Planungsaktivitäten in unseren Gesellschaften wird übersehen, die staatlichen Lenkungsversuche werden als in ihrer Effektivität und in ihrem Erfolg voll realisierbare oder bereits realisierte hingestellt. Als problematisch wird teilweise allein noch die Legitimation der Steuerungsprinzipien für den gesamten Planungsprozeß hingestellt, die es politisch zu verändern gelte – eine Argumentationskette, die sich mehr der dogmatischen staatsmonopolistischen Kapitalismustheorie als der kritischen sozioökonomischen Gesellschaftstheorie verwandt zeigt.

Wie die bisherige knappe Darstellung gezeigt hat, ist der Ansatz der kritischen sozioökonomischen Gesellschaftstheorie in der Lage, das Erziehungssystem als einen zentralen Sektor der spätkapitalistischen Gesellschaftsformation zu thematisieren und die politischen, ökonomischen und kulturellen Makrostrukturen dieser Gesellschaftsformation in ihren Einwirkungen auf den Erziehungssektor konkret-inhaltlich zu analysieren. Dort, wo es um eine systematische Analyse der gesellschaftlichen Interdependenzen zwischen dem Erziehungssektor und anderen wichtigen Teilsektoren wie insbesondere dem politisch-administrativen und dem ökonomischen Sektor geht, bedient sich dieser Ansatz neuerdings gerne funktionalistisch-systemtheoretischer Theorieelemente, die vor allem aus einer kritischen Rezeption der Arbeiten von Luhmann gewonnen werden.

Mittels des begrifflich-theoretischen Instrumentariums von Luhmann ist es nämlich möglich, die sehr komplexen funktionalen Interdependenzbeziehungen zwischen den – wie unterstellt wird – auf der gleichen Stufe gesellschaftlicher Systembildung angesiedelten politischen und ökonomischen Systemen einerseits und dem gesamten Sozialisations- und Erziehungssystem andererseits in abstrakter Weise auf ihren Begriff zu bringen. Zugleich erlaubt es dieser Ansatz, der in der Tradition der strukturell-funktionalistischen Theorie steht, die auf verschiedenen Stufen der Systembildung angesiedelten gesellschaftlichen Teilsysteme, die organisierten Untersysteme dieser Teilsysteme und die in diesen wiederum auftretenden psychischen Systeme, also die einzelnen interagierenden Individuen, ebenfalls in abstrakter Weise auf ihre Interdependenzbeziehungen hin abzufragen (vgl. zuletzt Luhmann 1974). Diese Möglichkeiten hat die kritische Gesellschaftstheorie potentiell auch, wie etwa schon die klassische Arbeit von Horkheimer und Adorno (1947) zeigte, doch sie wurden nicht in systematischer Weise eingesetzt und genutzt, wie es sich durch die Übernahme begrifflicher Instrumentarien aus der Systemtheorie anbietet. Insbesondere gelingt es der kritischen Gesellschaftstheorie ohne Aufnahme funktionalistisch-systemtheoretischer Elemente nicht, die für industrielle Gesellschaften konstitutive organisationstheoretische Problemdimension systematisch in den Griff zu bekommen. Vielmehr dachte man primär in den Kategorien Gesellschaft/Individuum, ohne die vermittelnden und intervenierenden Struktur- und Prozeßeigentümlichkeiten organisierter Sozialsysteme zu bedenken, die für unsere Gesellschaften heute beherrschend geworden sind. Gerade für eine Analyse eines wichtigen gesellschaftlichen Teilsystems wie des Erziehungssystems, das in der gesellschaftlichen Realität als Konglomerat organisierter Einzeleinrichtungen (Schulen, Hochschulen usw.) erscheint, erweist sich dieser konzeptionelle Mangel als problematisch.

Ansätze zur organisationstheoretischen Analyse
In der Sicht der Systemtheorie sind Gesellschaften, Teilsektoren dieser Gesellschaften, organisatorische Untereinheiten dieser Teilsektoren und auch noch Subgebilde dieser Untereinheiten bis hin zur Kleingruppe von wenigstens zwei Personen allesamt als soziale Systeme zu verstehen:

«Soziale Systeme können wie alle Systeme begriffen werden als strukturierte Beziehungsgefüge, die bestimmte Möglichkeiten festlegen und andere ausschließen . . . Ein soziales System reduziert . . . die äußerste Komplexität seiner Umwelt auf bestimmbare, ausgewählte Handlungsmöglichkeiten und kann dadurch zwischenmenschliches Handeln sinnhaft orientieren» (Luhmann 1969, S. 392).

Auch das Erziehungssystem als ein gesellschaftliches Teilsystem und die Organisationseinheiten Schulen und Hochschulen sind in diesem Verständnis im definierten Sinne als soziale Systeme zu denken. Die Gesellschaft ist das umfassende soziale System, das alle anderen in sich begreift und global reguliert; sie hat ihre Auszeichnung darin, daß ihre Selektivität die der anderen Sozialsysteme erst ermöglicht (Luhmann 1970a, S. 137 ff.). Die Komplexität des Gesellschaftssystems ist im historischen Entwicklungsprozeß enorm gewachsen. Viele soziale Subsysteme, die vordem mit dem System der Gesellschaft zusammenfielen, haben sich inzwischen ausdifferenziert, sind in eigenen Grenzen und in eigenen Leistungen erkennbar geworden. Wie andere soziale Systeme auch hat das Gesellschaftssystem bestimmte Prozeß- und Systemstrukturen entwickelt, die die Funktion haben, der Komplexität der (Um-)Welt eine möglichst hohe Eigenkomplexität des sozialen Systems gegenüberzustellen. Systemstrukturen (z. B. hierarchische und funktionale Innendifferenzierungen) sollen das Tempo der Verarbeitung von Umweltereignissen und die Anpassung an die zeitlich fluktuierende Umwelt beschleunigen. Prozeßstrukturen (z. B. die wechselseitige Verstärkung der Selektivität einzelner Prozesse und die reflexive Anwendung von Prozessen auf sich selbst) sollen die sachliche Vielfalt von Entscheidungsmöglichkeiten eines sozialen Systems steigern. Besonders diese reflexiven Mechanismen gehören nach Auffassung Luhmanns zu den evolutionären Errungenschaften differenzierter Sozialordnungen industrieller Gesellschaften (ebenda).

Ein solcher reflexiver Mechanismus (also ein Prozeß, der auf sich selbst angewandt werden und dadurch in seiner Leistung gesteigert werden kann) ist in der Sprache der Systemtheorie das «Lernen des Lernens». Dieser Prozeß ist in industriellen Gesellschaften durch die Ausdifferenzierung eines auf Lernen spezialisierten sozialen Systems, des Sozialisations- und in engerem Sinne des Erziehungssystems, institutionalisiert worden. Der Lernvorgang wurde funktional verselbständigt und kann daher systematisch und langfristig betrieben werden. Ein Teil gesellschaftlicher Kräfte und Energien wird für die Rationalisierung des Lernvorgangs abgezweigt und für das Lernen des Lernens und das Lernen des Lehrens eingesetzt:

«Wenn Lehren und Lernen über längere Zeit systematisch betrieben werden sollen, beginnt sich der Aufwand zu lohnen, sich speziell dafür auszubilden, das heißt zunächst das Lehren zu lehren bzw. zu lernen und das Lernen zu lehren bzw. zu lernen. Dabei wird das Wie der Aneignung von Wissen abstrakt vorausgelernt oder doch beiläufig mitgelernt als Fähigkeit, mit deren Hilfe man dann den Stoff effektiver gestalten kann. Die Reflexivität des Lernprozesses bedarf mithin der Vermittlung von Themen, Wahrheiten, Lernstoff und verliert die existenzielle Unmittelbarkeit primärer Sozialisationsprozesse» (Luhmann 1969, S. 397).

Sozialisation und Erziehung sind von Systemtheoretikern auch als im System moderner Gesellschaften zirkulierende Steuerungsmedien bezeichnet worden, mit deren Hilfe die Interaktionsprozesse grundlegend aufgebaut und Interaktions- und Handlungszusammenhänge strukturiert werden könnten (Jensen 1970). Entsprechend könnten diese Medien mehr oder weniger instrumentell zur Gesellschaftsplanung eingesetzt werden, indem sie die Konstitution bestimmter Persönlichkeitsstrukturen mit fest internalisierten Wertstrukturen steuerten. Dies könne geschehen, indem Erziehungssysteme paradigmatische Erfahrungen vermittelten, die in anderen gesellschaftlichen Bereichen, sofern sie nach gleichen sozialen Strukturen gegliedert sind, eingesetzt und aktiviert werden könnten. Dies setze allerdings voraus, daß tatsächlich eine strukturelle Entsprechung zwischen den sozialen Strukturen der Erziehungssysteme und den übrigen Zusammenhängen besteht, auf die die Sozialisations- und Erziehungsprozesse vorbereiten sollen. Als eine wichtige Aufgabe der empirischen Bildungsplanung hat Jensen (1970, S. 104) gerade dieses Problem verstanden, die strukturelle Angleichung von Erziehungssystem und Gesellschaftssystem zu gewährleisten.

Diese Auffassung von Jensen ist nicht ohne Ergänzung und Korrektur in der systemtheoretischen Diskussion selbst geblieben. Zwar sind nach Auffassung von Luhmann die in hochindustriellen Gesellschaften geschaffenen Spezialinstitutionen für organisierte Sozialisationsprozesse in ihren Grundstrukturen mit denen anderer Organisationen weitgehend vergleichbar. Doch das Einüben in die spezifischen Handlungsanforderungen industrieller Gesellschaften führt zu sehr speziellen Anforderungen an das Erziehungssystem und macht dessen spezifischen Charakter aus. Die Interaktions- und Handlungsstrukturen, in die Individuen in industriellen Gesellschaften eingespannt sind, unterliegen ständigen Wandlungen, so daß ein fester inhaltlicher Kanon von Erwartungen und Orientierungen nicht vermittelt werden kann. Vielmehr können nur bestimmte Grundstrukturen von Erwartungen aufgebaut werden; allenfalls ein von sehr abstrakten Grundhypothesen getragenes Weltbild ist «enttäuschungsfest». Konkrete Einzelerkenntnisse und Einzelerfahrungen sind immer nur beschränkt gültig – das Grundgerüst fester Erwartungen muß so inhaltsleer und inhaltsoffen sein, daß es durch diese konkreten Wahrnehmungen nicht in Frage gestellt wird.

In veranstalteten Lernprozessen – das implizieren diese Überlegungen – muß zwar grundsätzlich auf diese Anforderungen vorbereitet werden, zugleich müssen die Grenzen der Verarbeitbarkeit solcher abstrakten und komplexen Anforderungen für die psychischen Systeme, also für die Persönlichkeitsstrukturen der heranwachsenden Individuen, berücksichtigt werden. Das kann geschehen, indem für Sozialisations- und Lernprozesse im Erziehungssystem ein größeres Maß an gesellschaftlichem Konsens unterstellt und hergestellt, eine größere sachliche Konsistenz, Normierung und Institutionalisierung von Systemstrukturen und kognitiven Erwartungen angenommen werden, als in der Gesellschaft in Wirklichkeit vorhanden sind (vgl. Fingerle 1973, S. 120 f.). Diese Regelung kann aber nicht für alle Stufen des organisierten Sozialisationsprozesses gleichermaßen gelten. Sie darf vor allem nicht bedeuten, daß das Lernen der sinnhaft-subjektiven Interaktion etwa ausschließlich in gewollt einfachen Sozialsystemen verortet wird, in denen der Sinn des Handelns sich unmittelbar und konkret erfüllt.

In einer Gesellschaft, in der die Prozesse der Institutionalisierung von Erwartungen in der oben beschriebenen Weise abstrahiert und auf offenen und wandelbaren Sinn bezogen sein müssen, könnten solche Systeme mit geringer Komplexität, kurzen Zeithorizonten und einfachen Verhaltensanforderungen den geforderten paradigmatischen Stellenwert im Rahmen des Sozialisationsprozesses verlieren. Tatsächlich lassen sich solche Konstruktionsprinzipien auch nur in einem Teil des Erziehungssystems ausmachen, und zwar in demjenigen, in dem die Sozialisanden zu Beginn des Sozialisationsprozesses eingeführt werden. Der weitere Sozialisationsprozeß ist dann karriereförmig strukturiert: «Ein Fortschreiten zur Teilnahme an immer weiteren und immer komplexeren Sozialsystemen auf der Grundlage von Lernerfolgen in vergangenen Phasen» (Luhmann 1970b, S. 41). Je weiter der organisierte Sozialisationsprozeß durchschritten wird, desto enger wird also nach dieser Auffassung die strukturelle Parallelität zwischen dem Erziehungssystem und dem umgreifenden Gesellschaftssystem.

Diese knappe Skizzierung einiger Aspekte des gesellschafts- und organisationstheoretischen Ansatzes der Systemtheorie und ihres spezifischen Erklärungszugangs im hier zur Debatte stehenden Bereich gesellschaftlich organisierter Sozialisation zeigt, welch eine wichtige Ergänzung zu der sozioökonomisch orientierten Gesellschafts- und Sozialstrukturtheorie hier vorliegt. Hier wird im Lichte eines sehr abstrakten konzeptionellen Rahmens versucht, die Interdependenzen von Persönlichkeits-, Erziehungs- und Gesellschaftssystem in den Griff zu bekommen. Die Systemtheorie begreift das Erziehungssystem als ein zentrales «ausdifferenziertes Subsystem» industrieller Gesellschaften, das in sehr komplizierten und diffizilen Beziehungen zu anderen sozialen Systemen und zu den psychischen Systemen, den einzelnen Individuen, steht. Sie eignet sich, wie in Kapitel 3 noch ausführlich gezeigt werden soll, hervorragend zur Analyse der innersystemischen Strukturen und Prozesse der organisierten Sozialsysteme Schule und Hochschule.

Diese inter- und intrasystemischen Interdependenzprozesse werden allerdings im Bezugsrahmen eines hoch abstrakten, künstlichen, begrifflich-theoretischen Konstruktes analysiert. Und zwar mit dem Anspruch, nur ein solches komplexes und abstrahierendes konzeptionelles Gerüst sei in der Lage, auf die ebenso gearteten gesellschaftlichen Strukturen und Prozesse einen adäquaten wissenschaftlichen Zugriff zu ermöglichen. Gewiß mögen hier die Stärken dieses theoretischen Ansatzes liegen, doch zugleich offenbaren sich an dieser Stelle sehr gravierende Schwächen. So griffig auch der konzeptionelle Ansatz ist, wo es um die Bereitstellung eines vielseitig verwendbaren Vokabulars für die Analyse gesellschaftlicher und organisatorischer Strukturen geht, so sehr bleibt doch dieses konzeptionelle Raster unfähig, reale gesellschaftliche Macht-, Herrschafts- und Sozialstrukturen zu erkennen und zu benennen und ihre Auswirkungen auf die inter- und intrasystemischen Prozesse und Strukturen (etwa des Erziehungssystems) und die Einstellungs- und Bewußtseinsstrukturen der in diesen Systemen handelnden Subjekte konkret-inhaltlich zu beschreiben. Die Vorherrschaft funktionalistischer Erklärungsmodelle gestattet überdies nur schwerlich ein kritisches Hinterfragen ideologischer Legitimationsmechanismen für Macht und Herrschaft, da diese immer nur in ihren abstrakt bleibenden funktionalen Beziehungen analysiert werden. Die mittels der Systemtheorie möglichen universalistischen Generalaussagen werden immer erst dann für eine realsoziologische Analyse relevant, wenn sie im Bezugspunkt einer kritisch verstandenen Theorie der historisch und ökonomisch spezifischen Gesellschaftsformation eingesetzt werden. Nur von solch einem Standpunkt aus kann man die systembildenden wechselseitigen Zusammenhänge zwischen den verschiedenen Elementen der gesellschaftlichen Formation sinnvoll nachvollziehen und die dialektische Determiniertheit dieser Entwicklung der menschlichen Gesellschaft und ihrer Teilbereiche verstehen. Nur von diesem Standpunkt aus kann es z. B. gelingen, das tatsächliche Wesen der gesellschaftlichen Entwicklungsprozesse kapitalistischer westlicher etwa im Unterschied zu osteuropäischen Industriegesellschaften in ihren Auswirkungen für das Erziehungssystem, seine Subsysteme und die in ihm handelnden Subjekte wirklich zu erklären.

Es geht also darum, die unverkennbaren Schwächen und Gefahren des systemtheoretischen Ansatzes abzufangen, indem er in Teilen in eine inhaltlich orientierte kritische Theorie der Entwicklung der Strukturen industrieller Gesellschaften einbezogen wird, wie sie oben dargestellt wurde. In den Ansätzen von Habermas und Offe wird eine solche Funktionalisierung der Systemtheorie für eine kritische Gesellschaftstheorie bereits eingeleitet. Ein solcher kombinierter Ansatz kann die affirmativen gesellschaftspolitischen Implikationen, die die Systemtheorie in ihrer reinen Form unleugbar hat, weitgehend ausschalten. Luhmann kommt über eine deskriptiv bleibende Analyse gesellschaftlicher Strukturen und Prozesse und über eine abstrakt-inhaltsleere Kennzeichnung gesellschaftlicher Entwicklungstendenzen in der Regel nicht hinaus. Von hier aus wird dann etwa im Blick auf den Erziehungssektor in scheinbar wertneutral-funktionalistischer Denkweise gefolgert, «Systemstabilisierung» (als angeblich allein ableitbares wissenschaftliches Erkenntnisziel) könne in modernen, hochkomplexen Gesellschaften nur gelingen, wenn die bisher üblichen Sozialisationsformen zugunsten solcher abgebaut werden, die eine «Erwartung der Kontinuität komplexitätsreduzierender Systeme» (Luhmann 1970b, S. 39) zu entwikkeln in der Lage sind. Man kann eine solche Aussagemöglichkeit nicht als kritisches Potential dieser Theorie bezeichnen, denn im Kern handelt es sich bei solchen Feststellungen um in abstrakte Begrifflichkeit gehüllte Trendextrapolationen, die sich jeder expliziten Beurteilung oder Wertung enthalten. Daß sie implizit die bestehenden gesellschaftlichen Strukturen legitimieren und stützen, braucht nicht extra betont zu werden. Solch affirmative Erkenntnisleistungen sind nur zu vermeiden, wenn eine konkrete Vision einer veränderten demokratisch-freiheitlichen Gesellschaft zur Verfügung steht. Hier ist das Korrektiv der kritischen sozioökonomischen Gesellschaftstheorie unabdingbar, allerdings auch – wie sogleich gezeigt wird – das der interaktionistischen Theorieansätze.

Auf der anderen Seite können durch systemtheoretische Elemente auch Schwächen der kritischen Gesellschaftstheorie ausgeglichen werden, die vor allem in der oben geschilderten Gefahr der Verabsolutierung des sozioökonomischen Substrates sozialer Prozesse und Strukturen und einer einseitig mechanistischen Ableitung etwa von Sozialisationszielen und Sozialisationseffekten im Erziehungssektor von den jeweils historisch spezifischen Produktionsverhältnissen angesprochen wurden. Systemtheoretische Denkelemente sind in der Lage, die komplizierte Interdependenz zwischen den genannten Variablen nachhaltig klarzumachen und im Zuschnitt des Theoriekonstruktes abzusichern. Es muß allerdings betont werden, daß diese Vereinseitigung einiger sozioökonomischer Theorieansätze, insbesondere die Zuschreibung eines absoluten Primats des ökonomischen Bereichs für sämtliche gesellschaftliche Entwicklungsprozesse, als solche bereits ein Mißverständnis des grundlegenden Ansatzes dieser Theorierichtung darstellt. Schon Marx selbst als der Inspirator dieses Ansatzes hat durch einen sehr differenzierten und mehrdimensional-dialektischen Zugriff auf die Analyse der «Bewegungsgesetze» von Gesellschaftsformationen gezeigt, wie er diesen theoretischen Ansatz verstanden wissen wollte. Ein mechanistischer Rückschluß von den jeweils historisch spezifischen Produktionsverhältnissen 'auf die Organisations- und Interaktionsstrukturen des Erziehungssystems und seine Sozialisationseffekte kann sich deshalb strenggenommen nicht auf diese Denktradition berufen.

Ein weiteres Manko der sozioökonomischen Strukturtheorien für die Analyse des hier zur Diskussion stehenden Gegenstandsbereichs, das gegenüber dem eben genannten allerdings grundsätzlicher Natur ist, kann ebenfalls durch eine Aufnahme systemtheoretischer Theorieelemente aufgefangen werden. Denn so deutlich die sozioökonomischen Theorieansätze die Entwicklung der gesellschaftlichen Rahmenbedingungen für Sozialisations- und Erziehungsprozesse herausarbeiten und die objektiven gesellschaftlichen Funktionen des Sozialisationsprozesses in formalen Erziehungssystemen charakterisieren können, sie sind, wie schon erwähnt, nicht in der Lage, hinreichend das ganze Spektrum der Erscheinungsformen der faktisch ablaufenden Sozialisationsprozesse in den verschiedenen sozialen Bereichen einer spezifischen Gesellschaft zu analysieren.

Das liegt maßgeblich daran, daß die Systemprobleme des Erziehungssystems als einer eigenständigen gesellschaftlichen Organisation nicht in den Blick kommen. Gesellschaftliche Macht-, Herrschafts- und Sozialstrukturen wirken nicht geradlinig und mechanisch auf das Erziehungssystem ein und durch es hindurch. Zwar hat das Erziehungssystem primär eine Reproduktionsfunktion für die sozialen und ökonomischen Strukturen unserer Gesellschaften und leistet auch den Aufbau solcher Motivationsstrukturen und Bewußtseinslagen, die von den dominanten gesellschaftlichen Schichten als adaptiv für die bestehenden Sozialstrukturen angesehen werden. Doch von einer vollkommenen Parallelität zwischen der Gesellschaftsstruktur und der sozialen Struktur des öffentlichen Erziehungssystems kann keine Rede sein. Das öffentliche Erziehungssystem ist ein Bestandteil der Gesellschaft, doch deren soziale Anforderungen gelangen nur durch komplexe Brechungen in das schulische Sozialsystem hinein (und werden nur durch weitere Filterungen in die Persönlichkeitsstruktur der Schüler übertragen). Die wichtigste Ursache dieser Brechungen ist die ausgeprägte Eigendynamik, die das Erziehungssystem wie andere soziale Systeme auch kennzeichnet.

Auf sie aufmerksam gemacht zu haben und sie wissenschaftlichen Analysen unterworfen zu haben ist eine der zentralen Leistungen systemtheoretisch orientierter Ansätze. Sie haben zusammen mit den traditionellen organisationssoziologischen Theorien das Instrumentarium bereitgestellt, um erziehungssystem-interne Organisations- und Interaktionsstrukturen zu erklären. Sie bedürfen allerdings ihrerseits der theoretisch abgesicherten Erweiterung um interaktionstheoretische Elemente, um für den hier zur Debatte stehenden Gegenstandsbereich der gesellschaftlich organisierten Sozialisation voll leistungs- und einsatzfähig zu sein.

Ansätze zur interaktionstheoretischen Analyse
Schon die oben mehrfach erwähnte strukturell-funktionalistische Theorie hatte auf die Notwendigkeit einer Interaktions- bzw. einer Rollentheorie aufmerksam gemacht und sich selbst zumindest partiell immer als eine solche verstanden. Sozialisation wurde von ihr weitgehend als ein Vorgang der Integration in bestehende Rollensysteme verstanden, als ein Lernvorgang, in dessen Rahmen potentiell handlungsfähige Subjekte Wertorientierungen verinnerlichen und Handlungsmotive ausbilden, die zusammen ihre Rollenspielfähigkeiten konstituieren. Rollenhandeln wurde als eine Interaktion verstanden, an der mindestens zwei Partner teilnehmen. Vorausgesetzt ist die Ebene der Intersubjektivität der Bedeutung von Symbolen. Das Rollenspiel wurde konzipiert als durch Normen geleitet, die die Form kom-

plementärer Verhaltenserwartungen haben, die Befolgung der Normen galt als durch Sanktionen positiver und negativer Art gesichert. Die soziale Rolle und die Interaktion der Rollenspieler wurden dabei vornehmlich als ein System aufgefaßt, das Gleichgewichtsbedingungen erfüllt und selbstregulativ arbeitet (Parsons 1951, S. 201 ff.).

Habermas (1970, S. 378) hat darauf hingewiesen, daß dieses Interaktions- und Rollenmodell den Vorzug hat, einen Objektbereich zu konstituieren, der im engeren Sinne soziologisch ist: Verhalten begreifen wir unter diesem Gesichtspunkt weder als Reaktion eines einzelnen Organismus noch als Äußerung einer bestimmten Persönlichkeitsstruktur, sondern als einen Vorgang in einem System sozialen Handelns. Das handelnde Subjekt erscheint dabei nur als Rollenträger, d. h. als Funktion von Vorgängen, die durch soziale Strukturen bestimmt sind. Die Ausbildung der Persönlichkeitsstruktur wird aus sozial bedingten Prozessen erklärt, nämlich den Sozialisationsprozessen, die den Organismus und die Psyche des Neugeborenen so weit mit sozialen Strukturen durchdringen, daß die fundamentalen Erfordernisse des Rollenspiels erfüllbar sind und nach geltenden Normen gehandelt werden kann.

Doch die Schwächen dieses Modells, die schon kurz angesprochen wurden, liegen auf der Hand: Das Modell hat eine anpassungsmechanistische Schlagseite und geht schon auf analytischer Ebene von Konformitätsvorurteilen aus; es kann zwar den Individuierungsvorgang als Sozialisation begrifflich fassen, aber nicht den Sozialisationsvorgang als Individuierung. An dieser Stelle setzt die Revision dieses Modells durch die kritische interaktionistische Theorie ein. Es werden maßgeblich drei Dimensionen revidiert, die das Verhältnis des handelnden Subjekts zu seinen Rollen ansprechen. Zum einen wird die Annahme zurückgewiesen, in stabil eingespielten Interaktionen bestehe auf beiden Seiten eine Kongruenz zwischen Wertorientierungen und Bedürfnisdispositionen, der institutionell hergestellten Komplementarität der Erwartungen und des Verhaltens entspreche eine Reziprozität der Bedürfnisbefriedigung. Eine vollständige Komplementarität der Erwartungen kann aber nur unter Zwang, auf der Basis fehlender Reziprozität, erreicht werden, in normalen sozialen Situationen tritt eine vollständige Reziprozität der Bedürfnisbefriedigungen nicht ein. Zum zweiten wird die Annahme kritisiert, in stabil eingespielten Interaktionen herrsche auf beiden Seiten eine Kongruenz zwischen Rollendefinition und Rolleninterpretation. Dagegen wird darauf hingewiesen, daß spontane Ich-Leistungen und aktive Rolleninterpretationen möglich sind und vielfältig auftreten, daß immer nur vorläufige Deutungs- und Interpretationskompromisse zwischen den Interagierenden geschlossen werden. Zum dritten richtet man sich gegen die Auffassung, stabil eingespielte Interaktionen beruhten auf einer Kongruenz zwischen geltenden Normen und wirksamen Verhaltenskontrollen, eine institutionalisierte Wertorientierung entspreche auch immer einem internalisierten Wert in der Weise, daß geltende Normen mit großer Wahrscheinlichkeit auch faktisch erfüllt würden. Demgegenüber wird darauf verwiesen, daß es vom Grad und von der Art der Internalisierung abhänge, wie das handelnde Subjekt selbst sich zu seinen Rollen verhalte, daß die spezifische Form der Verhaltenskontrolle das Maß möglicher Rollendistanz bestimme.

Diese Kritik, die ich hier im Anschluß an Habermas (1970, S. 381 ff.) referiert habe, zeigt deutlich die kritische Stoßrichtung der interaktionistischen (Rollen-)Theorie an, wie sie in Westdeutschland vor allem durch die Arbeiten von Goffman (1961), Berger/Luckmann (1969), Krappmann (1971a, 1971b) und Oevermann (1972) bekannt geworden ist. Es handelt sich um eine Theorie der Grundstrukturen und -prozesse menschlicher Interaktion mit dem erkenntnisleitenden Interesse, mögliche Freiheitsgrade des Handelns auszumachen. Es wird ein ausdifferenziertes und weitgehend auch empirisch überprüfbares begriffliches Instrumentarium zur Analyse der Interaktionsstrukturen in verschiedenen sozialen Handlungssystemen entwickelt, das es gestattet, diese Systeme nach dem Grad ihrer Repressivität, ihrer Rigidität und der Art der von ihnen auferlegten Verhaltenskontrolle zu unterscheiden:

«Der relative Grad der Repressivität eines Rollensystems bemißt sich an dem institutionell festgelegten Verhältnis der hergestellten Komplementarität der Erwartungen zur erlaubten Reziprozität der Befriedigungen. Der relative Grad der Rigidität eines Rollensystems bemißt sich an dem institutionellen Spielraum gewährter bzw. geforderter Interpretation. Und die Art der Verhaltenskontrolle, die ein Rollensystem auferlegt, bemißt sich am Grad der erreichten Internalisierung» (Habermas 1970, S. 384).

Dieses Instrumentarium ergänzt damit in kritischer Absicht die bislang vorliegenden Versuche, systematisch den strukturellen Handlungskontext organisierter Handlungssysteme, etwa der Sozialisations- und Erziehungssysteme, zu analysieren. Diese Versuche hatten sich im wesentlichen bemüht, Sozialisationssysteme und andere Interaktionssysteme nach der Art und dem Ausmaß zu erforschen, in dem die in ihnen Handelnden Hinweise zur «Richtigkeit» ihrer Handlungen erhalten. Man verwies auf externe Sanktionen positiver oder negativer Art als Medien, um diese Lernprozesse zu steuern. Die Stärke solcher Sanktionen, ihr Bezug zum aktuellen Verhalten des Lernenden, ihre Häufigkeit und Konsistenz sind – vor allem in der psychologisch und sozialpsychologisch beeinflußten Forschung – eines der am intensivsten untersuchten Teilgebiete dieses Problembereichs (vgl. Goslin 1969, Einleitung).

In der eher soziologisch orientierten Forschung bemühte man sich u. a. um die Erstellung von Kategorienschemata, um Sozialisationssysteme nach diversen abstrakten Dimensionen hin aufzuschlüsseln. Ein solcher Versuch stammt z. B. von Wheeler (1966), der u. a. solche Dimensionen herausarbeitet wie: organisatorischer Grad interner Differenzierung, Modus der Aufnahme in die Sozialisationsinstanz, Art der zu erlernenden Rolle, Grad der formalen Verankerung der Verantwortlichkeit für die Steuerung des Sozialisationsprozesses usw. Moore und Anderson (1969) weisen, wenigstens zum Teil über diese rein deskriptiv bleibenden und wenig theoriehaltigen Kategorisierungen hinausgreifend, auf die Bedeutung des zur Verfügung gestellten Experimentierspielraums für Verhaltensweisen in einem organisierten Sozialisationssystem für das Gelingen des Sozialisationsprozesses hin. Wenn Gelegenheit besteht, bewußt oder unbewußt mit alternativen Verhaltensäußerungen auf Umweltanregungen und Umweltherausforderungen zu reagieren, und bei «falschen» Verhaltenswahlen keine dauerhaft frustrierenden Konsequenzen einsetzen, sprechen sie von einer optimal geschützten Sozialisationskonstellation mit angemessenem Freiheitsspielraum.

Neuere kritische Versuche zur Analyse der Freiheitsspielräume in Interaktions- und vor allem Sozialisationssystemen haben sich jedenfalls seit der Etablierung der interaktionistischen Theorie auch in der deutschen Soziologie fast immer án deren theoretischen, begrifflichen und methodischen Instrumentarien orientiert. Diese sind aber nicht nur in der Lage, Interaktionsstrukturen von bestehenden Sozialsystemen in der beschriebenen Weise zu analysieren; sie sind zugleich auch geeignet, auf der Ebene der Persönlichkeitsstruktur solche Grundqualifikationen der Interaktion zu erfassen, die in einem gegebenen Sozialsystem mit einem gegebenen Grad der Repressivität, der Rigidität und der erforderlichen Internalisierung zum Einsatz kommen. Es kann mittels des beschriebenen Instrumentariums gefragt werden, in welcher Weise und in welchem Ausmaß das Individuum zur Rollendistanz fähig ist, ob es die Rollenambiguität bewältigt, ein angemessenes Verhältnis von Rollenübernahme und Rollenentwurf entwickelt und gut verinnerlichte Normen reflexiv anzuwenden in der Lage ist usw. – Symptome, die man unter dem Begriff der Ich-Identität zusammengefaßt hat (Krappmann 1971a).

Der interaktionistische Ansatz entwickelt also zugleich eine Theorie der notwendigen und wünschenswerten sozialen Fähigkeiten zur Bewältigung der Strukturprobleme der Interaktion in gegebenen sozialen Systemen und eine Theorie der kritischen Analyse der Freiheitsspielräume dieser sozialen (Rollen- und Interaktions-)Systeme. Er orientiert seine Konzeptionen am Ziel einer weitgehend autonomen Entfaltung der Persönlichkeitsstrukturen und Handlungskompetenzen jedes Individuums. Unter diesem Gesichtspunkt macht er sowohl die Vorgänge der Integration des heranwachsenden Individuums in die familialen, schulischen und anderen Sozialsysteme (über Mechanismen der Internalisierung von Rollenmustern usw.) als auch die Entwicklung der Persönlichkeitsstruktur (in der Perspektive des Aufbaus autonomer Fähigkeiten und innovativer sozialer und psychischer Kreativität) zum Gegenstand einer kritischen wissenschaftlichen Analyse. Die gesellschaftlichen Sozialisationsinstanzen können mit Hilfe dieses Ansatzes insbesondere daraufhin abgefragt werden, wie sie den gesellschaftlichen

Nachwuchs auf die Bewältigung der Strukturprobleme der Interaktion in diversen sozialen Handlungsbereichen vorbereiten. Der interaktionistische Ansatz liefert aus diesem Grunde eine vorzügliche Ergänzung zu den bislang in diesem Abschnitt vorgestellten Theorieansätzen zur Analyse gesellschaftlich organisierter Sozialisation.

Nun ist die interaktionistische Theorie vielfach wegen der gesellschafts- und (bei Anwendung in der Sozialisationsforschung auch besonders) bildungspolitischen Implikationen kritisiert und angegriffen worden. Man verweist darauf, daß sie nur einen sehr formalen analytischen Katalog zur Untersuchung von Sozialisationsprozessen und deren kritischer Würdigung bereitstelle, einen Katalog, der bei genauerem Hinsehen seine Verhaftung an Traditionen des (Bildungs-)Bürgertums und eines neuhumanistischen Menschenbildes und Bildungsideals nicht verleugnen könne, der als eine Rechtfertigung der Kultivierung privater gesellschaftsferner Innerlichkeit und Autonomie interpretiert werden könne (Gottschalch u. a. 1971, S. 45 ff.; Geulen 1973).

In der Tat liegt eine Gefahr dieses theoretischen Ansatzes darin, daß er bei der Ableitung und Erklärung von Interaktionsstrukturen im Bereich ideell-kultureller Phänomene stehenbleibt und die sozioökonomische und soziopolitische Basis dieser Strukturen ausklammert. Der Zusammenhang zwischen normativen und interaktiven Strukturen sozialer Systeme einerseits und ihrem materiellen Substrat andererseits wird konzeptionell nur unzureichend in den Griff genommen. Der Ansatz hat insofern eine idealistische Schlagseite, als Normen und Werte, Interpretationsmuster und Einstellungssyndrome als Bezugspunkte für die Evaluierung von Sozialisationsprozessen gewählt werden, die ihrerseits nicht umfassend gesellschaftlich abgeleitet und in ihrer Vermittlung durch sozialstrukturelle Entwicklungsprozesse und gesellschaftliche Macht- und Herrschaftsstrukturen interpretiert werden. Zum Teil rührt dieses Manko aus dem Versuch und dem Anspruch, eine universalistische Theorie der Strukturprobleme der Interaktion zu entwickeln (vgl. Matthes/Schütze 1973). Dieser Versuch muß insbesondere auch zu einer Desensibilisierung des theoretischen Konstrukts für soziohistorische Dimensionen führen.

Diese Gefahr wird weitgehend aufgefangen, wenn die interaktionistischen Theorieansätze in den Elementen, die für die Analyse des Gegenstandsbereichs gesellschaftlich organisierter Sozialisation als besonders wichtig herausgestellt wurden, in eine kritische Gesellschaftstheorie der oben skizzierten Art einbezogen werden. Die verschiedenen Arbeiten etwa von Habermas zeigen ja bereits, wie eine solche Integration in die umfassenden Interpretationszusammenhänge einer kritischen sozioökonomischen und historisch sensiblen Gesellschaftstheorie aussehen kann. Der Vorwurf des Formalismus, des überwiegend formalen und nicht inhaltlichen Zuschnitts der Kategorien und Konzepte der interaktionistischen Theorie, ist damit allerdings erst zum Teil abgewiesen. Die Zielbestimmungen dieser

Theorie treten ja, wie oben gezeigt, in der Form der Beschreibung von Funktionszielen auf, die möglichst für jede Form sozialer Interaktion in jeder Art sozialer Umwelt Geltungsanspruch haben sollen. Unter Ich-Identität wird – relativ inhaltsleer – etwa die Fähigkeit des Individuums verstanden, verschiedene soziale Umwelterwartungen, die in einem Spannungsverhältnis zueinander stehen können, auszubalancieren, wird die Anforderung angesprochen, zu jedem Zeitpunkt sozialen Handelns die nebeneinander bestehenden teilweise konfligierenden Rollenerwartungen zu koordinieren und miteinander in Ausgleich zu bringen. Im Bereich kognitiver Persönlichkeitsdimensionen geht hiermit die besagte Fähigkeit zur Rollendistanz, im Bereich affektiver Persönlichkeitsdimensionen die angesprochene Fähigkeit zur Ambiguitätstoleranz einher.

Ohne diese Grundqualifikation wäre, wie zu Recht betont wird, sinnvolle Interaktion zwischen Individuen angesichts der alltäglichen Situation nicht deckungsgleicher Rollenerwartungen und -interpretationen, nur teilweise zu befriedigender Bedürfnisdispositionen usw. nicht möglich. Doch ein Individuum, das über diese Grundqualifikationen des (Rollen-)Handelns verfügt, offenbart damit noch nichts über Richtung und Inhalt seiner Handlungen. Es kann zum Beispiel, worauf Rolff und Tillmann (1974) hinweisen, Ambiguitätstoleranz durchaus als Fähigkeit einsetzen, alle gesellschaftlichen Widersprüche lediglich in der eigenen Psyche zu verarbeiten und für sich erträglich zu machen, ohne die gesellschaftlichen Bedingungen dieser Konflikte zu erkennen und nach Lösungsmöglichkeiten auch nur Ausschau zu halten. Und Rollendistanz kann sich z. B. äußern als Kompensation frustrierender Rollen durch andere, unmittelbar belohnende Rollen oder Rollensegmente, ohne daß die Ursachen für die Frustrationseffekte in den Blick gerieten.

Diese Beispiele zeigen, wie leicht die Begriffe und Konzepte der interaktionistischen Theorie entgegen ihrer gesellschaftskritischen Absicht sozial affirmativ verstanden und eingesetzt werden können. Eine rein formale Festlegung von Strukturanforderungen der Interaktion und der Voraussetzungen für persönliche und soziale Identität ist nicht gegen eine (ungewollte und unerwünschte) Funktionalisierung für bestimmte inhaltliche politisch-kulturelle Interessen gefeit, wenn sie nicht auch die gesellschaftlichen und sozialstrukturellen Ursachen ausdrücklich mitbenennt, die einer Entwicklung der Grundqualifikationen und einem Aufbau der Ich-Identität entgegenstehen. Auch wenn durch die Einbeziehung in einen kritischen gesellschaftstheoretischen Rahmen diese Benennung erfolgen kann, bleiben doch einige implizite Bedeutungsgehalte mit gesellschaftspolitischer Relevanz enthalten. Das hat die Diskussion um die Diagnostizierung von «Sozialisationsprofilen» im Zusammenhang mit der Gestaltung kompensatorischer vorschulischer Erziehungsprogramme gezeigt (vgl. hierzu Abschnitt 2.3).

Hier wurde nämlich klar, wie problematisch die gesellschafts- und bildungspolitischen Implikationen der scheinbar doch völlig formalen und neutralen kategorialen Bestimmungen der interaktionistischen Rollentheorie sein können. Wird das konzeptionelle Gerüst der interaktionistischen Theorie als ein universal geltendes Bezugs- und Zielsystem für Sozialisations- und Erziehungsprozesse eingesetzt, dann ist die Diagnostizierung eines sogenannten Sozialisationsdefizits in den sozialen Unterschichten, vor allem den Arbeiterfamilien unserer Gesellschaften, die zwangsläufige Folge. Das ist eine Feststellung von großer Tragweite, die erst wissenschaftlich fundiert und politisch akzeptiert werden könnte, wenn Bezugs- und Zielsystem der Theorie über jeden forschungstechnisch und wissenschaftstheoretisch denkbaren Zweifel erhaben wären. Davon kann aber keine Rede sein. Wir sind bisher noch nicht in der Lage, die formalpragmatischen Strukturprobleme der Interaktion wirklich zuverlässig zu analysieren und verschiedene Sozialisationsprofile in bezug auf bildungspolitische Zielvorstellungen wissenschaftlich fundiert zu beurteilen.

Die kritischen Vertreter interaktionstheoretischer Positionen sind sich dieser Problematik sehr bewußt (vgl. in bezug auf das Thema kompensatorischer Erziehung die entsprechenden Arbeiten von Oevermann 1968 und Mollenhauer 1968). Um Mißinterpretationen interaktionstheoretischer Ansätze vorzubeugen, muß allerdings mehr als bisher im Vollzug wissenschaftlicher Argumentation explizit klargemacht werden, von welchem konkreten Menschenbild der jeweilige Ansatz ausgeht. Die interaktionistischen Kategorien gehen – und das macht sie durchaus wissenschaftspolitisch nicht unakzeptabel, im Gegenteil – von einer Dimensionierung von Kategorien aus, die an einem Subjektbegriff orientiert sind, wie es einem liberalen freiheitlichen Gemeinwesen entspricht; eines Subjekts also, das auf der Basis der Fähigkeiten zu innengeleitetem Verhalten sich normativen Erwartungen gegenüber distanzieren, innovativ verhalten, aktiv gesellschaftlich und politisch gestaltend einsetzen kann usw. Diesem Subjektbegriff liegt die Vorstellung von der Fähigkeit zu rationaler und reflektierter Verständigung und einem entsprechenden Handeln zugrunde. Letzter Maßstab dieser Theorie für die Bewertung interaktiver Prozesse, etwa auch von Sozialisationsprozessen, ist demnach eine Konzeption von kommunikativem Handeln, dessen Ziel darin liegt, eine Kommunikationsstruktur zu etablieren, die den Erwerb von Fähigkeiten zu rationalem «Diskurs» ermöglicht (Habermas in: Habermas/Luhmann 1971, S. 117; Mollenhauer 1972, S. 67 f.).

Diese Konzeption fällt mit der der kritischen Gesellschaftstheorie weitgehend zusammen – ein weiterer Beleg für meine These, daß sich die hier dargestellten Theorieelemente, die zusammen die zentralen Problemdimensionen gesellschaftlich organisierter Sozialisation abdecken, miteinander ohne große Reibungsverluste kombinieren lassen.

Fazit

In diesem Abschnitt wurden Theorieansätze inspiziert, die sich für eine umfassende Theorie gesellschaftlich organisierter Sozialisation eignen, die eine gesellschafts-, eine organisations- und eine interaktionstheoretische Problemebene in sich integriert. Meine Überlegungen haben zu dem Schluß geführt, daß es nicht möglich und nicht sinnvoll ist, von einem einzelnen theoretischen Paradigma mit Universalitätsanspruch auszugehen. Vielmehr bietet sich an, von einer abgewogenen Kombination von Theorieelementen auszugehen, die jeweils auf der gesellschafts-, der organisations- und der interaktionstheoretischen Ebene des Gegenstandsbereichs am leistungsfähigsten und erklärungskräftigsten sind. Die kritischen sozioökonomischen Gesellschafts- und Sozialstrukturtheorien sind meiner Meinung nach am ehesten geeignet, Strukturen und Prozesse einer als historische Einheit konzipierten Gesellschaftsformation zu erfassen und das Erziehungssystem in diesem Bezugsrahmen zu analysieren. In Ergänzung durch systemtheoretische Elemente sind sie in der Lage, die Erscheinungsformen der Interdependenzen von Erziehungssystem und anderen gesellschaftlichen Teilsystemen auf ihre Begrifflichkeit zu bringen und den Beitrag des Erziehungssystems zur Reproduktion sozialstruktureller Ungleichheiten zu analysieren. Der systemtheoretische Ansatz ist ferner am besten geeignet, die einzelnen organisatorischen Untereinheiten des Erziehungssystems als formale soziale Organisationen mit spezifischen innersystemischen Eigengesetzlichkeiten zu untersuchen. Der interaktionistische Ansatz kann diese Erkenntnisleistungen um eine systematische Analyse der Interaktions- und Rollenstrukturen von organisierten Sozialisationssystemen ergänzen. Interaktionistische Theorien verstehen es, die Transformationseffekte gesellschaftlicher Makrostrukturen für die Interaktions- und Rollenstrukturen im Bereich der Erziehungseinrichtungen nach kritischen Maßstäben zu erforschen und zugleich zu sondieren, in welcher Weise und in welchem Ausmaß Individuierungsbedürfnisse des zu sozialisierenden Individuums befriedigt werden.

Alle genannten Theorieelemente sind in der vorliegenden grundlagentheoretischen Literatur erst vereinzelt aufeinander bezogen worden. Für die Zwecke dieser Arbeit stellen sie ein sich sinnvoll ergänzendes und gegenseitig korrigierendes theoretisch-begriffliches Instrumentarium dar. In den nächsten Kapiteln soll versucht werden, dieses Instrumentarium auf den Gegenstandsbereich gesellschaftlich organisierter Sozialisation anzuwenden. Dabei wird kein Anspruch auf bis ins Detail gehende Vollständigkeit erhoben. Es kann vielmehr nur knapp und skizzenhaft eine Darstellung und Reflexion wichtiger Forschungsergebnisse gegeben werden, die sich schwerpunktmäßig auf diejenigen Arbeiten stützen soll, die sich im weiteren Sinne den hier ausgewählten theoretischen Ansätzen verpflichtet fühlen. Den Anfang macht eine Analyse der gesellschaftstheoretischen Dimension des Gegenstandsbereichs gesellschaftlich organisierter Sozialisation, indem das Erziehungssystem als ein Teilsystem industrieller Gesellschaften dargestellt wird.

2 Gesellschaftstheoretische Analyse des Erziehungssystems

Gesellschaften in hohem Entwicklungsstadium sind durch die spezifische Art und Weise gekennzeichnet, in der sie den Austausch mit der «äußeren» und der «inneren» Natur regulieren, in der sie also Prozesse der Produktion und Prozesse der Sozialisation organisieren (Habermas 1973, S. 19 ff.). Produktionsprozesse schöpfen natürliche Ressourcen der Umwelt des Menschen aus und verwandeln freigesetzte Energien in Gebrauchswerte; in hochentwickelten Gesellschaften geschieht das mit Hilfe der durch komplexe Technologien auf der Basis hochgradig technisch verwertbaren Wissens kanalisierten Produktivkräfte. Sozialisationsprozesse bilden menschliche Organismen zu handlungs- und sprachfähigen Subjekten und Gesellschaftsmitgliedern aus; in hochentwickelten Gesellschaften erfolgt das maßgeblich über in formal organisierten Sozialsystemen durchgesetzte normative Strukturen, die – zumindest dem Anspruch nach – gemäß wissenschaftlich fundierten Kriterien Bedürfnisse interpretieren und Handlungen lizenzieren. Beide Arten von Prozessen, Produktions- und Sozialisationsprozesse, sind in hochentwickelten Gesellschaften in ausdifferenzierten Teilsystemen verfaßt und organisiert. Die Setzung der funktionalen Rahmenbedingungen für diese Systeme sowie die Steuerung ihrer Sollwerte nach wichtigen gesamtgesellschaftlichen Funktionserfordernissen wird von dem ebenfalls weitgehend ausdifferenzierten politischen System vorgenommen.

Mit diesen drei Systemen sind die nach Auffassung moderner Gesellschaftstheoretiker ausschlaggebenden Teilsysteme industrieller Gesellschaften genannt. Frühere Gesellschaftsformationen waren durch die eindeutige Vorherrschaft eines dieser Teilsysteme bestimmt; in diesem Sinne war es auch richtig, die Gesellschaft selbst von ihrem jeweils führenden Teilsystem aus zu begreifen, sofern eine Ausdifferenzierung dieser Teilsysteme überhaupt schon eingesetzt hatte. Moderne Industriegesellschaften kennen kein eindeutiges Primat eines funktional ausdifferenzierten Teilsystems (Luhmann 1970a, S. 137 ff., Luhmann 1974). Das politische Administrations- und Entscheidungssystem und das ökonomische Produktions- und Beschäftigungssystem konkurrieren nach verbreiteter Auffassung um diese Rolle. Sie haben mit der Entwicklung entscheidungs- und durchsetzungsfähiger Mechanismen zur Anpassung an sich verändernde Umweltanforderungen und mit der Entwicklung industrieller Produktionsweisen zur Bewerkstelligung des materiellen Austauschs mit der physischen Umwelt jeweils herausragende Leistungen für die Evolution unserer Gesellschaften erbracht. Es stellt sich indes die Frage, ob nicht auch das Sozialisationssystem mit seinen spezifischen Leistungen der identitätsverbürgenden Tradierung kultureller Überlieferungen bei gleichzeitiger flexibler Umstellung der Formen und Inhalte des Austauschprozesses mit der inneren Natur zunehmend an Bedeutung gewinnt, zumal die Leistungen dieses Systems unabdingbare Voraussetzungen für die Funktionsfähigkeit der übrigen gesellschaftlichen Teilsysteme sind: Ohne den Aufbau gesellschaftsspezifisch richtiger Wertstrukturen und normativer Loyalitätsmuster wäre das politische, ohne die Bereitstellung von Qualifikationsstrukturen das ökonomische System nicht funktionsfähig.

Die Frage nach dem Primat eines der genannten oder anderer hier nicht genannter gesellschaftlicher Teilsysteme erscheint mir deshalb in einer kritischen gesellschaftstheoretischen Fragestellung müßig. Gesellschaft konstituiert sich in der Gegenwart aus dem funktional interdependenten Zusammenspiel relativ autonomer gesellschaftlicher Teilsysteme. Viele Anzeichen deuten darauf hin, daß die hier genannten Teilsysteme *zusammen* von Primat für unsere Gesellschaftsformation, die des staatlich geregelten Kapitalismus, sind. Deshalb soll sich dieses Kapitel auch einer knappen Analyse der Interdependenzbeziehungen zwischen den ökonomischen, politischen und sozialisatorischen Teilsystemen widmen, wobei der zentralen Fragestellung gemäß das Sozialisationssystem im Vordergrund zu stehen hat. (Das Sozialisationssystem wird, wie schon betont, hier nur insofern berücksichtigt, als es «Erziehungssystem» ist, also Sozialisationsprozesse formal gesellschaftlich organisiert; das Familiensystem als Teil des gesellschaftlichen Sozialisationssystems bleibt ausgeklammert.)

Versucht man, zur besseren Orientierung die funktionalen Interdependenzbeziehungen zwischen den drei genannten Teilsystemen industrieller Gesellschaften grob vereinfacht grafisch abzubilden, käme man etwa zu der folgenden Darstellung:

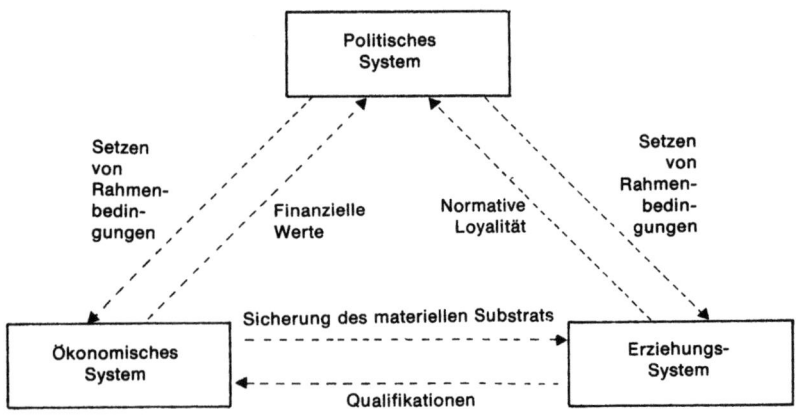

Abbildung 1: Funktionale Interdependenzen wichtiger gesellschaftlicher Teilsysteme

Die funktionalen Interdependenzen zwischen Erziehungssystem und politischem System einerseits und die zwischen Erziehungssystem und ökonomischem System andererseits sind Gegenstand der nächsten beiden Kapitel. Dabei interessiert das politische System, der Eingrenzung des Gegenstandsbereiches dieser Arbeit entsprechend, vor allem als administratives staatliches System, das ökonomische als Beschäftigungssystem.

Im dritten Teil dieses Kapitels werden die interdependenten Beziehungen des Erziehungssystems zu der Struktur makrosozialer Differenzierung unserer Gesellschaften nach Klassen und Schichten thematisiert. Diese makrosoziale Differenzierung steht ihrerseits selbstverständlich in einem sehr engen Verhältnis zu der Art und der Form der Interdependenzbeziehungen der drei genannten gesellschaftlichen Teilsysteme und ist zugleich Produkt wie Substrat der jeweiligen Interdependenzen von politischem, ökonomischem und Erziehungssystem. Die Abhängigkeit der Struktur sozialer Ungleichheit vom Erziehungssystem und ihre Einwirkung und Rückwirkung auf dieses sollen in Abschnitt 2.3 analysiert werden.

2.1 Erziehungssystem und politisches System

Geschichtliche Veränderungen sind immer mit Umwälzungen im Erziehungs- und Bildungswesen verknüpft gewesen. Nicht selten waren solche Veränderungen der pädagogischen Landschaft Anzeichen und Vorzeichen für soziale Wandlungsprozesse. Ein markantes Beispiel aus der gegenwärtigen historischen Großepoche ist die Welle pädagogischer Diskussionen, die der Französischen Revolution vor- und nachging. Es waren nicht nur ideologisch-theoretische Abhandlungen, die die wissenschaftlich-pädagogische Begleitmusik zum Aufkommen der bürgerlichen Gesellschaft darstellten, sondern bezeichnenderweise auch Diskussionen um die konkrete organisatorische Gestalt des Erziehungswesens. Diese hat sich seit jener Zeit maßgeblich verändert. Im alten Europa war Erziehung eine Sache der Kirche einerseits, von «Haus» und «Stand» andererseits gewesen; die Schule – sofern sie als eigenständiges soziales Gebilde überhaupt schon bestand – war bestimmten Lebens-, Arbeits- und Rechtsbezirken nachgeordnet und bildete in ständische Sonderräume hinein (vgl. Vogel 1970). Sie hatte wenig mit staatlicher Gewalt, sondern maßgeblich mit der Kirche und den ständischen Untergewalten zu tun. Mit der allmählichen Lockerung und Auflösung der geburtsständischen Gesellschaftsordnung von der zweiten Hälfte des 18. Jahrhunderts an ging dann eine schrittweise Zunahme der Bedeutung und des Einflusses des Staates auf das Bildungswesen einher. Seither wird der Staat mehr und mehr als ein Schulkontrolleur und Schulreformer aktiv:

«Der Anfang des modernen staatlichen Unterrichtswesens in diesen Jahrzehnten . . . läutete das Ende der altständischen Gesellschaft ein . . . Als 1787 die Instruktion für das preußische Oberschulkollegium eine zentrale staatliche Aufsichtsbehörde schuf und ihr die ständige Verbesserung des Schulwesens zur Pflicht machte, wurde die Umpolung der gesellschaftlichen Reproduktionsprozesse behördlich institutionalisiert. Vor dem neuen, vom Staat auferlegten und honorierten Qualifikationsnachweis durch Bildung und Leistung fielen die geburtsständischen Sozialgliederungen, jedenfalls im Prinzip. Erziehung zur Vernunft, zu nützlichen Kenntnissen, zum ‹Patrioten› und Staatsbürger war etwas anderes als Erziehung zum Standesgenossen» (Jeismann 1972, S. 72).

Die neue staatliche Erziehungsverwaltung schuf fortan ein emanzipiertes Bildungswesen, das nicht mehr den traditionellen Lebensbereichen subsidiär diente, sondern den Interessen des Staates nach der Ausbildung fähiger Staatsdiener und treuer Staatsbürger ebenso nachkam wie den Interessen nach Berücksichtigung veränderter Qualifikationsanforderungen an die heranwachsenden Arbeitskräfte. Für den modernen nationalen Staat und die bürgerliche, liberalwirtschaftliche Gesellschaft würde das sich mehr und mehr organisatorisch selbständig etablierende und allmählich expandierende Bildungswesen einer der wesentlichen Integrationsfaktoren. Die enge Verbindung von Staatsverwaltung und Bildungswesen und die Produkte ihres Zusammenwirkens (einheitliche Schul-, Prüfungs- und Versetzungsordnungen und einheitliche Lehrpläne) müssen als eine objektive Voraussetzung für die Entstehung, Entwicklung und Erhaltung des bürokratischen Verwaltungs- und konstitutionellen Verfassungsstaates nationaler Prägung angesehen werden.

Das moderne öffentlich-staatliche Bildungswesen ist in diesem Sinne auf das engste mit der Struktur und den Strukturkrisen des nationalen Staates und der bürgerlichen Gesellschaft verbunden. Die Entfaltung einer inneren Staatsräson im durchorganisierten Verwaltungsstaat, die Entwicklung der technischen und wissenschaftlichen Produktivkräfte der industriellen Revolution und die Überwindung der ständischen Gebundenheiten sowie der sozialen Privilegienstrukturen wären ohne die sich herausbildenden organisierten Erziehungseinrichtungen nicht denkbar gewesen.[1]

Die Verbindung von Staat und Erziehungssystem ist bis in unser Jahrhundert hinein – von wenigen gegenläufigen Entwicklungen abgesehen – ständig enger und intensiver geworden. Die wachsende Komplexität der sich industrialisierenden und schließlich hochindustrialisierten Gesellschaften macht es funktional notwendig, Erziehungsleistungen an ein gesondertes

---

1 Freilich geschah das – in seinen tatsächlichen Auswirkungen mehr als in seinem Programm – auf Kosten der Hervortreibung der Klassenstruktur der Gesellschaft bis zum Bündnis der ehemals revolutionären Gebildeten mit den alten feudalen und neuen kapitalistischen Eliten, was seinen Niederschlag in der Verfälschung der preußischen Reformideen der Bildungspolitik fand: Das Bildungsideal der deutschen Klassik wurde wegen der wirtschaftlichen und politischen Widerstände faktisch zu einer Herrschaftsideologie, die Konzeption der «allgemeinen Menschenbildung» so umgebogen, daß sie zur Legitimierung der Unterentwicklung des niederen Schulwesens führte, das für die Masse der Bevölkerung allein zugänglich war (Jeismann 1972, S. 73; vgl. auch Hartfiel 1973, S. 9 ff.).

Teilsystem der Gesellschaft zu übertragen. Wirtschaftliches Wachstum und politische Stabilität als wichtige Grundbedingungen gesellschaftlichen Überlebens werden mehr und mehr abhängig von der Verfügung über und dem Einsatz und der Verwertung von systematisiertem Wissen und reflexionsfähigen Einstellungen. Für ihre Entwicklung und Verbreitung kommt dem Erziehungssystem eine strategische Bedeutung zu. Wie die Entstehung des Erziehungssystems als Teilsystem der Gesellschaft an den Industrialisierungsprozeß gebunden ist, so wird es auch – wie neben anderen Hartung und Nuthmann (1973) betonen – zu einer Bedingung seiner weiteren Entfaltung.

Der gewachsene Aufgaben- und Zuständigkeitsbereich des Staates macht es für diesen unausweichlich, das Erziehungssystem in seinen umfassenden Auftrag der Sicherung ökonomischen Wachstums und politischer Stabilität einzubeziehen. Die staatliche Bildungspolitik ist tendenziell bemüht, das Erziehungssystem nach den von ihr für notwendig erachteten Zielvorstellungen zu steuern und zu kontrollieren und in eine gesamtpolitische Planung einzubeziehen. Wir sind in der Gegenwart Zeuge einer Entwicklung, die einerseits eine Intensivierung des administrativen Eingriffs in die bereits verstaatlichten Sektoren des Erziehungssystems mit sich bringt und andererseits immer weitere Bereiche des gesellschaftlichen Sozialisations- und Erziehungsprozesses, die bisher von gesellschaftlichen Gruppen eigenverantwortlich geplant, gesteuert und kontrolliert wurden, der staatlichen Administration und damit politischen Entscheidungen überantwortet.

Die aktuelle Diskussion konzentriert sich in den meisten westlichen Industriestaaten vor allem auf den Aspekt der Expansion des staatlichen Einflusses, etwa auf vorschulische Erziehung und berufliche Bildung. Beide Bereiche waren bislang in unseren Gesellschaften ausschließlich oder überwiegend Sache des Familiensystems bzw. des ökonomischen Beschäftigungssystems. Diese Systeme haben ihre entsprechenden Erziehungsleistungen bislang weitgehend naturwüchsig, ohne gewollte Ziel- und Mittelkoordination nach einem vorweg entworfenen Modell und ohne Berücksichtigung umfassender gesellschaftlicher Interessen, ungeplant erbracht. Angesichts der veränderten Funktionsvoraussetzungen und der wachsenden Komplexität unserer Gesellschaften erweisen sich diese nach kurzgreifenden und partikularen Interessen einzelner sozialer Gruppen, Verbände und Kapitalfraktionen gesteuerten Erziehungsleistungen als nicht mehr ausreichend. Es bedarf auch für die bisher am Rande des bereits öffentlich verfaßten und organisierten Sozialisationssystems liegenden Erziehungsleistungen einer administrativ gesteuerten Planung nach gesamtgesellschaftlichen Kriterien und Maßstäben.

2.1.1 Strukturprobleme staatlicher Bildungspolitik und Bildungsplanung

In den meisten westlichen Industriestaaten hat sich in den letzten Jahrzehnten zwar schnell die Erkenntnis durchgesetzt, daß eine krisenfreie oder wenigstens krisenarme Weiterentwicklung der Gesellschaft und ihrer einzelnen Teilbereiche nur möglich sei, wenn das politische System seine Funktion der Steuerung und Planung intensiviert und expandiert; aktueller Anlaß für solche von den politisch-parlamentarischen Funktionseliten vorgenommenen Neuinterpretationen von Planungsnotwendigkeiten waren und sind in der Regel ökonomische und politische Funktionskrisen, in der Bundesrepublik etwa zuletzt die von 1966/67. In Politik und Wissenschaft werden die Realisierungsmöglichkeiten politischer Planung, etwa die im Bereich des Erziehungswesens, aber oft nach wie vor falsch eingeschätzt. Dasselbe gilt für die Beurteilung der planerischen Beeinflussung als eines politischen Mechanismus als solchen (vgl. Schäfers 1973, Naschold/Väth 1973).

Das Macht- und Legitimationsdilemma
Im Selbstverständnis der politischen Regierungskreise westlicher Industriegesellschaften wird politische Planung in der Regel als eine Problemlösungsstrategie verstanden, mittels deren vorgegebene Ziele erreicht und Störungen der Zielerfüllung vermieden werden sollen (vgl. für die BRD die Regierungserklärungen 1969 und 1972). Die vorgegebenen Ziele werden im weitesten Sinne aus den Verfassungen abgeleitet. Diese Verfassungen legen in der Regel fest, daß der Staat über seine Ordnungsaufgaben hinaus auch unmittelbar und mittelbar für einzelne Bürger oder bestimmte Gruppen von Bürgern konkrete Leistungen zu erbringen hat, die letztlich alle auf die Erfüllung der verfassungsmäßig garantierten Grundrechte abstellen. Zu diesen Grundrechten gehört auch das Recht auf Bildung. Der Staat muß deshalb Vorsorge tragen, daß auch dieses Grundrecht eingelöst werden kann:

«Bildung ist ein wesentlicher Bestandteil der Daseinsvorsorge. Der Abbau von Chancenungerechtigkeiten, Förderung statt Auslese, lebenslanges Lernen suchen das Bürgerrecht auf Bildung allen Schichten des Volkes zugänglich zu machen . . . Der Faktor Bildung wird als Beitrag zur gesellschaftlich-politischen Stabilität wie zur ökonomischen Sicherung von Wohlstand und Wachstum verstanden» (Deutscher Bildungsrat 1974 b, S. 59).

Um die Voraussetzungen zur Realisierung dieses Grundrechts zu schaffen, sind dem Staat weitreichende Kompetenzen zur allgemeinen Zielsetzung, Ordnung, Leitung, Organisation und Kontrolle des Bildungswesens durch Gesetzgebung und vollziehende Gewalt eingeräumt worden, Kompetenzen, die von Zeit zu Zeit erweitert werden, wenn sich nach allgemeinem Verständnis die Aufgaben der Daseinsvorsorge in diesem Bereich quantitativ und qualitativ erweitert haben. Dennoch kann der Staat diese Kompetenzen nicht ohne weiteres in solch einer Weise wahrnehmen und ausgestalten, wie es den von ihm selbst für funktional angemessen gehaltenen Standards entsprechen würde. Das liegt daran, daß er wegen der in Abschnitt 1.2 bereits angesprochenen spezifischen Strukturmerkmale westlicher kapitalistischer Gesellschaften, insbesondere bedingt durch den seiner Natur nach anarchischen Charakter der Steuerungsprinzipien im privatwirtschaftlich verfaßten Produktionsbereich, gar nicht die Macht hat, alle wichtigen Parameter und Systemvariablen zu beeinflussen, auf die sich seine Steuerungsintentionen beziehen. Das Produktionssystem, das politischen Steuerungsfunktionen nur mittelbar zugänglich ist, determiniert einen sehr wichtigen Teil der gesamtgesellschaftlichen Systembedingungen, auf die hin der Staat politisch planend und gestaltend tätig werden soll. Dieser Teil der Systembedingungen, der folglich nur begrenzt beeinflußt werden kann, ist auch und gerade für den Bereich der politischen Planung im Erziehungssystem von besonderer Bedeutung, denn genaue Informationen etwa über den Bedarf an in bestimmter Weise ausgebildeten zukünftigen Arbeitskräften wären Voraussetzung für eine wirklich umfassende Planungstätigkeit des Staates (vgl. dazu im einzelnen Abschnitt 2.2).

Der grundlegende Strukturwiderspruch westlicher kapitalistischer Industriegesellschaften (nämlich die Erfordernis staatlicher Regulierungen und Interventionen in wichtigen Bereichen wirtschaftlicher Abläufe über das Medium krisenvermeidender und möglichst vorausschauender Planung einerseits bei gleichzeitiger Aufrechterhaltung der zentralen Steuerungsmechanismen der privatwirtschaftlich verfaßten Produktionsbereiche andererseits – vor allem über das Prinzip der Gewinnmaximierung, das sich dem Versuch einer intentionalen und an den Bedürfnissen der Menschen orientierten rationalen politischen Planung entzieht) hemmt die Effektivität und Durchsetzbarkeit staatlicher Planungen. Das gilt selbst in den Infrastrukturbereichen, zu denen das Erziehungssystem zählt, obwohl in diesen Bereichen nur in Ausnahmefällen privatwirtschaftlich verfaßte Produktions- oder Dienstleistungsprozesse stattfinden. Denn politische Planung ist auch in diesen Bereichen indirekt durch die der kapitalistischen Produktionsweise inhärenten Gesetzmäßigkeiten determiniert, die sich den planenden Gremien und Instanzen als quasi objektive wirtschaftliche Zwänge mit politischen und sozialen Implikationen darstellen. Materielle Ressourcen und politische Energien können nur in dem Maße in diese Sektoren fließen, wie ihre absolut krisenvermeidende Funktion nachgewiesen werden kann, sie werden gedrosselt oder bleiben aus, sobald andere wichtiger erscheinende wirtschaftliche und soziale Krisensymptome die volle Aufmerksamkeit beanspruchen. Das läßt sich in der Bundesrepublik deutlich an den Entwicklungsphasen von Bildungspolitik und Bildungsplanung in den Jahren während und nach der ökonomischen Funktionskrise 1966/67 illustrieren (Huisken 1972, S. 220 ff.).

Es ist also wichtig, nicht nur die öffentlich bekundeten Planungsabsichten der politischen Funktionseliten zu betrachten, sondern auch die unter den gegebenen machtstrukturellen Bedingungen zustande kommenden tatsächlichen Planungsentscheidungen und die Planungsdurchführung. Nur auf diese Weise läßt sich, worauf etwa Ronge und Schmieg (1973) hingewiesen haben, der Planungsversuch als Intention von der Planungsrealisierung unterscheiden. Dennoch spielen die offiziellen öffentlichen Interpretationen der Planungsziele und -absichten sowie der Planungseffekte und -erfolge eine ganz besonders aufschlußreiche Rolle, da sie den prekären Charakter der Handlungsmöglichkeiten des politisch-administrativen, im wesentlichen demokratisch kontrollierten Systems in unseren Gesellschaften widerspiegeln.

Eine Planungsentscheidung greift projektiv, eine Planungsdurchführung effektiv in die Lebensbedingungen einer Vielzahl von Personen und in die Interessenlagen einer Vielzahl sozialer Gruppen und Verbände ein und muß nach dem Selbstverständnis unserer Gesellschaften zumindest von der Mehrzahl dieser Individuen und Gruppen gutgeheißen, zumindest akzeptiert, in jedem Falle aber für legitim gehalten werden. In den meisten westlichen Industriegesellschaften kann man im Bereich der Bildungsplanung von einem scheinbaren Konsens über die zentralen Ziele und Zwecke ausgehen, an denen alle staatlichen Aktivitäten in diesem Bereich gemessen werden. Solche Zielvorstellungen sind in erster Linie die freie Entfaltung der Persönlichkeit, die das Recht auf Bildung umschließt, die Gleichheit der Bildungschancen für jedermann und die Deckung des Bedarfs an ausgebildeten und qualifizierten Kräften (Rolff 1970). Die ersten beiden Ziele sind, wie schon erwähnt, in den meisten Verfassungen festgelegt und erklären sich aus der überkommenen liberalen Tradition unserer Gesellschaften. Das Ziel der Bedarfsdeckung, das bei voller Effizienz des Mitteleinsatzes verwirklicht werden soll, kann hingegen nur aus den immanenten Funktionsanforderungen industrieller und bürokratischer Produktions- und Dienstleistungssektoren abgeleitet werden. Auf der (ideologischen) Ebene der Zieldiskussion wird unterstellt, dieses letztgenannte sei den erstgenannten Zielen unterzuordnen.

Dieser Konsensus über die Ziele der Bildungspolitik und Bildungsplanung kommt nur deshalb zustande, weil es sich um sehr formale Zwecksetzungen handelt, die vage formuliert sind und jeweils eine Vielzahl unterschiedlicher Bedeutungen auf sich vereinigen. Der genaue Inhalt dessen, was mit freier Entfaltung der Persönlichkeit gemeint ist, kann aus prinzipiellen Gründen nicht scharf zu fassen sein: Freie Entfaltung der Persönlichkeit ist dann realisiert, wenn das Individuum selbst über die Art und Richtung seines Handelns entscheiden kann und tatsächlich entscheidet. Es können jeweils nur die Voraussetzungen freier Entfaltung, nicht aber ihr detaillierter Inhalt angegeben werden. Auch für die Zwecksetzung der Gleichheit der Bildungschancen läßt sich ähnliches sagen: Die konkrete Festlegung dieses Planungszwecks wird von der inhaltlichen Interpretation dessen abhängig, was unter der Fähigkeit des einzelnen verstanden wird, nach der sich im üblichen Verständnis seine Chancen richten sollen. Mithin gilt:

«Die formale Garantie der klassischen liberalen Freiheitsrechte für die freie Entfaltung der Persönlichkeit und für die Gleichheit der Chancen reicht zu Vorhaben der Bildungsplanung nicht aus, sie ist zu allgemein gefaßt und mithin zu unverbindlich . . . Der Spielraum, wie ihn die geschriebene Verfassung für die inhaltliche Normierung festlegt, ist zudem so groß, daß er eine Vielzahl von unterschiedlichen Zweckbestimmungen zuläßt. Er wird durch die Funktionsanforderungen der industrialisierten Produktion jedoch in dem Maße eingeschränkt, in dem dabei auf die Zwecke der Sicherung des Bedarfs an gebildeten Menschen und der Effizienz des Mitteleinsatzes Rücksicht genommen werden muß» (Rolff 1970, S. 14).

Nun sind die Determinationen durch überwiegend ökonomische Interessen und Anforderungen in der Bildungsplanung zwar nicht zu unterschätzen, doch sind sie – wie in Abschnitt 2.2 noch ausführlich gezeigt werden soll – nicht so eindeutig und dominant, daß sie die Ziele «Chancengleichheit» und «Persönlichkeitsentfaltung» dominierten und als Ziele mit eigenem politischen Gewicht und eigener Dynamik faktisch unbedeutend machten. Wir haben es mit einer nur teilweisen Determiniertheit bildungspolitischer und bildungsplanerischer Entscheidungen durch Zwänge aus dem Beschäftigungssystem industrieller Gesellschaften zu tun – was indes nicht bedeutet, daß Bildungspolitik in den freien Entscheidungsbereichen nach beliebigen Kriterien und Zielvorstellungen vorgehen könnte. Die politische Legitimationsbasis für bildungspolitische Entscheidungen ist vielmehr nur dann gesichert, wenn zumindest der Anschein erweckt wird, bildungspolitische Entscheidungen dienten den Zielen der Chancengleichheit und Persönlichkeitsentfaltung.

Das Problem der Chancengleichheit ist dabei von direktester politischer Bedeutung. Der Staat kann seine Legitimität nur bewahren und ein als gerecht geltendes Gewaltmonopol ausüben, wenn er durch die Anwendung eines formalen Gleichheitsprinzips auf alle Bürger sich deren Unterstützung und Anerkennung verschafft und sich gegenüber den Gruppen- und Klassenauseinandersetzungen als eine Art neutraler Instanz und parteiloser Sachwalter darstellen kann. Der Staat muß die Fiktion staatsbürgerlicher Gleichheit aufrechterhalten und gegen alle Erfahrungen von Unterprivilegiertheit und Ausbeutung, wie sie durch die ökonomischen Mechanismen unserer kapitalistischen Gesellschaften immer wieder erzeugt werden, wirksam verteidigen. Die bildungspolitischen Entscheidungen und Maßnahmen müssen sich aus diesem Grunde immer wieder am Ziel gleicher Bildungschancen für jedermann messen lassen und plausible Erklärungen für die tatsächliche Ungleichheit der Bildungschancen und der damit verbundenen allgemeinen Lebenschancen anbieten (Baethge 1972, Offe 1973).

Das wichtigste ideologische «Erklärungsmuster» ist in diesem Zusammenhang die moderne Variante des Prinzips des «gerechten Tauschs»: die

Ideologie des Leistungsprinzips als eines vermeintlich objektiven, neutralen und gerechten Mechanismus der Verteilung materieller und immaterieller Gratifikationen – eines Mechanismus, der sowohl im organisierten Sozialisations- als auch im Produktions- und Beschäftigungssystem in Kraft sei. Mittels dieses Rechtfertigungsprinzips wird versucht zu suggerieren, Bildungsniveau und (damit eng korrelierender) Sozial- und Berufsstatus seien einzig und allein durch Ausmaß und Art individuell erbrachter Leistungen determiniert. Natürlich werden hiermit nur Oberflächenphänomene angesprochen. Von den historisch und ökonomisch tief verankerten strukturellen Ursachen sozialer Ungleichheit, von der Art der Eigentumsverhältnisse am Produktiv- und sonstigen Vermögen und den damit nach wie vor automatisch verbundenen ökonomischen, sozialen und auch Bildungsprivilegien (von Krockow 1974) wird auf diese Weise abgelenkt.

Politische Funktionseliten, auch und gerade wenn sie sich sozialistisch-reformerischen Zielvorstellungen verpflichtet fühlen, stehen, wie meine Ausführungen zeigen sollten, unter politischem und ideologischem Druck, das Bildungswesen und seine prospektierte Veränderung als den Vorstellungen der Chancengleichheit und der freien Entfaltung der Persönlichkeit in steigendem Maße entsprechend darzustellen. Sie müssen, gerade wenn sie die bestehenden, für unzulänglich gehaltenen Bedingungen ändern wollen, gewissermaßen eine politische Verantwortung für diese Bedingungen übernehmen, obwohl diese maßgeblich durch andere als durch autonome politische Entscheidungs- und Gestaltungsprozesse determiniert wurden und werden. Sie sind dazu gezwungen, wenn nicht in unkalkulierbarer Weise die Loyalität breiter Bevölkerungsschichten zur etablierten Ordnung in Frage gestellt und die ohnehin prekäre und ständig gefährdete Funktionsfähigkeit des bestehenden Ordnungssystems in Zweifel gezogen werden sollen.

Dieser Sachverhalt, in der beschriebenen Weise von den politischen Funktionseliten wahrgenommen und interpretiert, kann das politisch-administrative System faktisch zwingen, im Blick auf die soziale Ungleichheit reproduzierenden gesellschaftlichen Sektoren im allgemeinen und auf das Erziehungssystem im besonderen ein kontrafaktisches Erscheinungsbild von Chancengleichheit und Klassenneutralität zu produzieren, während gleichzeitig sozialer Status und Lebenschancen der Individuen nach wie vor an ökonomische Bewegungsgesetze gebunden bleiben, die es nur partiell beeinflussen kann. Der Legitimitätsdruck kann dazu führen, daß im Erziehungssystem Gesellschaftsbilder und gesamtgesellschaftliche Situationsdeutungen entwickelt und angeboten werden, die den Widerspruch zwischen formaler Gleichheit und faktischer Ungleichheit verschleiern oder auslöschen sollen (Offe 1973). Die Vision einer Gesellschaft, in der jedem nahezu jederzeit jede Option offensteht, verdunkelt aber nur die Tatsache, daß die Bildungspolitik nur sehr beschränkte Möglichkeiten hat, diese Vision zu verwirklichen.

Bildungspolitische Programme, sosehr sie sich auch auf einzelne klar artikulierte Zielvorstellungen berufen, müssen aus diesem Grunde immer eine politische Kompromißformel darstellen, die eine Art Bestimmung des Gemeinwohls einer kapitalistischen Gesellschaft sein und die Interessen aller gesellschaftlichen Gruppen, insbesondere deren von Kapital und Arbeit, integrieren soll, ohne ihr Verhältnis maßgeblich in Frage zu stellen. Die mit der Formulierung und Ausführung politischer Strategien befaßten Organe des Staates, die Ministerien, Verwaltungen, Ausschüsse, Reformkommissionen usw., geben aus diesem Grunde immer solchen Zielformulierungen für ihr eigenes Handeln den Vorzug, die es gestatten, den Entscheidungsspielraum zwischen der Determination durch tatsächliche oder vermeintliche ökonomische Bedarfsanforderungen und artikulierten Legitimitätsanforderungen einzelner Interessengruppen oder breiter Bevölkerungsschichten so auszuschöpfen, daß die bestehende Machtkonstellation erhalten bleibt und der Staat gleichzeitig als planungsfähig und planungsbereit erscheint.

Das Informationsdilemma
Neben dem Macht- und dem Legitimationsdilemma stellt sich der politischen Planung allgemein und der im Bereich des Erziehungssystems im besonderen ein Informationsdilemma. Es besteht, weil das politisch-administrative System nicht über die Kenntnis der erforderlichen Daten und Fakten verfügt, die für eine umfassende politische Planung notwendig wären. Die wissenschaftliche Forschung, die diese Informationen liefern sollte, steht vor externen und internen Schwierigkeiten, die sie an der Förderung dieser Erkenntnisse hemmt und obendrein ihre Umsetzung in politische Praxisempfehlungen erschwert. So sind ihr zum einen wichtige Wissensbereiche, wie etwa Investitionsentscheidungen in privatwirtschaftlichen Industriebetrieben, nicht oder nur schwer zugänglich, was zu einem Ausfall an wichtigen planungsrelevanten Daten führen muß. Und zum anderen beziehen sich wegen der internen Steuerungsmechanismen des Wissenschaftsbetriebs (z. B. Reputation und Aufstieg über die Anzahl und nicht die Qualität der Veröffentlichungen) wirtschafts-, sozial- und erziehungswissenschaftliche Forschungen auf begrenzte, bequem zu erforschende theorieimmanente Fragestellungen, untersuchen allenfalls kurzfristig zu erhebende gesellschaftliche Realsituationen und blenden Praxis- und Anwendungsprobleme weitgehend aus.

Es kann deshalb nicht ausbleiben, daß begrenzte wissenschaftliche Partialerkenntnisse als alleinige Grundlage für wichtige bildungspolitische und bildungsplanerische Entscheidungen herangezogen werden müssen, sobald für die politischen Funktionseliten ein Handlungsdruck, etwa infolge einer akuten Wirtschaftskrise, besteht. So geschehen etwa in den sechziger Jahren, als in vielen westlichen Industrieländern Wirtschaftskrisen, als Wachstumskrisen interpretiert, mit Maßnahmen bekämpft wurden, die sich auf bestimmte (wachstums-)wirtschaftswissenschaftliche Theoreme stützten.

Zu jener Zeit hatte, auch in der BRD, die Wachstumstheorie mit ihrer Erkenntnis von sich reden gemacht, Wachstumsniveau und Wachstumsrate einer Volkswirtschaft seien maßgeblich auf den Faktor «technischer Fortschritt» zurückzuführen; dieser Faktor werde seinerseits entscheidend durch das Qualifizierungsniveau der Arbeitskräfte bedingt, das wiederum durch die Ausbildungsleistungen des Erziehungssystems mitdeterminiert sei (vgl. die Beiträge bei Hüfner 1970).

Dieses Ableitungsmuster, so sehr es auch in der wissenschaftlichen Diskussion umstritten war und ist (siehe Abschnitt 2.2), wurde zur Grundlage einer Reihe von wirtschafts- und bildungspolitischen Entscheidungen, weil es den seltenen Vorteil hatte, direkte Praxis- und Handlungsimplikationen nahezulegen. Das theoretische Fundament dieses Denkansatzes, die Annahme einer mehr oder weniger direkten Wachstumswirkung von Bildung und Ausbildung, stellt aber bestenfalls teilweise eine plausible Hypothese dar; empirisch abgesichert ist es nicht. Eine Partialhypothese der überaus spekulativ verfahrenden allgemeinen Wachstumstheorie wurde hier isoliert und in eine generelle Bildungsökonomie umgemünzt, bildungspolitische Konsequenzen (insbesondere: breit angelegte Steigerung des Ausbildungsniveaus der zukünftigen Arbeitskräfte) wurden in wissenschaftlich fragwürdiger Weise aus diesem unzureichend abgesicherten theoretischen Konstrukt abgeleitet, die bildungsökonomische Wachstumstheorie spielte sich praktisch als eine praxisrelevante Planungswissenschaft auf (Schmitz 1973).

Nachdem sich in der wissenschaftlichen Diskussion die Problematik dieser angeblich wissenschaftlich abgesicherten Planungs- und Entscheidungshilfen der wachstumstheoretischen Bildungsökonomie und ihres Hauptplanungsinstruments, der Arbeitskräftebedarfsprognose, erwiesen und sich im politischen Bereich der Druck zu schnellen, bestehende Systembedingungen des Erziehungswesens möglichst wenig tangierenden (und unter Verweis auf öffentlich anerkannte wissenschaftliche Autoritäten leicht zu legitimierenden) Maßnahmen gelegt hatte, sind sie mehr und mehr in den Hintergrund getreten. Die praktische Planungspolitik hat erkannt, daß Arbeitskräftebedarfsprognosen und ähnliche komplizierte Verfahren wegen der Strukturprobleme unserer Wirtschafts- und Gesellschaftsordnung nur sehr unzuverlässige Orientierungsdaten bereitstellen können. Sie stützt sich heute überwiegend auf pragmatische Verfahren der Berechnung der voraussichtlichen Nachfrage nach Bildungsleistungen, die zwar auch große verfahrenstechnische Probleme aufwerfen, aber doch ohne angreifbare grundlagentheoretische Postulate auskommen.

Insgesamt deutet sich ganz allgemein die Konzeption einer Offenhaltung methodischer und inhaltlicher Entscheidungen im politischen Planungsprozeß an: Eine Offenhaltung nicht nur für diverse und unter Umständen miteinander konkurrierende sozialtechnologisch verwertbare wissenschaftliche Erkenntnisse, sondern auch eine Offenhaltung im substantiellen Bereich der Planungs- und Reformprogramme. Solche «offenen Programme», die ein Ende der kurz aufgeflammten Planungseuphorie in der zweiten Hälfte der sechziger Jahre signalisieren, lassen sich leicht damit rechtfertigen, daß nachweislich bisher keine sichere Prognose gesellschaftlicher Strukturen und Prozesse gelungen ist und deshalb ein sehr flexibles Reaktionspotential auf kurzfristig und unvorhergesehen eintreffende Krisenerscheinungen zur Verfügung stehen muß. Sie fixieren nur noch wenige inhaltliche und strukturelle Entscheidungen genereller Art (etwa die Reformprogramme «Gesamtschule» und «Gesamthochschule»), die je nach sich wandelnden Situationsanforderungen zeitlich und sachlich flexibel realisiert und ausgestaltet werden können.[2]

In solchen Konzeptionen der offenen Planung steckt natürlich stillschweigend das Eingeständnis der Unmöglichkeit einer exakt vorwärts orientierten Gestaltungsplanung. Bildungsplanung soll so konzipiert sein, daß den jeweiligen aktuellen Entwicklungen der Anforderungen an das Erziehungssystem flexibel begegnet werden kann, indem zwar Bildungsmöglichkeiten vielerlei und möglichst alternativer Art vorweg gesichert, aber nur wenige Inhalte und Strukturen auf längere Sicht unkorrigierbar determiniert werden. Solch eine Konzeption von Bildungsplanung, die sich nicht mehr fest an in sich geschlossene Argumentationsmodelle wissenschaftlicher Theorien anschließt, ist den strukturellen Handlungsbedingungen des politisch-administrativen Systems in unseren westlichen Gesellschaften insofern angemessener, als dem Staat im Grunde lediglich die Funktion einer Anpassung seiner planerischen Aktivitäten an die durch die marktgesteuerte Produktion und die bildungspolitische Motivation meinungsführender Bevölkerungsschichten und Interessengruppen bestimmte Entwicklung politischer Situationsanforderungen abverlangt wird.

---

2 Rolff hat unter Berücksichtigung solcher Überlegungen das Modell der Bildungsplanung als «rollender Reform» im deutschen Sprachbereich bekannt gemacht. Bei diesem Modell der Bildungsplanung soll versucht werden, die Änderungen normativer und sozialtechnologisch-wissenschaftlicher Grundlagen und Bedingungen, die während der Durchführung der Planung auftreten, unmittelbar in die Programmweiterentwicklung einfließen zu lassen und beim Fortgang der Programmverwirklichung zu berücksichtigen: «Bildungsplanung als rollende Reform gewinnt ihre präzisen und inhaltlich ausgefüllten programmatischen Konturen erst durch einen öffentlichen Lernprozeß sukzessive im Zuge ihrer Durchführung. Sie wird also weder von einer vorgegebenen Gesellschaftstheorie abgeleitet, noch von einer überlegenen Machtposition aus einfach dekretiert» (Rolff 1970, S. 170).

Einen wichtigen Stellenwert im Rahmen dieses Vorgehens der Bildungsplanung haben innovative Experimentalprogramme, die die dynamische Komponente der rollenden Reform darstellen sollen. Über die Durchführung solcher Experimentalprogramme – so Rolff – könne in unseren Gesellschaften oftmals schneller eine Übereinstimmung erzielt werden als über die Durchführung ganzer Reformprogramme, denn Experimentalprogramme hätten nur einen verhältnismäßig geringen Umfang und beanspruchten keine allgemeine Verbindlichkeit. Außerdem könnten die Folgen und Nebenfolgen solcher Programme besser kontrolliert werden.

Im übrigen sind es ja nicht nur die Informationsleistungen der wirtschafts- und sozialwissenschaftlichen Forschung, die unzureichend sind, sondern auch die der Erziehungswissenschaften. Die Kenntnis der Tatsache der nur unvollständigen Determiniertheit bildungspolitischer Entscheidungen durch ökonomische Faktoren hat den Spielraum für wissenschaftlich fundierte qualitative und quantitative pädagogische Anforderungen an die Bildungspolitik grundsätzlich etwas vergrößert. In der Bundesrepublik z. B. sind solche nach immanent pädagogischen Postulaten verfahrenden Gutachten und Empfehlungen pädagogischer Fachkommissionen, etwa des Deutschen Bildungsrates, in den letzten Jahren von einem steigenden Einfluß zumindest auf die offiziell deklamierte Bildungspolitik gewesen. In der Regel lassen aber auch diese wissenschaftlich einigermaßen fundierten Vorlagen noch einen weiten Spielraum der Interpretation und der Umsetzung in Realstrategien zu, so daß sich keine absolut zwingenden bildungspolitischen und bildungsplanerischen Maßnahmen aus ihnen ergeben. Das liegt neben dem auch im erziehungswissenschaftlichen Bereich gärenden Streit verschiedener wissenschaftstheoretischer Positionen maßgeblich auch am unbefriedigenden Stand der empirischen Forschung, die in ihren Methoden und Resultaten große Widersprüche aufweist. (Als ein signifikantes Beispiel sei auf die Forschungen über Auswirkungen der Veränderung der Unterrichtsorganisation hingewiesen, auf die in Abschnitt 3.2 ausführlich eingegangen wird.)

Selbst wenn der Staat wollte und könnte, würden also die ihm angebotenen Informationen und Handlungsmodelle von seiten der verschiedenen wissenschaftlichen Forschungsinstanzen ihn nicht in die Lage setzen, eindeutige und zweifelsfreie Entscheidungen für bildungsplanerische Maßnahmen abzuleiten. Angesichts prekärer Wachstums- und Beschäftigungssituationen und alternativer Verwendungsmöglichkeiten knapper finanzieller Ressourcen erhält er nur vage und in sich widersprüchliche Hinweise für Entscheidungen über die Höhe der Bildungsaufwendungen, über die Art des Einsatzes dieser Mittel und über die anzustrebenden strukturellen und inhaltlichen Aspekte der Bildungsreformprogramme. Es kann nicht wissenschaftlich zweifelsfrei erfaßt werden, wie sich private und öffentliche Investitionen in Bildung und Ausbildung auf Produktivität, Wachstum und Beschäftigung auswirken, und es kann ebensowenig eindeutig gesagt werden, welche konkreten Maßnahmen die größtmöglichen pädagogischen Wirkungsgrade, gemessen vor allem am Ziel der Gleichheit der Bildungschancen und der freien Persönlichkeitsentfaltung, garantieren. Die für die bildungspolitische und bildungsplanerische Praxis relevanten wissenschaftlichen Vorgaben können also objektiv immer nur zufällig «richtig» sein, weshalb auch der Staat als Träger dieser Politik und Planung nur zufällig richtig handeln kann (Ronge/Schmieg 1973, S. 123). Er ist nicht in der Weise zur politischen Planung in der Lage, wie er es – zumal unter reformorientierten Regierungen – beabsichtigt, da ihm aus den genannten gesellschafts-

und wissenschaftsstrukturell angelegten Gründen heraus das erforderliche Diagnose-, Prognose- und Steuerungswissen fehlt, das zur Vorbereitung und Durchführung von effektiven Planungsentscheidungen notwendig wäre.

Wir stehen damit vor einer paradoxen Situation: In wissenschaftlich-technischen Zivilisationen wie den unseren ist die Frage nach der Absicherung und Institutionalisierung der zum Systemerhalt notwendigen politischen Planung gleichbedeutend mit der Frage, 'inwieweit diese Planung wissenschaftlich fundiert ist. Politische Planung muß sich angesichts der ungeheuren Komplexität des Planungsobjektes «Gesellschaft» unabdingbar als eine wissenschaftlich angeleitete Gestaltung zukünftiger Handlungssysteme und Handlungsbedingungen verstehen. Man hat sie sogar als die «Praxis der Wissenschaft» bezeichnet (Schäfers 1973, Einleitung S. 5). In der Realität müssen wir jedoch feststellen, daß die politische Planung nicht nur wegen mangelnder Machtkompetenzen und problematischer Legitimationsbeschaffung, sondern auch wegen mangelhaft fortgeschrittener Verwissenschaftlichung in unseren westlichen Gesellschaften ineffektiv bleiben muß. Dieses Paradoxon wirft die Frage auf, ob wir vielleicht von falschen Modellen der Kooperation von Wissenschaft und Politik ausgehen. Im Hintergrund steht hierbei der Streit, ob die Aussagen, die das wissenschaftliche Fundament einer politischen Planung sein können, denselben Kriterien genügen sollen, die für wissenschaftliche Aussagen als solche gelten. Der Streit geht darum, ob Wissenschaft wirklich praxisrelevant-prognostisches Potential hat und, wenn ja, wie dieses nach wissenschaftlichen Kriterien eingesetzt werden kann. Unter den gegenwärtigen gesellschaftlichen Bedingungen ist es praktisch unausbleiblich, daß die intentional auf die politische Gegenwartspraxis bezogenen Aussagen und Informationen der Wissenschaft objektiv ideologischen Charakter tragen, zumal wenn der Staat sie bei seinen Aufgaben der Krisenbewältigung einzusetzen versucht. Denn solche Krisen können z. B., werden sie verwissenschaftlicht interpretiert, nicht mehr als ökonomisch und sozialstrukturell verursachte Störungssymptome, sondern als unvermeidbare Reibungseffekte für sich entwickelnde Gesellschaftssysteme dargestellt, interpretiert und verstanden werden (Ronge/ Schmieg 1973, S. 123).

Fazit

Die Vorstellung, politische Planung auf der Basis wissenschaftlicher Befunde könne eine rationalisierte Überwindung der in den immanenten Bewegungsgesetzen unserer westlichen kapitalistischen Gesellschaften angelegten Widersprüche und Konflikte leisten, ist nur sehr begrenzt realistisch. Die Vermutung, der Staat sei auf dem Wege, mittels der wachsenden Kompetenzen politischer Planung, etwa im Infrastruktursektor «Bildung und Erziehung», zu einer mächtigen autonomen Steuerungsinstanz in spätkapitalistischen Gesellschaften zu werden, muß nach den in diesem Abschnitt unterbreiteten Überlegungen zurückgewiesen werden. Wir müssen realistisch sehen, daß der Staat – wissenschaftlich-analytisch gesehen – nach wie vor das Produkt einer kapitalistisch verfaßten pluralistischen Gesellschaft ist. Der Staat steht in einem Macht-, Legitimations- und Informationsdilemma, das sich aus den Strukturcharakteristiken unserer Gesellschaften erklärt, und ist deshalb nicht zu einer umfassenden Gestaltungsplanung in der Lage. Es ist zwar ein allgemeiner Funktionszuwachs der politischen staatlichen Planung zu erkennen, doch ist und bleibt sie ihrer Natur nach Reaktionsbildung auf gesellschaftliche Bedingungen, die unter anderem maßgeblich durch den privatwirtschaftlichen Produktions- und Verwertungsprozeß gesetzt sind. Hirsch und Leibfried (1971, S. 10) haben deshalb von einer im abstrakten und konkreten Sinn «kompensatorischen Planung» des Staates gesprochen. Die partielle Verwissenschaftlichung dieser Planungstätigkeiten kann nicht darüber hinwegtäuschen, daß die wissenschaftlichen Erkenntnisprozesse selbst ihrerseits indirekt durch die spezifischen ökonomischen, politischen und sozialen Gesetzmäßigkeiten unserer Gesellschaftsformation determiniert sind.

Das politisch-administrative System hat in unseren Gesellschaften objektiv umfassende Steuerungskompetenzen, doch sie werden durch die genannten Faktoren beschnitten. Versuche der Globalsteuerung sind deshalb, zumal wenn sie zur akuten Krisenbewältigung eingesetzt werden sollen, nur mit einer zufälligen Erfolgsaussicht ausgestattet. Staatliches Planungshandeln mit – wie es in unseren Gesellschaften die Regel ist – der Absicht des Krisenmanagements ist zwar immer eine Reaktion auf ein konkretes Systemproblem, doch es ist aus den genannten Gründen nicht sicher, ob das objektiv wirkliche Systemproblem in das Selbstverständnis und die Entscheidungen der Planer eingehen kann.

Denn Krisen offenbaren, wie die vielberedete Bildungskrise in den sechziger Jahren zeigte, nicht eindeutig ihre Ursachen: Diese Krise hat sich zumindest im Bewußtsein der politischen Funktionseliten und weiter Kreise der meinungsbildenden Öffentlichkeit weitgehend verflüchtigt, obwohl gar keine radikalen Veränderungen des Bildungswesens eingeleitet worden sind. Es besteht keine eindeutige Auffassung darüber, welche konkreten Maßnahmen oder welche eventuellen Verschiebungen zugrunde liegender Konstellationen von Systemfaktoren diese Verflüchtigung bewirkt haben könnten. Es ist deshalb durchaus denkbar, daß es sich nicht nur um eine ökonomische, sondern maßgeblich auch um eine reine Legitimationskrise handelte, da die zuständigen staatlichen Instanzen in der seinerzeit gegebenen politisch-ökonomischen Konstellation nicht überzeugend nachweisen konnten, im bildungspolitischen Bereich erfolgreich tätig gewesen zu sein. Öffentlich vorgetragene und scheinbar wissenschaftlich voll abgesicherte Interpretationen derart, daß es genau dieses Versagen der Bildungspolitik gewesen sei, das die damalige Wachstumskrise bewirkt habe, konnten aus diesem Grunde weit verbreitet werden und im Bereich der Bildungsplanung für einen diffusen und ungerichteten Legitimationsdruck sorgen, dem der Staat durch scheinbar gezielte bildungspolitische Aktionen gerecht werden mußte. Diese Aktionen haben die Legitimitätskrise offenbar zunächst wieder aufgefangen, sie haben aber zugleich unter Umständen die Voraussetzungen für ungewollte und ungeplante Nebenkonflikte geschaffen: Die Maßnahmen zum Abbau der schichtspezifischen Unterrepräsentierung von Arbeiterkindern haben z. B. zu einem Steigen der Abiturientenzahlen geführt, was nun das Problem aufwirft, wie diese Absolventen im Hochschulsystem und im Beschäftigungssystem überhaupt angemessen untergebracht werden können.

An die Sozialisations- und Bildungsforschung, soweit sie sich als praxis- und planungsrelevante Forschung versteht, richtet sich nach diesen Überlegungen die Forderung, in die Konzeptionierung der Theorie- und Forschungsansätze den Verwertungszusammenhang der Forschungsergebnisse schon mit einzubeziehen. Der Sozialisationsforscher müßte sich zugleich auch immer als ein Planungswissenschaftler verstehen, der durch seine eigene Tätigkeit den Planungsprozeß selbst mit beeinflußt und lenkt. In diesem Blickwinkel ist die Forderung von Recums (1967, S. 12) berechtigt, der eine Integration von wissenschaftlicher Planungsforschung und politischer Entscheidung fordert. Die wissenschaftliche Analyse der realen politischen Entscheidungs- und Durchsetzungsbedingungen muß Bestandteil dieses integrierten Vorgehens sein. Alle isolierten Fortschritte in der Verfeinerung von Planungstechniken sind demgegenüber vergleichsweise ineffektiv für den Planungsprozeß, auch wenn – selten genug – politische Handlungsbedingungen und gesellschaftliche Machtkonstellationen in formalisierter Weise in den sogenannten Datenkranz der Planungsmodelle einbezogen werden. Die Gesamtproblematik von Erkenntnisgewinnung, ihrer Verarbeitung und Umsetzung in praxisbezogene Handlungsmodelle und ihrer politischen Realisierung unter den beschriebenen Bedingungen der Macht-, Legitimations- und Informationsdilemmata der planungstragenden politisch-administrativen Instanzen ist bislang nur in wenigen Ansätzen zum Gegenstand einer auf das Erziehungssystem gerichteten wissenschaftlichen Forschung gemacht worden (Haag u. a. 1972).

Exkurs:
Bildungspolitik und Bildungsplanung in der Bundesrepublik Deutschland
Die Strukturprobleme der Bildungspolitik und Bildungsplanung in westlichen kapitalistischen Industrieländern lassen sich am Beispiel der jüngsten Entwicklung in der Bundesrepublik Deutschland exemplifizieren, was nun in Form einiger kurzer Anmerkungen geschehen soll. Das Bildungswesen in Westdeutschland wurde im wesentlichen nach dem Vorbild des Bildungswesens der Weimarer Republik restauriert. Im Laufe der fünfziger und vor allem der sechziger Jahre, zuletzt angestoßen durch die Krise 1966/67, wurden von den für die Bildungspolitik zuständigen Landesregierungen

erste weiterführende Planungsprogramme in Angriff genommen, die geringfügige Strukturveränderungen und partielle Kapazitätserweiterungen im Bildungswesen zum Ziel hatten. Seit Ende der sechziger Jahre hat sich auch die Bundesregierung, durch einige Verfassungsänderungen und Staatsverträge zu größeren Kompetenzen im Bereich der Schul- und Hochschulpolitik und -planung gekommen, in diese Programmentwicklung eingeschaltet. Das Regierungsprogramm der ersten sozialliberalen Regierung von 1969 und der Bildungsbericht dieser Regierung dokumentieren umfassende und weitreichende Planungsintentionen für das Erziehungssystem, die durch die politische Erkenntnis motiviert waren, daß das Schul- und vor allem Hochschulwesen in der BRD als «der größte Krisenherd in der gegenwärtigen gesellschaftspolitischen Situation» erkannt werden mußten (Bildungsbericht 1970, S. 95).

Man muß in der deutschen Geschichte wahrscheinlich bis in die Jahre der preußischen Schul- und Hochschulreform zurückgehen, ehe man ein Regierungsprogramm findet, das wie dieses Bildung, Ausbildung, Wissenschaft und Forschung an die Spitze innerer Reformen stellt (Jeismann 1972). Diese Programme waren und sind Symptome für strukturelle Umwälzungsprozesse in Basis und Überbau unserer Gesellschaften, denn nur in Krisenzeiten treten Strukturen und Inhalte von Erziehungsprozessen und die Art und Weise ihrer gesellschaftlichen Organisation aus ihrer selbstverständlich erscheinenden Routine heraus und machen auf diese Weise deutlich, daß sie Objektivationen politischer, sozialer und ökonomischer Verhältnisse sind. Die Bundesregierung proklamiert in ihrem Programm u. a. «die Entwicklung eines umfassenden integrierten und differenzierten Gesamtschul- und Gesamthochschulsystems», den Ausbau der Kapazitäten im Schul- und Hochschulwesen bei gleichzeitiger Neukonzipierung der Lehrpläne und einem Abbau hierarchischer Strukturen und Organisationsformen und die Umgestaltung der beruflichen Bildung zu einem «integrierten Teil des Bildungssystems» (Bildungsbericht 1970, S. 18 f.). Diese Ziele sollen ausdrücklich durch eine umfassende und wissenschaftlich fundierte Bildungsplanung erreicht werden.

Als wichtigstes Planungsgremium wurde eine «Bund-Länder-Kommission für Bildungsplanung» konstituiert, in der wegen der föderativ verteilten Kompetenzen im Bildungsbereich neben dem Bund alle Bundesländer vertreten sind. Diese Kommission soll einen langfristigen Rahmenplan für eine abgestimmte Entwicklung des gesamten Bildungswesens vorbereiten, mittelfristige Stufenpläne für die Verwirklichung der Ziele des Rahmenplans und Empfehlungen zur Koordinierung vollzugsreifer Teilpläne aussprechen. Sie soll außerdem Finanzierungspläne und -vorschläge erarbeiten. Die Planungskonzeption der Bundesregierung, wonach diese Kommission innerhalb kurzer Zeit auf der Grundlage gemeinsam festzulegender Zielvorstellungen und unter Berücksichtigung der Empfehlungen von Bildungsrat und Wissenschaftsrat einen umfassenden Bildungsgesamtplan erarbeiten und anschließend ein Bildungsbudget vorlegen sollte, haben sich nicht erfüllt. Die gemeinsamen Zielvorstellungen sind aus politischen Gründen nicht zustande gekommen, die Empfehlungen von Bildungsrat und Wissenschaftsrat wurden vor allem von den konservativ regierten Bundesländern nicht akzeptiert.[3]

Der Bildungsgesamtplan ist aber nicht nur wegen seiner immanenten Zielwidersprüche ein relativ ineffektives Planungsinstrument. Auch seine politische und verfassungsrechtliche Verbindlichkeit ist gering. Denn nur die Bundesregierung und die Landesregierungen sind an diesen Plan gebunden, nicht aber die entsprechenden Parlamente. Es ist durchaus legal und politisch sogar mit Sicherheit zu erwarten, daß zumindest einige Landesparlamente den Plan so auslegen werden, daß er faktisch in eine Fortschreibung der bisherigen Maßnahmen unter Berücksichtigung eventueller Expansionsbedürfnisse ausläuft. Diese Entwicklung würde dem erklärten Willen der Bundesregierung und den Empfehlungen nationaler und internationaler Sachverständigengremien, etwa dem Bildungsrat und dem Wissenschaftsrat und den zuständigen Ausschüssen der Organisation für wirtschaftliche Zusammenarbeit und Entwicklung (OECD), zuwiderlaufen. Diese Gremien haben Vorstellungen entwickelt, die mit denen der Bundesregierung weitgehend kompatibel sind; in dem Sachverständigengutachten der OECD von 1973 über das Bildungswesen in der Bundesrepublik sind die Vorstellungen der Bundesregierung ausdrücklich zustimmend erwähnt worden.[4]

---

3 So konnte der vorgesehene Bildungsgesamtplan erst am 15. Juni 1973, also rund drei Jahre nach der Konstituierung der Kommission, verabschiedet werden. Er ist mit drei Sondervoten der von der CDU regierten Länder gegen die integrierte Gesamtschule, gegen die schulformunabhängige «Orientierungsstufe» und gegen das Konzept der integrierten Stufenlehrerausbildung versehen. Außerdem ist ein Vorbehalt der bayrischen Landesregierung gegen das Konzept der Verzahnung der beruflichen und allgemeinen Bildung in der Sekundarstufe II aufgenommen worden. Zumindest in diesen Punkten wird mit dem Bildungsgesamtplan also noch nicht einmal eine in sich geschlossene Konzeption des zukünftigen Bildungswesens in der Bundesrepublik vorgelegt.

4 Das OECD-«Länderexamen» steht im Zusammenhang der Bemühungen dieser internationalen Organisation westeuropäischer Staaten und der USA, Kanadas, Japans und Australiens, den Zusammenhang von Bildungspolitik und Wirtschaftswachstum langfristig zu klären. Wegen der in allen westlichen Ländern zu beobachtenden Engpässe im Beschäftigungssystem traten bei den Arbeiten dieser Organisation bereits in den 50er Jahren Untersuchungen zum Bedarf an hochqualifizierten Arbeitskräften in den Vordergrund; in den 60er Jahren kamen von hier wesentliche Impulse zur Entwicklung der Bildungsökonomie und der ökonomisch orientierten Bildungspolitik, deren Ziel es sein sollte, bestimmte vorgegebene Wachstumsraten zu gewährleisten. Erst in den 70er Jahren wandte sich die Organisation, vor allem vertreten durch ihr Zentrum für Bildungsforschung und -innovation (CERI), auch qualitativen Aspekten der Bildungsplanung zu, indem Probleme wie Curriculumentwicklung und Bildungsorganisation bearbeitet wurden. In diesem Rahmen muß auch der Prüfungsbericht zum westdeutschen Bildungswesen gesehen werden.

Diese kurze Darstellung zeigt, wie viele Schwierigkeiten sich der politischen Planung im Bereich des Erziehungssystems schon bei der Zielfindung und der Formulierung der Programmkonzeptionen in der politisch-parlamentarischen Arena stellen. Mehr als nur eine Einigung auf wenige pragmatisch formulierte Grundsätze, die kaum inhaltliche Entscheidungen festlegen, war in der Diskussion zwischen den politischen Parteien und den Bundes- und Landesregierungen nicht möglich. Es ist bestenfalls zur Aufstellung eines quantitativen Kapazitätsplans für den Ausbau aller Bereiche des Bildungswesens gekommen, der eine denkbare, aber nicht unbedingt wahrscheinliche Entwicklung skizziert.

Das tendenziell gesellschaftsverändernde Programm der Bundesregierung konnte wegen des massiven Widerstandes der konservativen politischen Opposition, die die Interessen mächtiger gesellschaftlicher Gruppen und Verbände vertritt, nicht durchgesetzt werden. Die konkreten Planungsschritte, die die Bundesregierung ergreifen konnte, stehen in Diskrepanz zu den von ihr selbst proklamierten Zielen. Der gesellschaftspolitische und bildungspolitische Widerstand war wahrscheinlich besonders stark, weil die Regierung mit ihrem Bildungsprogramm tendenziell aus der traditionellen Rolle ihrer Vorgänger ausbrechen wollte. Sie wollte nicht mehr reiner Garant der Produktionsbedingungen und der Gesellschaftsstrukturen sein, sondern eine Reform von oben einleiten. Diese Entwicklung vollzog sich auf dem Hintergrund eines zunehmenden Kapazitätsdrucks auf weiterführende Schulen und Hochschulen bei gleichzeitiger Restriktion der Haushaltsmittel. Auch dieser Faktor bewirkte, daß aus langfristig angelegter Reformpolitik eine kurzfristige Mängelverwaltung nach pragmatisch-traditionellen Kriterien wurde. Aufgrund des strukturell angelegten Zwangs zur Erzeugung von Massenloyalität ist die Bundesregierung überdies gezwungen, diese Maßnahmen auch noch zu rechtfertigen, obwohl ihre eigene Planungsintention praktisch pervertiert worden ist (Webler 1974).

Der Bildungsgesamtplan zeigt weiterhin sehr deutlich, daß in seine Aufstellung nur wenige wissenschaftliche Erkenntnisse explizit einbezogen worden sind – wahrscheinlich, weil sich die verschiedenen politischen Lager auf jeweils konträre Forschungsergebnisse bezogen hätten, die in ihren politischen Implikationen unterschiedlich eingeschätzt worden wären. Dennoch dokumentiert der Plan beispielhaft die Abwendung der Bildungsplanung von der wachstumstheoretischen Bildungsökonomie, insbesondere von Versuchen der Prognose des Arbeitskräftebedarfs. An keiner Stelle dieses Plans werden bildungspolitische oder bildungsplanerische Entscheidungen durch Bezug auf Daten über die voraussichtliche Entwicklung an qualifiziertem oder hochqualifiziertem Personal im Beschäftigungssystem begründet.

Vielmehr stützt sich der Plan ausschließlich auf pragmatische und nicht auf komplizierten grundlagentheoretischen Annahmen basierende Projektionen des künftigen Angebots an Ausbildungsplätzen unter Berücksichtigung demographischer und sozialer Faktoren. Es wird eine direkte funktionale Abhängigkeit der Schüler- und Studentenzahlen von der Bevölkerungsentwicklung unterstellt, auf die bestimmte Koeffizienten für die Übergänge von Schülern und Studenten zwischen verschiedenen Schularten und Ausbildungszweigen angewandt werden. Dabei wird mit wissenschaftlich erprobten Strömungsmodellen gearbeitet, die es gestatten, die Durchlaufzahlen von Schülern und Studenten durch die verschiedenen Zweige des Erziehungssystems für aufeinanderfolgende Zeitpunkte einzuschätzen. Die geschätzte Nachfrage von Eltern und Jugendlichen nach Plätzen in Ausbildungsinstitutionen, die ihrerseits selbstverständlich durch politische Grundsatzentscheidungen mitbeeinflußt wird, gilt als Ausgangsvariable für die Projektion der Übergangsquoten. Diese Nachfrage wird in der Regel dadurch bestimmt, daß die für einen vergangenen Zeitraum beobachteten Größenordnungen und Änderungsraten für den Übergang zwischen einzelnen Bildungsinstitutionen auch für den Vorausberechnungszeitraum als gültig angenommen werden. Versuche, die Abhängigkeit der Nachfrage von sozialen, politischen und ökonomischen Faktoren auch direkt zu erfassen, sind bislang allerdings gescheitert, obwohl grundsätzlich einige Kenntnisse in diesem Bereich, zum Beispiel über schichtspezifische Verhaltensweisen der Eltern bei der Entscheidung über den künftigen Schulweg der Kinder, vorliegen. Über methodische Probleme der Angebotsprognosen berichten u. a. Widmaier 1966 und Bahr 1967. Die «Arbeitsgruppe für empirische Bildungsforschung» hat die wissenschaftliche Modellentwicklung in diesem Bereich bisher am differenziertesten vorangetrieben (Freytag/Weizsäcker 1969, Weizsäcker u. a. 1972). Ihre Unterlagen sind auch bei der Berechnung des Bildungsgesamtplans berücksichtigt worden. Um die Resultate der Modellrechnungen exemplarisch anschaulich zu machen, ist in Abbildung 2 ein konkretes Strömungsmodell wiedergegeben.

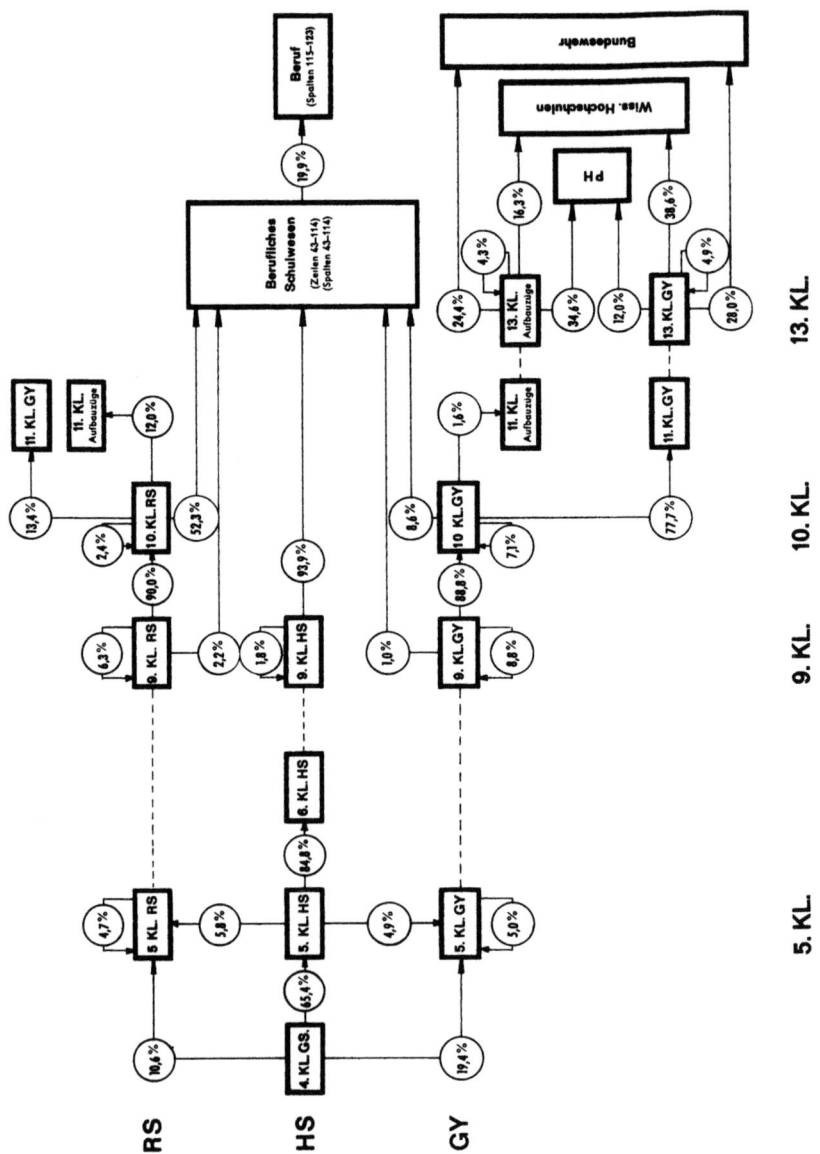

Abbildung 2: Strömungsmodell bildungspolitisch wichtiger Übergänge im Schulsystem

Die Abkürzungen bedeuten: KL = Klassenstufe, HS = Hauptschule, RS = Realschule, Gy = Gymnasium, PH = Pädagogische Hochschule

Die Angaben beziehen sich auf Übergänge im Schulsystem des Landes Baden-Württemberg vom Schuljahr 1966/67 ins Schuljahr 1967/68. In dieser vereinfachten Darstellung ergibt die Summe der einzelnen Übergangsquoten pro Lieferpol (hinausführende Pfeile) nicht 100 %, da nur die wichtigsten Ströme abgebildet sind. (Quelle: Freytag/Weizsäcker [Hg.], Schulwahl und Schulsystem, Eine verlaufsstatistische Analyse, Schriftenreihe d. Arbeitsgruppe f. empir. Bildungsforschung, Weinheim, Beltz Verlag 1969, S. 134.)

Dieses Strömungsmodell wurde gewonnen, indem die Übergangsquoten im Schulsystem des Bundeslandes Baden-Württemberg zunächst auf Stichprobenbasis abgeschätzt wurden. Sie wurden dann an vorhandene Bestandsstatistiken der amtlichen Statistik angepaßt und in einem weiteren Schritt an die Bestandsstatistiken des Schulsystems der gesamten Bundesrepublik angeglichen. Auf dieser Basis konnten dann Prognosen der Übergangsquoten entwickelt werden. Werden diese Übergangsquoten, wie es der Bildungsgesamtplan zumindest anstrebt, als politische Daten gesetzt, kann man mit Hilfe der Strömungsmodelle Modellrechnungen anstellen, die klären, unter welchen Umständen die Zielzahlen durch Modifikationen der Schüler- und Studentenströme zu erreichen sind.

Aufbauend auf dem Schülerverlaufsmodell wurde von der Arbeitsgruppe auch ein Simulationsmodell für das Bildungswesen entwickelt (Weizsäcker u. a. 1972), in das neben dem Schülerverlaufsmodell auch ein Lehrermodell, ein Raummodell und ein Finanzmodell eingegangen sind. Aus diesen Modellen hat man u. a. abgeleitet, daß die Gesamtzahl der Schüler und Studenten von 1968 bis 1980 aufgrund verschiedener Faktoren ansteigt, wegen der seit Ende der 6oer Jahre abnehmenden Geburtsraten bis 1990 abnimmt, um dann wegen wieder steigender Geburtsraten bis 2000 wieder anzusteigen. Der Zuwachs der Studentenzahlen flacht sich nach diesen Rechnungen im Laufe der 8oer Jahre ab, sinkt in den 9oer Jahren sogar leicht und pendelt sich dann (auf etwa 1 Million) ein. Die Modellrechnungen des Wissenschaftsrates (1970, S. 138 ff.) und die Zahlen im Bildungsgesamtplan (1973) zeigen mit einigen Abweichungen eine ähnliche Gesamttendenz.

Alle auf diese Weise gewonnenen Daten beruhen auf der problematischen Annahme, man könne die tatsächlichen Übergangsquoten im Bildungswesen, insbesondere die zum Gymnasium und die zu den Hochschulen, politisch steuern. Die Bestimmungsgründe für die Nachfrage nach diesen privilegierten weiterführenden Bildungsgängen sind aber derart komplex, die Mechanismen für direkte Beeinflussungen der Übergangsquoten so prekär (Selektion nach dem 4. oder 6. Schuljahr, Numerus clausus), daß es – wie schon bisher – realpolitisch unmöglich sein wird, in diesem Bereich nach vorgegebenen Zielen direkte Steuerungen vorzunehmen. Mit dem Übergang zur Fundierung der bildungspolitischen und bildungsplanerischen Programme durch Angebotsprognosen (statt durch Arbeitskräftebedarfsprognosen) sind deshalb auch die methodischen und politischen Probleme der Kapazitätsforschung im Erziehungssystem lediglich verschoben, nicht aufgehoben worden. Das wäre nur dann der Fall, wenn wir es in der Bundesrepublik mit solchen gesellschaftlichen Strukturbedingungen zu tun hätten, die ein Gesamtsystem der Bildungsplanung von den Basisinstitutionen, also etwa den einzelnen Schulen und Hochschulen, bis zu den politisch zentralen Instanzen zu konstituieren und durch gezielte und unumstrittene politische Aktionen zu beeinflussen und zu steuern zulassen würden. Doch die Rahmenbedingungen politischen Handelns haben es auch im Erziehungssektor bisher unmöglich gemacht, klare Prioritätsentscheidungen und Reformstrategien für die politische Planung zu entwickeln.

Das Beispiel der Bundesrepublik zeigt also, daß in westlichen kapitalistischen Industrieländern nur solche Bildungsprogramme eine Realisierungschance haben, die sich als pragmatische Minimalprogramme auf der Basis sehr formal fundierter Zielsetzungen verstehen. Die Entwicklung und Durchführung eines einzelnen umfassenden Planungsprogramms ist wie in anderen Sektoren unserer Gesellschaften so auch im Erziehungssektor nicht möglich. Die Rede von der «zentralisierten Reorganisation des gesamten Ausbildungssektors» und der «Globalsteuerung im Sozialisationsbereich» (Hirsch/Leibfried 1971, S. 23 f., S. 29 f.) ist angesichts dieser Ausgangslage absurd. Allenfalls in Teilbereichen des Erziehungssystems sind in einem mühsamen politischen Planungs- und Implementierungsprozeß in sich geschlossene und substantiell anspruchsvolle Reformstrategien möglich, die auf exemplarische Experimentalmodelle abstellen. In der Bundesrepublik läßt sich das an den Bemühungen sozialdemokratisch regierter Bundesländer zur Durchsetzung von Gesamtschulen und Gesamthochschulen illustrieren.

Bekanntlich werden unter Gesamtschulen solche Schulsysteme verstanden, die eine räumliche, organisatorische und pädagogische Einheit darstellen und für alle Schüler bis zum Ende des 10. Schuljahrs keine Unterscheidung nach tradierten Schulformen treffen. Dieses Schulsystem soll ein für alle Schüler gleich angemessenes und in sich differenziertes Unterrichtsangebot unterbreiten, das je nach Interesse und Begabungsprofil wahrgenommen werden kann. Das Modell solcher Gesamtschulen war nach dem Zweiten Weltkrieg im Anschluß an Konzeptionen in der Weimarer Zeit von der Sozialdemokratischen Partei und der Gewerkschaft Erziehung und Wissenschaft proklamiert worden, wurde auch vom Bildungsrat (1969) gutgeheißen und hat sich inzwischen in über hundert Experimentalschulen realisieren lassen (Überblick bei Bühlow u. a. 1972).

Eine ideologiekritische Analyse der Zieldefinitionen und inhaltlichen und organisatorischen Entwicklungsprogramme konkreter Gesamtschulversuche in der BRD einschließlich der wissenschaftlich-pädagogischen Grundlagenliteratur (z. B. Sander u. a. 1967, von Hentig 1969) dokumentiert den problematischen Begründungszusammenhang, in dem solch ein Reformprogramm in unserer Gesellschaft steht: Hier wird der Versuch unternommen, ökonomische, politische und pädagogische Anforderungen an die Bildungspolitik gleichmäßig zu berücksichtigen und miteinander zu versöhnen. Systemzwänge und verfassungsmäßige Grundrechte werden in Einklang gebracht, das Aufholen des Modernitätsrückstandes ist zentrales Leitmotiv. Das Schulwesen soll wieder adäquat auf die gewandelten sozialen und ökonomischen Systemstrukturen hin ausbilden, dazu soll die Organisations- und Betriebsstruktur der Gesamtschulen den in anderen wirtschaftlichen und bürokratischen Bereichen geltenden Standards angeglichen werden, instrumentelle und technologische Erkenntnisse der Funktionssteigerung verarbeiten, die Lehrpläne auf die Bestimmungsgrößen der Industriegesellschaft einpolen und ein modernes Demokratie- und Leistungsverständnis aufbauen helfen (Stubenrauch 1971, S. 85 ff., Bühlow u. a. 1972, S. 223 ff.).

Gegner der Gesamtschulkonzeption haben – je nachdem, in welchem politischen Lager sie stehen – unter Berufung auf solche Begründungszusammenhänge entweder die systemerhaltende oder die systemsprengende Funktion dieses Reformmodells herausgestellt. Politische und ökonomische Machtgruppen und Interessenverbände haben versucht, die politische Realisierung zu verhindern. Dennoch setzt diese Konzeption sich weiter durch, allerdings teilweise nur in sehr verstümmelter Form. Sie hat sich – wahrscheinlich gerade wegen der pragmatischen Verkürzungen im Begründungszusammenhang – als eine in der politischen Öffentlichkeit relativ breit akzeptierte Konzeption erwiesen, die der staatlichen Bildungspolitik zugleich ein Alibi für gezielte bildungspolitische Aktivitäten und eine reale Gestaltungschance für ein konkretes Reformkonzept gewährt. Gegenüber den Repräsentanten des ökonomischen Beschäftigungssystems kann darüber hinaus auf die Flexibilitäten verwiesen werden, die differenzierte Gesamtschulabschlüsse für den Einsatz zukünftiger Arbeitskräfte zulassen. Zugleich hat die Gesamtschulreform, sosehr sie auch der Formseite verhaftet blieb, inhaltliche Gestaltungsräume aufgerissen und emanzipatorische pädagogische Kräfte freigesetzt. Diese Freiheitsgrade sind nicht groß, sie sind auch ständig in Gefahr, durch Außeneinwirkung für bestimmte Interessen funktionalisiert zu werden; doch sie rechtfertigen es, von einer Reform zu sprechen, die sich zumindest potentiell bis in die konkrete Handlungsebene von Lehrern und Schülern hinunter ausgewirkt hat (Spahn/Christian 1974).

Ähnliches kann für die Reformkonzeption «Gesamthochschule» gesagt werden. Auch sie stellt eine bildungspolitische Kompromißlösung dar, die mit analogen Argumenten wie die Gesamtschule begründet worden ist und mit vergleichbaren politischen Strategien durchgesetzt werden soll. Auch sie stößt bei wichtigen gesellschaftlichen Interessengruppen auf Ablehnung und löst objektiv doch einen Teil der Probleme dieser Gruppen. Die Gesamthochschule soll einen Hochschultyp darstellen, der Studiengänge verschiedener Ausrichtung, unterschiedlicher Länge und differenzierten Qualifikations- und Abschlußgrades umfaßt und miteinander teilweise kombiniert und integriert (Wissenschaftsrat 1970, S. 114). Mittels einer differenzierten inneren Angebotsstruktur soll potentiell auf die Begabungen und Ausbildungsinteressen des einzelnen Studenten flexibel eingegangen werden, indem sich der Studiengang baukastenähnlich zusammensetzen läßt. Auf diese Weise soll den Postulaten der gleichen Bildungschancen und der freien Entfaltung der Persönlichkeit auch im Hochschulbereich effektiver als bisher nachgekommen werden. Die formal differenzierte Binnenstruktur der

Studienangebote ist aber, wie auch in der Gesamtschule, ständig in Gefahr, die herkömmlichen Status- und Prestigedifferenzierungen zwischen organisatorisch getrennten Institutionen innerhalb des Rahmens einer einzelnen umfassenden Institution in verfeinerter Form zu reproduzieren. Von der Steuerung des Zugangs zu den einzelnen Studiengängen bis zu den unterschiedlich angelegten Abschlußqualifikationen ist auch in der Gesamthochschule ein Netz von Quellen struktureller Ungleichheit angelegt, das die Verwirklichung von Chancengleichheit nur in Ansätzen ermöglicht. Hartung und Nuthmann (1973, S. 257) sprechen von einer «differenziellen Vermittlung von statusrelevantem und curricular relevantem Wissen», das berufliche soziale Ungleichheit nach wie vor vorprogrammieren und absichern kann, obwohl von der formalen Seite her Voraussetzungen für eine Chancengleichheit verwirklichende Ausbildungsstruktur angelegt sind.

Diese Anlagen werden deshalb nicht voll ausgeschöpft, weil sie eine Überproduktion hochqualifizierter Hochschulabsolventen und eine gefährliche Konkurrenz um entsprechend privilegierte Berufspositionen auslösen könnten. Die staatlichen bildungspolitischen Planungsinstanzen müssen ja Strategien entwickeln, die sowohl dem öffentlichen Druck nach Angleichung der Bildungschancen und Erweiterung der Bildungsmöglichkeiten entgegenkommen (was notwendig zu einer Expansion der weiterführenden Bildungsgänge vom Gymnasium bis zur Hochschule führt) wie auch den Anforderungen und Interessen des Beschäftigungssystems nachgeben. Letztere laufen zwar auf eine gewisse Verstärkung des Angebots an hochqualifizierten Arbeitskräften hinaus, möchten aber die tradierte Struktur des Arbeitskräfteangebots mit seiner Ausprägung deutlich abgestufter Qualifikationsniveaus unverändert sehen. Die Gesamthochschulkonzeption kommt diesen disparaten Anforderungen insofern entgegen, als sie die erwähnte Expansion bringt, doch gleichzeitig zahlreiche Mechanismen der in Qualität und Anspruchsniveau abgestuften Ausbildungsgestaltung einbezieht. (Für den Schul- und insbesondere den Gesamtschulsektor wird diese Problematik unter organisationstheoretischem Gesichtspunkt noch ausführlich in Abschnitt 3.2 erörtert.)

Gesamtschule und Gesamthochschule stellen, wie diese kurzen Hinweise zeigen sollten, bildungspolitische Konzeptionen relativ geschlossener Art dar, die sich in der BRD als nahezu einzige inhaltliche Reformstrategien im Erziehungssystem bisher zumindest ansatzweise schon verwirklichen ließen. Die Realisierungschance liegt darin, daß diese Konzeptionen den beiden wichtigsten Handlungszwängen, die sich an die Bildungspolitik stellen, in gleicher Weise gerecht werden können: der Erfüllung der Anforderungen meinungsbildender Bevölkerungsschichten, verbesserte Chancengleichheit für Bildungsprozesse zu gewährleisten, einerseits und der Erfüllung der Anforderungen des Beschäftigungssystems auf Antizipierung der Qualifikationsnotwendigkeiten und Aufnahmefähigkeiten andererseits.

Beide Konzeptionen schreiben neue Strukturen fest, die zumindest poten-

tiell erhebliche quantitative und qualitative Verbesserungen der Bildungsprozesse für die bisher in diesem Bereich unterprivilegierten Bevölkerungsschichten möglich machen; sie stellen insofern einen gesellschafts- und
bildungspolitischen Fortschritt dar und zeigen an, wie politische Planung im
Erziehungssystem unserer Gesellschaften trotz der oben geschilderten
Macht-, Legitimations- und Informationsdilemmata der handelnden staatlichen Instanzen zu Resultaten führen kann. Beide Konzeptionen nehmen
aber durch die eingebauten Mechanismen der «sanften» Selektion, der
Statusdifferenzierung, der Abschlußplafondierung usw. (die übrigens im
amerikanischen Erziehungswesen schon lange gängig sind: Clark 1974)
einen Teil dieser strukturell angelegten Möglichkeiten wieder zurück, um
für die Absolventen keine Aufnahmerisiken im Beschäftigungssystem entstehen zu lassen und übrigens auch, um die finanziellen Kosten zu drosseln.
Diese Tatsache prägt den vielfach beschriebenen widersprüchlichen Charakter dieser Institutionen und macht sie gleichzeitig zu gesellschaftlichen
Regulierungsinstanzen für problematische soziale Aspirationen.[5]

Gesamtschule und Gesamthochschule sind in dieser Weise für die Bundesrepublik die am weitesten fortgeschrittenen Paradigmata für Reformkonzeptionen der Bildungspolitik und Bildungsplanung. Ihre kurze Erörterung sollte dazu dienen, die Strukturprobleme der Bildungspolitik und
Bildungsplanung in industrialisierten westlichen Gesellschaften beispielhaft
zu illustrieren und exemplarisch anhand des Erziehungssystems auf die
Möglichkeiten und Grenzen aufmerksam zu machen, die der Steuerungs-
funktion des politisch-administrativen Systems in unseren Gesellschafts-
ordnungen gesetzt sind.

2.1.2 Der Aufbau politischer Wert- und Bewußtseinsstrukturen durch das
Erziehungssystem

Die bisherigen Ausführungen in diesem Kapitel dienten der Analyse und
Evaluierung der Steuerungsleistungen des politischen Systems gegenüber
dem Erziehungssystem. Ich möchte mich nun dem komplementären Aspekt
zuwenden, nämlich den zentralen Funktionen des Erziehungssystems für
das politische System.

---

5 «Die Gesamthochschulkonzeption ist geradezu organisatorische Voraussetzung zur
Institutionalisierung des Kompromisses auf der Ebene qualifikatorischer Anforderungen –
durch organisatorische Flexibilität, die Konzentration auf formale Qualifikationen und
hinsichtlich der Prägung von Statuserwartungen. Sie kann die Absorption mengenmäßig
leisten und bleibt dabei für Studienaspiranten statusmäßig attraktiv. Sie bietet dabei
zugleich bei aller Horizontalisierung, wie sie für Massenbildungssystem charakteristisch
ist, die Möglichkeiten flexibler vertikaler Differenzierungen der Qualifikationen und des
Prestiges oberhalb des für ‹alle› zugänglichen Niveaus» (Hartung/Nuthmann 1973, S.
260).

Als die wichtigste Funktion des gesamten Sozialisationssystems und also auch des Erziehungssystems wird in der pädagogischen und soziologischen Forschung von jeher der Aufbau der Wert- und Bewußtseinsstrukturen der heranwachsenden Generation nach den Vorstellungen der maßgeblichen Repräsentanten der erwachsenen Generation herausgestellt. So hat Durkheim als einer der Begründer der Soziologie der Erziehung den planmäßigen Sozialisations- und Erziehungsprozessen die gesellschaftliche Aufgabe zugewiesen, im menschlichen Nachwuchs ein «soziales Sein» herauszubilden. Da das Kind bei Eintritt in das Leben nur seine individuelle Natur mit sich bringe, finde die Gesellschaft sich selbst mit jeder neuen Generation im Angesicht einer Tabula rasa, die sie nach ihren Vorstellungen neu gestalten müsse. Das über das «egoistische und asoziale Sein» aufzubauende «soziale Sein» ist für Durkheim «ein System von Ideen, Gefühlen und Gewohnheiten, die nicht unsere Persönlichkeit ausdrücken, sondern die Gruppe oder verschiedene Gruppen, denen wir angehören» (Durkheim 1922, zitiert nach der deutschen Ausgabe 1972, S. 30). Er versteht darunter u. a. religiöse Überzeugungen, sittliche Grundsätze und Praktiken und nationale und berufliche Traditionen und Meinungen verschiedenster Art. Über den Prozeß der Erziehung werden – so Durkheim – diese gruppen- und gesellschaftsspezifischen Einstellungen und Verhaltensweisen dem Individuum «eingepflanzt»: Die Gesellschaft «formt» sich über diesen Prozeß die heranwachsende Generation «entsprechend ihren Bedürfnissen» (ebenda, S. 34).

Wir würden heute die einfachen Begriffe und die einseitigen Bezüge dieser Aussage nicht mehr ohne weiteres als wissenschaftlich-analytische Konzeptionen akzeptieren können, den angesprochenen Sachverhalt in seiner Substanz aber nicht wesentlich anders darstellen. Die faszinierend simple Aussage, die Gesellschaft schaffe sich über die von ihr organisierten Sozialisationsprozesse den Nachwuchs «entsprechend ihren Bedürfnissen», wirft bei genauerem Hinsehen mehr Fragen auf, als sie beantwortet: Was sind die Bedürfnisse der Gesellschaft, und wer definiert sie? Und: Wie sehen die Mechanismen aus, mittels deren die Gesellschaft die entsprechenden «Formungen» der Persönlichkeit des Heranwachsenden vornimmt?

Sozialisationsrelevante gesellschaftliche Strukturanalysen
Diese Fragen lassen sich auch mit Hilfe der modernen sozialwissenschaftlichen Theorie und Forschung nur ansatzweise beantworten. Wie die Ausführungen in den bisherigen Abschnitten dieses Kapitels gezeigt haben, müssen wir die gegenwärtigen industriellen Gesellschaften des Westens als hochkomplexe soziale Großgebilde auffassen, deren Bedürfnisse, deren – wie wir heute eher sagen würden – Systemanforderungen nur schwer definiert werden können. Die bereits mehrfach erwähnte funktionalistische Systemtheorie hat sich u. a. dieser Aufgabe verschrieben, und es soll im Blick auf die spezifische Fragestellung dieser Abhandlung an diese Diskussion angeknüpft werden. Ich will mich dabei wieder auf die Arbeiten von Luhmann

und ihre Rezeption in der kritischen Gesellschaftstheorie konzentrieren.

Nach Auffassung nicht nur der Systemtheoretiker, sondern fast aller Gesellschaftstheoretiker hat sich im Zuge des oben beschriebenen Entwicklungsprozesses unserer Gesellschaften ein bedeutsamer Funktionswandel des politischen Systems vollzogen, der direkte und indirekte Rückwirkungen auf Form und Inhalt der Sozialisationsleistungen der gesellschaftlich organisierten Erziehungssysteme haben muß. Mit wachsender Komplexität der Gesellschaft muß nach Meinung von Luhmann die Potenz des politischen Systems notwendigerweise gesteigert werden, bindende Entscheidungen zur Lösung anstehender Probleme zu fällen, die nicht mehr durch Rückgriff auf Wahrheiten oder auf gemeinsame Überzeugungen gelöst werden können. Das politische System muß zunehmend über Kompetenzen verfügen, die in der Lage sind, auf der Ebene konkreter Interaktionen die Erwartungen der Betroffenen effektiv umzustrukturieren und für ihr weiteres Verhalten neue Prämissen zu setzen. Um dieses Ziel erfüllen zu können, muß das politische System sowohl im Hinblick auf die Themen, über die entschieden werden soll, als auch im Hinblick auf die Motive, welche die Annahme der Entscheidungen bewirken, offengehalten werden:

«Ein ausdifferenziertes politisches System . . . muß Entscheidungsthemen variieren können, je nachdem, welche Probleme die Gesellschaft als entscheidungsbedürftig politisiert; nur dann kann es seinen Entscheidungsausstoß auf fluktuierende gesellschaftliche Problemlagen einstellen. Und es kann sich nicht mehr auf bestimmte individuelle, gruppenspezifische oder situationsspezifische Gehorsamsmotive stützen . . ., sondern es muß imkompatible Motive der verschiedensten Art kombinieren und so egalisieren können, daß ein nahezu motivloses, selbstverständliches Akzeptieren bindender Entscheidungen zustande kommt. Nur durch strukturelle Abstraktion, die in diesen beiden Hinsichten Offenheit gewährleistet und das System gleichwohl stabil hält, kann das politische System auf die Funktion der Herstellung bindender Entscheidungen zugeschnitten werden» (Luhmann 1970 a, S. 159).

Die Stabilität des politischen Systems in einer hochdifferenzierten Gesellschaft und damit die Stabilität dieser Gesellschaft als ganzer kann sich nicht mehr auf feste Grundlagen, Bestände oder Werte gründen, sondern nur noch auf fest institutionalisierte Möglichkeiten der Änderung und Variabilität. Um sie strukturell zu gewährleisten, bedient sich das politische System, so Luhmann, einer Prozeßstruktur, die Reflexivität von Macht voraussetzt und in die Entscheidungsprozesse überträgt. Als Beispiele verweist er auf die Orientierung an Interessen statt an Wahrheiten, auf die Sicherung durch Planung statt durch Tradition und auf die Positivität des Rechts (Luhmann 1970 a, S. 167). Parallel zu dieser «Normierung der Normsetzung» findet man ganz generell eine Institutionalisierung der «Bewertung von Werten». Die Voraussetzung dafür ist, daß Werte und mit ihnen die pragmatische Reduktion des Handlungshorizontes die «Wahrheitsfähigkeit» verloren haben. Werte werden nun selbst bewertet und umgewertet nach

Maßgabe ihrer Funktion für die Orientierung des Handelns. In gewisser Weise ist, so Luhmann, Opportunismus bestandswesentlich geworden, denn Werte können nicht mehr durch starre Rangprioritäten festgelegt werden.

Eine Konsequenz dieser im wesentlichen unbestrittenen Entwicklungstendenzen, auf die vor allem Vertreter der kritischen sozioökonomischen Gesellschaftstheorie aufmerksam gemacht haben, ist das bereits in anderem Zusammenhang angesprochene Legitimationsdilemma für politische Entscheidungen und Planungen. In der Realität unserer Gesellschaften werden die Probleme gelöst, indem unter Aufrechterhaltung (formal-)demokratischer Strukturen Prozeduren entwickelt werden, die es zulassen, Entscheidungen der Administrationen unabhängig von bestimmten (eventuell entscheidungsrelevanten) Motiven der Staatsbürger zu fällen. Die Administrationen versuchen also, ihre Aktionen zu legitimieren, indem sie sich eine inhaltlich diffuse «Massenloyalität» beschaffen, aber echte Partizipation vermeiden. Die Staatsbürger nehmen – in den Worten von Habermas – «inmitten einer an sich politischen Gesellschaft den Status von Passivbürgern mit Recht auf Akklamationsverweigerung» ein (Habermas 1973, S. 55).

In der strukturell entpolitisierten Öffentlichkeit lassen sich nun zwei zentrale Bedürfnisse erkennen; zum einen das Bedürfnis nach angemessener systemkonformer Entschädigung in Form von Geld, arbeitsfreier Zeit und Sicherheit. Diesem Bedürfnis entspricht eine politische Enthaltsamkeit in Verbindung mit bestimmten Karriere-, Freizeit- und Konsumorientierungen: Die Gesellschaft wird also als gerecht empfunden, wenn jeder in ihr eine Chance hat, für seine Arbeit angemessenes Einkommen zu erhalten, sich kraft eigener Leistung beruflich zu verbessern und einen gewissen sozialen Aufstieg zu erleben, eine graduelle Steigerung seiner Konsummöglichkeiten erfährt usw. Zum zweiten das Bedürfnis nach Rechtfertigung der strukturellen Entpolitisierung selber. Dem wird durch demokratische oder technokratische politische Theorien entsprochen: Der Staat muß als ein Rechtsstaat empfunden werden, der dem einzelnen gegenüber Verpflichtungen übernimmt und deshalb auch Forderungen stellen kann; die Gesetze werden dann als bindend angesehen, wenn sie von den legitimierten Gremien beschlossen werden; der einzelne muß glauben, seine Interessen zumindest teilweise in seiner gewählten Partei vertreten zu sehen, und das Gefühl haben, durch politische und wissenschaftliche Eliten rationale Problemlösungsstrategien angeboten zu bekommen, die er durch seine Wahlentscheidungen mit beeinflussen kann, usw. Diese zentralen Bedürfnisse sind in sich sehr labil und vielschichtig, sie stellen deshalb ein hochexplosives und krisenanfälliges Gemisch dar, das nicht immer durch staatliche politische Entscheidungen gebunden werden kann. Habermas (1973, S. 96 ff.) spricht von einer drohenden «Legitimationskrise», wenn der Staatsapparat nicht in der Lage ist, mit administrativen Mitteln legitimationswirksame normative Strukturen in erforderlichem Maße aufrechtzuerhalten oder herzustellen, sich also ein bestimmtes Maß an generalisierten Motivationen zu beschaffen.

Nun hängt es in entscheidendem Maße von Form und Inhalt der Sozialisationsleistungen im Erziehungssystem ab, ob solche generalisierten Motivationen beschafft werden können oder nicht. Wollte man aus den hier kurz referierten Strukturanalysen moderner Gesellschaftssysteme gradlinig auf die Wert- und Bewußtseinsstrukturen des heranwachsenden künftigen Gesellschaftsmitgliedes schließen, die diesen Strukturbedingungen voll funktional wären, so käme man mit Luhmann etwa zu folgenden Aussage:

Die schnelle Veränderung gesellschaftlicher und auch wissenschaftlicher Strukturen verlangt den Aufbau kognitiver Wertstrukturen beim Individuum, die von abstrakten Grundhypothesen getragen und auf diese Weise relativ enttäuschungsfest sind. Ein solches von wenigen abstrakten Grundhypothesen getragenes und nahezu unwiderlegbares Weltbild muß in der Lage sein, die Zerstörung einiger Gewißheiten und die Infragestellung einiger Wahrheiten zu verkraften, ohne daß die Grundstruktur der Erwartung hinfällig würde. Ein inhaltlich bestimmter Konsens in unseren Gesellschaften, in denen verschiedene Gruppen und verschiedene soziale Systeme mit unterschiedlichen Weltbildern und Umweltentwürfen nebeneinander liegen, wird immer unwahrscheinlicher. Das gilt insbesondere dann, wenn die zeitliche Dimension hinzugenommen wird, wenn also auch für eine noch offene Zukunft Konsens hergestellt werden soll. Lernen, das unter diesen Umständen langfristig veranstaltet wird, setzt deshalb ein «Systemvertrauen» voraus:

«In der laufenden Gegenwart, in der allein Bewußtseinsleben erlebt und Konsens aktuell werden kann, müssen jetzt zukunftsoffene Unbestimmtheiten präsent gehalten werden, deren Ausfüllung unerwartbar hinausgeschoben ist, oder ‹positive› Bestimmtheiten, die auf Änderung angelegt sind. Die Unterstellung erwartbaren Konsensus muß sich daher in einem Maße wie nie zuvor auf die Zukunft beziehen, d. h. Vertrauen darauf sein, daß andere ihre bestimmten Erwartungen, die sie jetzt noch gar nicht haben können, nach Maßgabe der Entwicklungen einer gemeinsamen Zukunft sachgemäß und komplementär zu den eigenen Erwartungen einstellen werden; institutionalisierbar muß sein die Erwartung der Kontinuität komplexitätreduzierender Systeme» (Luhmann 1970 b, S. 39).

Nach dieser Auffassung zeichnet sich also die Notwendigkeit einer Veränderung der Art und Form der Sozialisation ab, wenn das Erziehungssystem seinen funktionalen Beitrag zur Vermeidung einer Legitimationskrise unter den veränderten Bedingungen gesellschaftlichen und politischen Handelns in unseren Gesellschaften leisten will. Die kommunikative Verhaltensorganisation, die in erster Linie die primären Sozialisationsinstanzen kennzeichnet, aber auch in Schulen und Hochschulen dominiert, kann nach diesen Überlegungen für die Systemanforderungen hochkomplexer Gesellschaften dysfunktional sein. Der Sozialisationsvorgang, der in Strukturen sprachlicher Intersubjektivität verläuft und eine Verhaltensorganisation bestimmt, die an rechtfertigungsbedürftige Normen und an identitätsverbürgende Deutungssysteme gebunden ist, erzeugt Handlungsmotivationen, die den strukturellen Systemanforderungen moderner Gesellschaften, insbesondere denen des politischen Systems, zuwiderlaufen können. Denn diese Sozialisationsvorgänge erzeugen nicht die erwähnte «generalisierte Zustimmungsbereitschaft» und das «motivlose Akzeptieren von Entscheidungen», sondern trainieren eher feste Einstellungsmuster an, die insbesondere in der Überzeugung gründen, daß man sich von der Übereinstimmung einer bestimmten Entscheidung mit für legitim gehaltenen Grundeinstellungen oder zumindest Handlungsnormen überzeugen lassen könne.

Chancen emanzipatorischer Sozialisation

Es scheint mir fraglich, ob in unseren Gesellschaften der inzwischen erreichte Grad der Komplexität die Ablösung dieser kommunikativen Verhaltensorganisation bereits erzwingt, wie Luhmann das implizit behauptet. Der Natur seines theoretischen Ansatzes entsprechend werden die geschilderten gesellschaftlichen Entwicklungstendenzen für praktisch unausweichlich gehalten, obwohl sie grundsätzlich politisch gestaltbar und beeinflußbar sind. In seinen spekulativen prognostischen Aussagen schreibt er praktisch bestehende Beziehungsstrukturen zwischen zentralen gesellschaftlichen Teilsystemen fort, ohne mögliche Änderungen dieser Strukturen zu bedenken. Solche Veränderungen, die sich etwa durch eine zunehmende staatliche Kontrolle und Planung im ökonomischen System ergeben könnten, mögen in unseren Gesellschaften unwahrscheinlich sein, sind aber immerhin nicht denkunmöglich. Würden sie eintreten, könnten sich für das politische System neue Handlungsspielräume ergeben, die unter anderem die von Luhmann postulierte Notwendigkeit des Abbaus kommunikativer Verhaltensorganisationen und Sozialisationsformen hinfällig machen könnten.

Oder in anderen Worten: Eine drohende Legitimationskrise ließe sich ja nicht nur dann vermeiden, wenn die Legitimationsbeschaffung durch eine Revision des Sozialisationsmodus auf eine andere Grundlage gestellt und damit der Legitimationszwang, unter dem das administrative System steht, praktisch beseitigt wird; sie läßt sich auch umgehen, wenn das politische System in unseren Gesellschaften nicht mehr länger eine politische Garantie für die Stabilität in all jenen gesellschaftlichen Bereichen übernehmen müßte, auf die es gar keinen direkten Einfluß hat, sondern wenn sich diese Garantie durch eine Ausweitung des staatlichen Einflußbereiches in die politischen Sektoren hinein auch tatsächlich einlösen ließe. Eine solche Ausweitung des staatlichen Einflußbereichs könnte zum Beispiel die Kluft zwischen politischen und ökonomischen Sektoren unserer Gesellschaft schließen, indem die bestehende marktwirtschaftliche Ordnung in Richtung auf ein Markt und Plan koppelndes, zu wachsenden Anteilen auf kollektivem Kapitaleigentum beruhendes System ausgebaut würde, das dem politisch-administrativen System erweiterte und klar abgegrenzte Kompetenzen zusprechen würde. Solch eine Entwicklung könnte langfristig das Macht- und das Legitimitätsdilemma auflösen, in dem sich politische Planung heute befindet. Sie könnte den Zwang aufheben, dem Bürger möglichst nur passive Akklamationsrechte einzuräumen, und eine Ausweitung inhaltlich demokratischer Entscheidungsprozesse beschleunigen, die nun einmal zum großen Teil – auch unter Bedingungen rascher sozialer Veränderungen der Umweltanforderungen – unabdingbar über das Medium rechtfertigungsbedürftiger Normen laufen müssen.

Nicht nur solche prognostischen Gedankenspiele machen meines Erachtens klar, wie sehr systemtheoretische Gesellschaftsanalysen in Gefahr sind, unter Berufung auf vermeintlich technokratische Sachzwänge denkbare Entwicklungslinien als einzig mögliche festzuschreiben. Auch eine realistische Analyse der Strukturbedingungen für politische Entscheidungen und Willensbildungsprozesse in unseren Gegenwartsgesellschaften zeigt trotz des Vorhandenseins deutlicher Tendenzen in die beschriebene Richtung Handlungs- und Interpretationsspielräume für Einzelpersonen, Institutionen und Organisationen, die nicht einfach unterschlagen werden dürfen. Diese Spielräume sind auch für das Erziehungssystem von Bedeutung. Zwar läßt sich erkennen, daß starke politische Kräfte auf diesen Sektor einwirken, um solche Sozialisations- und Erziehungsprozesse einzuleiten, die die Wahl und Verwirklichung der gesellschaftspolitischen Ziele und Mittel von der Zufuhr engumschriebener Motive unabhängig machen sollen und die auf den Aufbau solcher Kommunikations- und Sozialisationsformen drängen, die das motivlose Akzeptieren von Entscheidungen und die Herstellung einer Konformitätsbereitschaft im beliebigen Umfange ermöglichen sollen.

Doch sozialhistorische Analysen zeigen, daß alle bekannten Erziehungssysteme zur Stützung gesellschaftlicher Machtverhältnisse beitragen, indem sie ihren Adressaten das Bewußtsein vermitteln, die bestehenden Verhältnisse seien berechtigt und nicht veränderungsbedürftig, daß sie auf die Aufrechterhaltung und Integration des bestehenden soziopolitischen Wertsystems hinwirken und primär die jeweiligen politischen und sozialen Verhältnisse legitimieren, indem sie Identifikationen und Loyalitäten mit ihnen herstellen (Fend 1974, S. 184). Im Blick auf die Gegenwartssituation ist höchst zweifelhaft, ob der direkte und indirekte politische Druck, dem das Erziehungssystem in unseren Gesellschaften ausgesetzt ist, im geschichtlichen und interkulturellen Vergleich besonders effektiv ist oder ob nicht vielmehr im Zuge des beschriebenen Ausdifferenzierungsprozesses auch des Erziehungssystems als eines gesellschaftlichen Teilsystems der Spielraum der gesellschaftlichen Autonomie von Schulen und Hochschulen relativ hoch ist.

So kann man zum Beispiel zumindest für das Erziehungssystem in der BRD unterstellen, daß die in ihm ablaufenden Sozialisationsprozesse nach wie vor überwiegend nach dem Modell einer kommunikativen Verhaltensorganisation aufgebaut sind, was einen gewissen Schutz gegen beliebige Funktionalisierungen dieser Prozesse für politische Entscheidungsbedürfnisse bedeuten kann. Die weitgehend kommunikative Verhaltensorganisation ist u. a. auf recht unterschiedliche Syndrome pädagogischer Ideologien zurückzuführen, die ihrerseits in ihren direkten politischen Implikationen allerdings durchaus affirmativ sein können. In diesen Ideologien, die an das neuhumanistische Bildungsideal anknüpfen, wird als das intendierte und als potentiell möglich unterstellte Ziel jeden Erziehungsprozesses die Entwicklung der Selbstbestimmung und personalen Autonomie jedes einzelnen Schülers und Studenten proklamiert. In seiner traditionellen Variante wird dieses Ziel oft als gesellschaftsferne Innerlichkeit mißverstanden (Lütkens 1959). In seiner gesellschaftskritischen Variante, wie sie sich in expliziter Weise etwa in modernen Konzeptionen kritischen Sozialkundeunterrichts (Hessische Rahmenrichtlinien) findet, wird es ausdrücklich so verstanden, daß beim einzelnen Schüler und Studenten Widerstände gegen beliebige Konformitätsanforderungen insbesondere des politischen Systems aufgebaut werden sollen, indem durch umfassende kritische Informationen über die gesellschaftliche Situation und die eigene Position in ihr politische Partizipationsinteressen geweckt und aufgebaut werden.

Ideales Erziehungsziel dieser gesamten Denktradition ist: die Mündigkeit des Individuums, die Befähigung zu selbständigen (politischen) Entscheidungen, frei von gesellschaftlichen Zwängen und in Solidarität mit den Mitmenschen. Es geht also darum, emanzipierte Persönlichkeitsstrukturen und autonome Ich-Identitäten aufzubauen – Sozialisationsziele, wie sie etwa im wissenschaftlichen Bereich von der interaktionistischen Theorie und der kritischen Pädagogik und Soziologie abgeleitet und unterstützt werden. Die Wert- und Bewußtseinsstrukturen, die von der kritischen Variante dieser pädagogischen Ideologie befürwortet werden, entsprechen einer Gesellschaftsstruktur, die sich durch verstärkte demokratische Mitbestimmungsmöglichkeiten in allen gesellschaftlichen (auch wirtschaftlichen) Bereichen bei faktisch breiter Teilnahme der Gesellschaftsmitglieder an den Entscheidungsprozessen über die Zukunftsgestaltung auszeichnet. Diese Konzeption fühlt sich einer politischen Ethik verpflichtet, die Entscheiden und Handeln von staatlichen und parlamentarischen Instanzen ausdrücklich an individuell bewußte Motivationen rückzubinden versucht. Sie skizziert eine vielleicht nicht wahrscheinliche, aber doch mögliche zukünftige Entwicklungsalternative unserer Gesellschaften. Insgesamt liegt also eine konkrete pädagogische Utopie vor, die, wenn sie Gelegenheit erhält, die Wert- und Bewußtseinsstrukturen der heranwachsenden Individuen wirklich in handlungsrelevanter Weise zu beeinflussen, ein Gegengewicht gegen Funktionalisierungstendenzen des schulischen Sozialisationsprozesses der oben beschriebenen Art dạrstellen kann.[6]

---

6 In diesem Zusammenhang ist im übrigen auch die in Abschnitt 2.2 noch ausführlich

Ich möchte jedenfalls resümierend die These vertreten, daß gerade, wenn die Annahme des steigenden Legitimationsbedarfs des politischen Systems in unseren Gesellschaften zutrifft und als Folge die erwähnten Funktionen des Erziehungssystems für die Legitimationssicherung und -beschaffung weiter an Stellenwert gewinnen, ein seiner gesellschaftlichen Bedeutung bewußtes Erziehungssystem zukünftig zumindest so gut wie bisher gegen den Konformitäts- und Unterwerfungsdruck des politischen Systems bestehen und eigene Vorstellungen über die Entwicklung gegenwärtiger und zukünftiger Sozialisationsformen und -ziele durchsetzen kann. Sozial- und Erziehungswissenschaften sind aufgerufen, solche Konzeptionen mit Engagement und wissenschaftlicher Sorgfalt zu entwickeln und zu vertreten, die den besonderen Stellenwert gesellschaftlich organisierter Sozialisation und Erziehung für einen demokratischen Entwicklungsprozeß unserer Gesellschaften herausarbeiten können. Wir müßten vor allem wissen, unter welchen Umständen sich der Aufbau kritischer Identifikationen und kritischer Loyalitäten tatsächlich in politikwirksames Handeln einzelner Individuen und Gruppen umsetzen ließe; denn die Effizienz solcher Bewußtseinsstrukturen hängt davon ab, daß sie sich in denjenigen Bereichen des gesellschaftlichen Überbaus auswirken, von denen nachhaltige Rückkopplungen auf sozioökonomische Strukturen und Prozesse ausgehen. Anderenfalls hätten wir es mit freischwebend unwirksamen Einflüssen zu tun; wir würden kritische Bewußtseinsstrukturen entwickeln, die praktisch nur eine intellektualisierte Version des oben beschriebenen privatistischen Einstellungssyndroms darstellten.

Der kritischen wissenschaftlichen Eruierung solcher Zusammenhänge haben sich in den letzten Jahren einige erste Forschungsansätze im Bereich der sogenannten politischen Sozialisation zugewandt. In diesen Ansätzen

---

darzustellende Tendenz der Entwicklung von Qualifikationsanforderungen des Beschäftigungssystems von Bedeutung, die langfristig auf eine Verstärkung des Anteils normativer gegenüber rein instrumentellen Anforderungen an die gesellschaftlich organisierten Sozialisationsprozesse führen kann. Diese Entwicklung ist in sich ambivalent, sofern es sich hierbei notgedrungen um die Entwicklung überschüssiger Qualifikationen handelt. Diese Qualifikationen beziehen sich zu einem Teil auf den Bereich der Identitäten und Loyalitäten mit dem Beschäftigungssystem und auch mit dem umgreifenden politischen System; die Wahrscheinlichkeit eines stärkeren Einwirkens des Staates auf die inhaltliche Gestaltung dieser Einstellungssyndrome im Erziehungssystem ist aber ebenso groß wie die Chance, daß sich wegen der teilweisen gesellschaftlichen Autonomie des Erziehungssystems nicht doch erhebliche Elemente eines kritischen und emanzipatorischen Potentials in diesen Teil des Ausbildungsprozesses einschleichen. Die Frage ist hier, ob der Bildungsüberschuß über das systemnützliche funktionale Training zum Zweck möglichst hoher technischer Mittel-Zweck-Rationalität und Effizienz im Rahmen bestimmter Zwecksysteme sich nur als intellektuelle Potenz einer unverbindlichen Freizeitbeschäftigung entfalten kann (Hartfiel 1973, S. 20) oder ob sich mit ihm kritische Bewußtseinskapazitäten beim einzelnen Schüler und Studenten aufbauen lassen, die in der Lage sind, Widerstände gegen eine reine Fremdbestimmung sozialer und wirtschaftlicher Strukturen aufzubringen.

wird versucht, eine Analyse der sozialen Strukturen der Erfahrungswelt des Kindes und Jugendlichen in Familie und Schule vorzunehmen, die dadurch geprägten politischen Orientierungen zu erfassen und schließlich ihre Transformationen in politisches Verhalten unter spezifischen gesellschaftlichen Bedingungen zu erkunden. Erste Resultate weisen auf die Bedeutung familialer Einwirkungsprozesse für die politische Sozialisation hin: Die familiale Rollen- und Kommunikationsstruktur prägt schon vor dem Schulalter nachweislich Loyalitäten und emotionale Bindungen an die institutionellen und symbolischen Repräsentanten des gesamten politischen Systems und wichtiger gesellschaftlicher Bezugsgruppen (Überblick bei Nyssen 1970, Feldhoff 1974 b). Der Anteil der Schule am Aufbau politischer Wert- und Bewußtseinsstrukturen läßt sich nur schwer gegen den der Familie abgrenzen, weil die früh übernommenen globalen Orientierungen in aufeinanderfolgenden Sozialisationsschritten langsam zu politischen Einstellungen und Verhaltensdispositionen im engeren Sinne differenziert und konkretisiert werden. Die Forschung stützt sich in diesem Bereich auf zwei Schwerpunkte: Einmal auf eine Analyse der curricularen Informations- und Bewertungsgehalte und zum zweiten auf die extracurricularen politischen Sozialisationseffekte, also die sozialen Erfahrungen des Schülers in den Institutionen Schule oder Hochschule, die selbst nicht direkter Ausfluß des Curriculums sind.

Neuere sozialisationstheoretische Ansätze der Curriculumforschung beschäftigen sich insbesondere mit der Problematik, wie Lernzielfeststellungen im Bereich des politischen und des politische Implikationen tragenden Unterrichts methodisch und inhaltlich vorgenommen werden können, ohne wie bisher lediglich zu abstrakten, unverbindlichen und zum Teil formal-entpolitisierten Zielkatalogen zu kommen. Es zeichnet sich eine Abwendung von lückenlos durchkonstruierten Lehrplänen mit einer stringenten theoretischen Ableitungshierarchie ab. Denn auf diesem Wege ist das zentrale Problem der Prognose zukünftiger relevanter politischer Handlungssituationen und die ihnen entsprechende Ableitung sozialer und instrumenteller Qualifikationen bisher nicht gelungen. Auch das Problem der Umsetzung der Strukturbeschreibungen von Handlungssituationen in Elemente der kognitiven und motivationalen Ausstattung von Individuen ist nicht gelöst (Rolff 1973). Da die Planung des faktischen Ablaufs des Unterrichts ohnehin nur teilweise durch die Curricula determiniert ist und die Beeinflussung der Persönlichkeitsstrukturen der Schüler eher unkontrolliert und ungeplant abläuft, wendet man sich verstärkt den organisierten Sozialisationseinrichtungen als Feldern «strategischen Lernens» (Rolff/Tillmann 1973) zu, in denen die Voraussetzungen für Erfahrungen und Erlebnisse möglich sein sollen, die – an aktuelle Alltagsprobleme anknüpfend – bewußtseinsstrukturierende Lernprozesse einleiten können.

Diese Überlegungen münden in die Erkenntnis, daß politische Sozialisation in organisierten Sozialisationssystemen auf die Interaktions- und Organisationsstrukturen dieser Einrichtungen abstellen muß. Die Erziehungsprozesse müssen so strukturiert sein, daß nicht nur Informations-, sondern auch Erfahrungs- und Handlungsmöglichkeiten geschaffen werden, an denen und in denen politisches Verhalten geübt werden kann. Nur auf diese Weise lassen sich Einstellungen zur Politik aufbauen, die wirklich in konkrete Verhaltensmuster übergehen können, da sie an den realen politischen Interaktions- und Herrschaftsformen von Schulen und Hochschulen als Subbereichen der Gesellschaft herausgebildet worden sind. Eine politische Sozialisation, die zum Aufbau kritischer Wert- und Bewußtseinsstrukturen führt, kann – so lassen sich diese Erörterungen zusammenfassen – nur gelingen, wenn auf die organisatorisch fixierten Interaktions- und Herrschaftsformen der Schulen und Hochschulen selbst Einfluß genommen und über den bisher im Vordergrund stehenden Bereich der Planung intentionaler Lernprogramme hinausgegangen wird.

In Abschnitt 3.1 werden diese Gedanken im Zusammenhang mit der organisationstheoretischen Analyse des Erziehungssystems wiederaufgenommen.

2.2 Erziehungssystem und ökonomisches System

Die Analyse im vorigen Kapitel hatte zu dem Resultat einer komplexer werdenden Interdependenzrelation zwischen politischem und Erziehungssystem bei gleichzeitiger Tendenz relativer Autonomisierung dieser beiden gesellschaftlichen Teilsysteme in industriellen westlichen Gesellschaften geführt. Ähnliches kann für die Beziehungen zwischen dem ökonomischen und dem Erziehungssystem gesagt werden, wenn auch klarwerden wird, daß diese Beziehungen nicht dieselbe Vielschichtigkeit aufweisen wie jene.

Die Funktionsanforderungen des ökonomischen Systems an das Erziehungssystem sind verhältnismäßig eindeutig: Es soll eine ausreichende Anzahl adäquat ausgebildeter und gegenüber den bestehenden ökonomischen Ordnungsverhältnissen loyaler Absolventen zum richtigen Zeitpunkt vom Erziehungssystem übernommen werden können, um die fortlaufenden ökonomischen Prozesse durch gezielten Einsatz des Faktors Arbeitskraft aufrechtzuerhalten und in flexibler Weise zu bewältigen. Angesichts der Strukturwandlungen im wirtschaftlichen Wachstum, der Verschiebungen zwischen den großen ökonomischen Sektoren und der Zunahme von Berufspositionen mit mehr als nur technisch-instrumentellen Qualifikationsanforderungen werden die Abstimmungsprobleme zwischen dem ökonomischen und dem Erziehungssystem zunehmend größer und müssen teilweise auf neue Grundlagen gestellt werden. Die Zulieferleistungen des Erziehungssystems werden deshalb der Hauptgegenstand der folgenden Erörterungen sein. Demgegenüber bedarf das Erziehungssystem der funktionalen Leistungen des ökonomischen Systems nur indirekt insofern, als dieses im weitesten Sinne das materielle und wertmäßige Substrat für die Funktionsfähigkeit von Erziehungseinrichtungen bereitstellt. Dieser Aspekt soll hier ausgeklammert bleiben.

2.2.1 Wandlungen der Qualifikationsanforderungen

Alle Wissenschaftler, die sich mit dem Problem der Beziehungen zwischen dem ökonomischen und dem Erziehungssystem in den letzten zwei oder drei Jahrzehnten befaßt haben, sind sich darüber einig, daß diese Beziehungen durch Wandlungen der Qualifikationsanforderungen des ökonomischen Systems an das Erziehungssystem beherrscht wurden und werden. Interessanterweise gehen die beiden dominanten Richtungen, also sowohl die liberale Bildungsökonomie, die im Gefolge der klassischen Wachstumstheorie steht, als auch die marxistisch orientierte politische Ökonomie des Ausbildungssektors, von dem zentralen Postulat aus, die produktivitätsrelevante Qualifikation von Arbeitskräften sei die zentrale und wichtigste Funktion des Bildungssystems in westlichen Gesellschaften. Wenn man sich etwa die Beiträge in den Sammelbänden von Hüfner (1970) und Altvater/Huisken (1971) anschaut, so findet man mit einigen Variationen eine übereinstimmende Analyse der wichtigsten Strukturprobleme und Strukturveränderungen des Bildungssystems unter dem Gesichtspunkt einer bedarfsgerechten Produktion bestimmter Qualifikationen von Arbeitskraft. Die Veränderungen der Anforderungen an die Qualifikation der Arbeitskraft werden auch als letzter und entscheidender Bestimmungsfaktor für die Veränderungen der staatlichen Bildungspolitik interpretiert. Aus einer Analyse der Verwertungsbedingungen der Arbeit innerhalb des Produktionsprozesses wird in allen diesen Ansätzen versucht, die menschlichen Qualifikationen in eine Analogie zu anderen Produktionsfaktoren wie Maschinen, Bodenschätzen usw. zu setzen und sie als einen Teil des volkswirtschaftlichen Vermögens zu interpretieren; aus dieser Analyse werden dann mehr oder weniger direkte Rückschlüsse auf die Notwendigkeit bestimmter Ausbildungsprozesse im Erziehungssystem vorgenommen (kritischer Überblick bei Krause 1973 und Schmitz 1973).

Die Frage, warum der bildungsökonomische Forschungsansatz «bürgerlicher» und marxistischer Richtung der 50er Jahre unseres Jahrhunderts eine kräftige Wiederbelebung erfahren hat, wird von den Vertretern dieser Ansätze meist mit einem Hinweis auf die sich in dieser Zeit anbahnenden Strukturveränderungen in den kapitalistischen Wirtschaftssystemen des Westens beantwortet. Nach dem Auslaufen der Rekonstruktionsperiode nach dem Zweiten Weltkrieg ist nach der am bekanntesten gewordenen Theorie von Janossy (1966) die Veränderung der Arbeitsplatzstruktur, der Struktur der tatsächlich zum Einsatz kommenden Arbeitstätigkeiten und Qualifikationsanforderungen, in Gefahr, sich von der Berufsstruktur zu entfernen, sofern nicht neuqualifizierte Arbeitskräfte in die technisch führenden Bereiche der Industrie eingebracht werden können. Der wirtschaftliche Entwicklungsstand einer Volkswirtschaft wird demnach in erster Linie von der gegebenen Berufsstruktur der Gesamtarbeiterschaft bestimmt. Ein höheres Tempo der wirtschaftlichen Entwicklung erfordert eine raschere Wandlung der Berufsstruktur – die Geschwindigkeit dieser Wandlung setzt der wirtschaftlichen Entwicklung Grenzen. In der Nachkriegszeit kam es nach Janossy zu einer Spannung zwischen der Arbeitsplatzstruktur und der Berufsstruktur, die die wirtschaftliche Wachstumsentwicklung hemmte; diese Phase wurde in den westlichen Industriegesellschaften meist im Laufe der 50er, in einigen Gesellschaften auch in der ersten Hälfte der 60er Jahre erreicht, nachdem in der Rekonstruktionsperiode zunächst die vorhandene Berufsstruktur voll ausreichte, um die erst wieder aufzubauende Arbeitsplatzstruktur zu bedienen. Von diesem Zeitpunkt ab werde aber durch den Einsatz neuer Technologien die Bereitstellung entsprechend neuer Qualifikationen auf seiten der Beschäftigten notwendig. Diese Regenerierung der Qualifikationsstruktur werde im wesentlichen durch das Ausbildungssystem und durch die berufliche Fortbildung vorgenommen.

Ähnlich wie dieser spezifische politökonomische Erklärungsansatz gehen auch andere bildungsökonomische Modelle davon aus, daß der technische Fortschritt, insonderheit die technologische Entwicklung, veränderte Qualifikationsanforderungen an die Arbeitskräfte stelle, Anforderungen, die erfüllt werden müßten, um das wirtschaftliche Wachstum aufrechtzuerhalten. Weiterhin stimmt man darin überein, daß die veränderten Qualifikationsanforderungen durch veränderte Bildungs- und Ausbildungprozesse, die vornehmlich vom Erziehungssystem zu leisten seien, erfüllt werden müßten. Der Zusammenhang zwischen diesen Variablen konnte allerdings nie im Detail empirisch nachgewiesen werden, sondern beruht im wesentlichen auf einem Plausibilitätsschluß. Wachstumstheoretische Forschungsarbeiten bemühten sich darum, den Anteil der «Produktionsfaktoren» Kapital und Arbeit (gemessen in Zahlen der beschäftigten Arbeitskräfte) für den Zuwachs des wirtschaftlichen Sozialprodukts zu erfassen. Da diese beiden Faktoren nur etwa $2/3$ der Wachstumsrate des Sozialprodukts erklärten, sah man einen weiteren Faktor in der Steigerung der durchschnittlichen Ausbildungsdauer der Arbeitskräfte. Diese Annahme glaubte man durch mehrere internationale Vergleichsstudien bestätigt, in denen der Zusammenhang zwischen Wachstum des Sozialprodukts und Entwicklungsstand des Bildungswesens (meist gemessen über die Höhe der Bildungsausgaben) gefunden wurde. Obwohl mit sehr ungenauen Verfahren gearbeitet wurde, ging man doch davon aus, daß zum Beispiel solche Staaten wie die Bundesrepublik Deutschland, gemessen am internationalen Standard, eine sehr rückständige Entwicklung des Bildungssystems zu verzeichnen hätten und einer wirtschaftlichen Krise entgegensähen, wenn sie sich nicht um eine intensive Neuheranbildung qualifizierter Arbeitskraft bemühten. (Vgl. für die deutsche Diskussion Edding 1963, zur Kritik dieser Auffassung Baethge 1972.)

In dieser Weise trugen die Erkenntnisse der wachstumstheoretisch orientierten Bildungsökonomie zu, Beginn der 60er Jahre dazu bei, politische Impulse für die Expansion des Bildungswesens zu liefern, indem auf ökonomische Sachzwänge und den Druck internationaler Konkurrenz hingewiesen wurde. Die Grundannahmen dieses Forschungsansatzes fanden ihren Eingang in die anlaufenden Planungsvorbereitungen im politischen Bereich. Insbesondere trugen sie dazu bei, qualifizierte Arbeitskraft als «Humankapital» zu verstehen. Bildungsanstrengungen wurden fortan auch in der offiziellen Planung der Bildungspolitik als Investitionen in den Menschen als Arbeitskraft verstanden – Investitionen, deren Erträge grundsätzlich berechnet werden, also auf der individuellen Ebene in Beziehung zu den Ausbildungskosten und den späteren Arbeitseinkommen und auf kollektiver Ebene in Beziehung zum wirtschaftlichen Wachstum gesetzt werden könnten.

Ihre wichtigste konkrete Bedeutung haben diese Forschungsansätze als Grundlage von Projektionen der Struktur des künftigen Qualifikationsbedarfs und der zu erwartenden entsprechenden Ausbildungsformen und -kosten gewonnen. Seit Mitte der 60er Jahre haben solche Untersuchungen auch in der Bundesrepublik eingesetzt; detaillierte Forschungen existieren allerdings nur für den Bereich hochqualifizierter Arbeitskräfte, während in den übrigen Bereichen qualifizierter Arbeit bisher nur sehr grobe Trendaussagen vorliegen. Alle bisherigen Versuche mit diesem Planungsansatz und die in der Zwischenzeit vorgelegten Ergebnisse sind methodisch und inhaltlich angreifbar. Jede Prämisse und jeder Schritt dieses Ansatzes, von den Zielvorstellungen bis zu den einzelnen methodischen Details, ist kritikwürdig. Etwas vereinfacht lassen sich die methodischen Schritte folgendermaßen darstellen (nach Bahr 1967, Lutz 1970, Armbruster 1971):

1. Aus makroökonomischen Entwicklungstendenzen, in der Regel dem Wachstum des Bruttosozialprodukts, wird auf der Basis des gegenwärtigen Bestandes eine Schätzung des zukünftigen globalen Bestandes der einzelnen Sektoren der Wirtschaft und der öffentlichen Verwaltung an Arbeitskräften errechnet. Diese Errechnung erfolgt in der Regel durch Trendextrapolationen oder zunehmend auch durch elaborierte Rechenschémata unter Verwendung von Input-Output-Tabellen.

2. Dieser globale Arbeitskräftebestand und seine Veränderungen werden in Sektoren, Berufsgruppen usw. aufgespalten. Hierzu werden in der Regel die Strukturveränderungen im Basiszeitraum für den Prognosezeitraum fortgeschrieben, wobei evtl. sich abzeichnende qualitative Korrekturen (z. B. Veränderungen der Produktivität einzelner Sektoren usw.) eingebracht werden können.

3. In bestimmten Berufssektoren (z. B. Gesundheitswesen) müssen zusätzlich oder ausschließlich zu diesem Verfahren politische Entscheidungsgrößen berücksichtigt werden, die den Bedarf determinieren («Dichteziffern» u. a.).

4. Der aus den somit ermittelten Bestandsveränderungen je Bedarfskategorie abgeleitete positive oder negative Bedarf muß vermehrt werden um den Ersatzbedarf, der insbeson-

re von alters- und geschlechtsspezifischen Erwerbsquoten und vom Saldo der Berufsmobilität beeinflußt wird.

5. Die Summe von Ersatzbedarf und Zusatzbedarf ergibt den Nachwuchsbedarf je Berufskategorie, der dem Erziehungs- und Ausbildungssystem als Orientierungsgröße angeboten werden kann.

Neben sehr ernst zu nehmender Einzelkritik an jedem der analytisch-methodischen Schritte, auf die im Lauf der Argumentation noch eingegangen wird, sind vor allem die zum großen Teil nicht ausdrücklich erwähnten Grundlagenannahmen dieses Modells kritisiert worden. Es wird z. B. von einer vorgegebenen Höhe der Wachstumsrate ausgegangen; sie ist ein quantitativer Ausdruck für die wirtschaftlichen Ziele, die mit Hilfe dieses Rechenmodells erreicht werden sollen. Die Annahme eines gleichmäßigen Produktionswachstums für westliche Industriegesellschaften ist allerdings eine sehr abstrakte Annahme; denn da die Steuerung des Wirtschaftsgeschehens über abstrakte Prinzipien der Gewinnmaximierung vor sich geht und die einzelnen wachstumsrelevanten Entscheidungen ziemlich autonom, dezentralisiert und widersprüchlich gefällt werden (siehe Abschnitt 2.1.1), kann das Produktionswachstum nicht gesellschaftlich-politisch geplant werden. Erfahrungsgemäß haben wir es in den Gesellschaften der Nachkriegszeit mit einem zyklischen Wachstumsverlauf zu tun. Die Annahme eines gleichmäßigen Wachstums als Grundannahme des bildungsökonomischen Bedarfsansatzes ist deshalb strenggenommen nur für eine abstrakte wissenschaftliche Analyse interessant. Sie ist wenig tragfähig, wenn man an ihr eine exakte und effektive Bildungsplanung ausrichten will.

Ferner behilft man sich in der Praxis der meisten Modellrechnungen zur Bedarfsfeststellung mit einem reduktionistischen Vorgehen, indem allein die technologische Dimension der Entwicklung industrieller Gesellschaften als Ausgangs- und Bestimmungsgröße für die Berechnung der Qualifikationsanforderungen im Arbeitsprozeß herangezogen wird. In dieser Vorgehensweise steckt implizit die Annahme einer Autonomie der technologischen Entwicklung in unseren Gesellschaften. Diese vermeintlich autonome Entwicklung wird in ihren Auswirkungen auf die Strukturen des Produktionsprozesses und gelegentlich auch auf die damit zusammenhängenden anderen sozioökonomischen Strukturen analysiert. Der technologische Wandel wird als ein Vorgang verstanden, der nach bestimmten immanenten eigengesetzlichen Stufen und Phasen ablaufen und zwangsläufig soziale Folgen mit sich bringen soll. Daß diese vermeintlich technologisch determinierten Entwicklungsprozesse aber prinzipiell gesellschaftlich formbar sind und insbesondere durch politische und wirtschaftliche Interessen- und Machtkonstellationen permanent geformt werden, wird hierbei übersehen. Nur wenige Studien haben bisher versucht zu zeigen, wie technische Möglichkeiten z. B. aus Rentabilitäts- und Profitüberlegungen heraus nicht eingesetzt werden, obwohl sie grundsätzlich in den Produktionsprozeß eingebracht werden könnten. So konnten Kern und Schumann (1970) zeigen, daß nicht ausschließlich reine Sachzwänge über Tempo, Gestalt und Entwicklungsrichtung des technologischen Wandels in der industriellen Produktion entscheiden, sondern daß die vermeintlichen Sachzwänge überlagert und kanalisiert werden durch Entscheidungen, die im weitesten Sinne politischer Natur sind. Technik ist eine gesellschaftliche Institution, die durch unterschiedliche soziale Strukturen geformt wird. Man könnte Technik als durch die Produktionsverhältnisse geformte Produktivkraft verstehen, die durch die Steuerungsmechanismen des gesamten wirtschaftlichen und gesellschaftlichen Prozesses beeinflußt wird.

Bedarfsforschung im Bereich qualifizierter Arbeit
Die industriesoziologische Forschung, die sich um Trendaussagen für die Entwicklung des Bedarfs an qualifizierten Arbeitskräften bemüht, ist nur allzuoft in den Fehler eines «technologischen Determinismus» verfallen. Hörning (1971) und Deppe (1971) kritisieren Versuche einer umfassenden linearen «Stufenlehre» des technischen Fortschritts, die eine handwerkliche, eine rationalisiert-teilmechanische und eine vollmechanisiert-automatische Phase der industriellen Entwicklung unterscheiden. In diesen Modellen wird der technologische Wandel als eine außergesellschaftliche Abfolge von Mechanisierungsstufen mit gleichsam zwangsläufigen technischen, organisatorischen und sozialen Veränderungen in der Arbeitssituation dargestellt. Aus dieser Darstellung leiten einige Industriesoziologen dann die Folgerung ab, im Zuge der technologischen Entwicklung entstehe ein neuer Typ von Arbeiter, der vor allem in den hochmechanisierten und teilautomatisierten Produktionsbereichen angefordert werde. Er sei dadurch gekennzeichnet, daß er ein hohes Maß von Qualifikation und Selbstbestimmung, technischer Intelligenz und Sensibilität, Verantwortung und Initiative in den Arbeitsprozeß einbringen müsse.

Differenzierter angesetzte empirische industriesoziologische Untersuchungen widersprechen diesem Befund. Kern und Schumann (1970) entwickeln Tätigkeitskategorien, die die Bandbreite der Arbeitsformen in der gegenwärtigen Mechanisierungs- und Automatisierungsphase fortgeschrittener industrieller Produktion erfassen sollen. Ihre Ergebnisse zeigen, daß die einzigen wirklich neuen Tätigkeitskategorien im Automatisierungsprozeß «Meßwartentätigkeit» und «Anlagenkontrolle» sind. Hier sind umfangreiche Spezialkenntnisse und technische Intelligenz erforderlich, doch entsprechen diese vergleichsweise qualifizierten Arbeiten ungefähr komplexen angelernten Tätigkeiten, nicht aber solchen, die den Arbeiter in die Nähe der ingenieurmäßig vorgebildeten technischen Kader stellen würden. Insgesamt wird in dieser Untersuchung ein hoher Grad der Differenzierung industrieller Qualifikationsanforderungen im Zuge des technischen Fortschritts deutlich. An den technisch fortgeschrittenen Aggregaten kommt es zu einer Polarisierung der Qualifikationsanforderungen, Arbeitsbelastungen und

Dispositionschancen, zu Prozessen der relativen Höher- und Minderqualifizierung.

Auch Lutz hat versucht, ein differenziertes Instrumentarium zur Analyse von Berufsqualifikationen zu entwickeln, das den technologischen Fortschritt als Ausgangspunkt nimmt. Er zerlegt diese Variable in die Kategorien «Technisierung» (Einsatz von mehr und besseren Maschinen, technischen Apparaten und Anlagen mit dem Ziel, autonome technische Abläufe zu schaffen) und «Organisierung» (systematische Analysierung und Gestaltung von Arbeits- und Produktionsabläufen mit dem Ziel, ihre Standardisiertheit, Transparenz und Prognostizierbarkeit zu erhöhen – Lutz 1969, S. 236). Als Objekt des technischen Fortschritts wird nicht das menschliche Arbeitshandeln als solches verstanden, sondern der Produktionsprozeß, in den menschliches Arbeitshandeln in verschiedenster Form einfließen kann. Verschiedene Produktionsprozesse leisten, so Lutz, dem technischen Fortschritt und der in ihm inkorporierten gesellschaftlichen Absicht auf unterschiedliche Weise Widerstand. Es lassen sich alternative Wege des technischen Fortschritts durch die jeweils unterschiedliche Kombination von Technisierung und Organisierung auf den verschiedenen Entwicklungsstufen der Produktion beschreiben. Die jeweils spezifische Kombination von Organisierung und Technisierung hat differentielle Auswirkungen auf die menschliche Arbeit:

«Ganz offensichtlich sind die Veränderungen von Arbeitsinhalt und sozialen Arbeitsbedingungen, die von . . . typischen Grundformen des technischen Fortschritts ausgelöst werden, fundamental verschieden. Sie sind – zumindest, soweit sich historisch feststellen läßt – bei Organisierung auf niedriger Stufe technologischer Autonomie sehr eindeutig und bestehen vor allem in der Zerschlagung traditioneller Berufsqualifikationen, ohne daß an ihre Stelle neue, spezifisch industrielle Qualifikationen treten könnten; Organisierung auf höherem Niveau technologischer Autonomie kann hingegen ebenso wie wachsende technische Autonomie bei konstantem Grad der Standardisiertheit eine Erhöhung der von den jeweiligen Arbeitsaufgaben implizierten Qualifikation mit sich bringen – ohne daß sich heute entscheiden läßt, ob und wann diese Tendenz nicht nur möglich (d. h. z. B. politisch durchsetzbar), sondern im Sinn der ökonomischen Effizienz notwendig ist» (Lutz 1969, S. 247 f.).

Konkret ausgedrückt, werden aus diesen Überlegungen die folgenden Entwicklungstrends abgeleitet: Wir können eine wachsende Distanz menschlicher Arbeitsaufgaben und Tätigkeiten vom Produktionsablauf feststellen. Während auf früheren Stufen der industriellen Entwicklung die große Masse der menschlichen Arbeitskraft unmittelbar am oder im Produktionsprozeß eingesetzt war, können wir eine zunehmende Entleerung dieser Produktionsprozesse von menschlicher Arbeit beobachten. Nach Produktionsleistung wie nach Beschäftigungszahl wächst der Bereich der Produktionsplanung, der Wartung und Instandhaltung, der Produktkontrolle usw., der allerdings nur zum Teil eine neuartige Kombination von Qualifikationsanforderungen mit sich bringt. Umgesetzt auf die Berufsstruktur, lassen sich folgende Entwicklungsrichtungen erkennen: Die ungelernten Tätigkeiten gehen zurück, weil technisch-organisatorische Fortschritte auch in die Bereiche vordringen, die bisher besonders viele ungelernte Arbeiter beschäftigt haben. Die traditionellen Lehrberufe vom Typ des handwerklich-kleinbetrieblichen Zuschnitts erfahren einen Bedeutungsverlust. Ursache ist die sinkende Beschäftigung in traditionellen Wirtschaftszweigen und die brancheninterne Veränderung der Beschäftigungsstruktur. Technische Fachkräfte und Techniker verschiedener Fachrichtungen unterhalb des Ingenieurniveaus werden stärker nachgefragt.

Während diese Tendenzaussagen einigermaßen sicher sind, lassen sich für die größten Berufsgruppen nur sehr unklare und widersprüchliche Entwicklungen kennzeichnen (Lutz 1970, S. 331 ff.). Der Bedarf an produktionsspezifischen Industrie*facharbeitern*, die direkt bei der Herstellung von Produkten eingesetzt werden, geht tendenziell zurück, während der Bedarf an industriellen Facharbeitern in zahlreichen produktionsorientierten Sekundärprozessen (Entwicklung, Montage, Wartung, Instandhaltung usw.) stark zunimmt. Diese Entwicklungstendenzen führen zu einer breiten Variation nach Tätigkeitsinhalten und Qualifikation der Arbeiter. Es treten vor allem Unterschiede im Niveau der Qualifikation und im Verhältnis zwischen Routinefertigkeiten einerseits, technischen Kenntnissen und analytischen oder kombinatorischen Fähigkeiten andererseits auf. Unterschiede bestehen aber auch in der Breite und Vielfalt der Qualifikationen, die von intensiver Spezialisierung auf eine ganz bestimmte Art von Aufgabe bis zu einem breiten Überblick über vielfältige technische Prinzipien und ihre Anwendung reichen können.

Für die *Büro- und Verwaltungsangestellten* lassen sich wegen des insgesamt späten Einsetzens von Organisierung und Technisierung die Entwicklungstendenzen am schwersten vorhersagen. Ein Vordringen von unqualifiziert angelernten Tätigkeiten ist möglich, die allerdings durch die Einführung von elektronischer Datenverarbeitung zum Teil wieder ersetzt werden können. Weiterhin ist ein Vordringen von Akademikern und Organisations- und Datenverarbeitungsspezialisten erkennbar, das eine Einschränkung der Aufstiegsmöglichkeiten für die traditionellen Angestellten bewirken kann. Die Mechanisierung der Büroarbeit kann für einen Teil der unmittelbar Betroffenen zu einem Qualifikationsverlust, für andere zu einer Entlastung von traditioneller, repetitiver Routinearbeit führen, schafft aber eben gleichzeitig andere, höher qualifizierte Positionen neu, wie zum Beispiel Programmierer und Systemanalytiker.

Wie man sieht, lassen sich keine eindeutigen und klaren Trendbeschreibungen über Veränderungen der Qualifikationsanforderungen im Bereich von Arbeiter- und Angestelltentätigkeiten machen. Für den einzelnen Beschäftigten gilt aber gleichwohl, daß von ihm eine erhebliche Anpassungsfähigkeit und eine große Mobilitätsbereitschaft verlangt werden muß, wenn er seinen beruflichen Status erhalten und verbessern will. Die Arbeitsbelastungen haben sich tendenziell gewandelt: Die Industriearbeit kann nicht mehr als Synonym für körperlich schwer belastende und schmutzige Arbeit gelten; hier tritt im Zuge der technologischen Entwicklung eine deutliche Differenzierung nach Belastungsarten auf. Ausgesprochene Schwerarbeit liegt nur noch bei 18–20 % der Arbeiter vor, doch hat sich mit dem technologischen Wandel für große Bereiche der industriellen Arbeit eine Verlagerung zu mehr nervlichen Belastungen ergeben (Osterland u. a. 1973, S. 74). Das gilt infolge der Steigerung der Arbeitsintensität, die sich konkret in erhöhtem Termin- und Zeitdruck und in einer größeren Hektik der Arbeit niederschlägt, auch für die Angestelltentätigkeiten. Für diese dürften trotz Rationalisierung und Automatisierung die Dispositionsspielräume und Kooperationsmöglichkeiten am Arbeitsplatz immer noch relativ größer sein als für Arbeiter, deren Kooperationsformen und Dispositionsspielräume im Arbeitsprozeß nach wie vor durch Maschinen und Produktionsanlage vorgegeben und festgelegt sind und für die – auch wenn aufgrund der technischen Entwicklung die herkömmlichen Anweisungs- und Befehlshierarchien in einigen Produktionsbereichen hinfällig geworden sind – der Herrschaftscharakter des Industriebetriebs spürbar erhalten bleibt. Die Produktionserfordernisse bestimmen nach wie vor die Organisation der Industriearbeit, wenn sie sich auch nicht, wie vielfach von den meisten Arbeitern selbst angenommen, allein aus den vermeintlich autonomen Anforderungen des technologischen Entwicklungsprozesses, sondern auch aus der ökonomischen Rationalität des Verwertungsinteresses herleiten.

Ziehen wir ein erstes Resümee: Die vorliegenden Untersuchungen über Entwicklungen der Qualifikationsanforderungen, sofern sie sich auf durchschnittlich *qualifizierte* Arbeitskräfte beziehen, machen kaum präzise generelle Trendaussagen möglich außer der, daß von immer größeren Gruppen von Beschäftigten ein hohes Maß an inner- und überbetrieblicher Arbeitsmobilität und «Anpassungsfähigkeit» gefordert wird. Eine wachsende Bedeutung kommt offenbar jenen Eigenschaften zu, die relativ unabhängig von speziellen beruflichen Kenntnissen und Fertigkeiten sind und die über die im engeren Sinne technisch-instrumentellen Elemente der Qualifikationsanforderungen hinausgehen. Offe (1970) spricht von einer zunehmenden Bedeutung motivationaler und normativer «extrafunktionaler» Orientierungen, die das Qualifikationsprofil moderner Berufsrollen im Zuge fortschreitender Arbeitstechnologie kennzeichnen. Die industrielle Arbeitsorganisation kann nach dieser Auffassung in Zukunft nur dann effektiv fortbestehen, wenn mehr als bisher ein verinnerlichtes System zielorientierter Entscheidungsregeln und Handlungsorientierungen und eine weitreichende normative Selbstverpflichtung der arbeitenden Individuen entwickelt werden kann. Neben physischer Leistungsfähigkeit, aus Erfahrung und Übung gewonnenem Leistungskönnen und Wissen und anderen technisch-instrumentellen Fertigkeiten und Fähigkeiten, die an einem bestimmten Arbeits-

platz notwendig sind, treten demnach in steigendem Maße die prozeßunabhängigen Qualifikationen. Ich schlage vor, diese prozeßunabhängigen Qualifikationen grob nach drei Elementen zu unterscheiden:

1. *normativ-regulative Elemente*, die für das Funktionieren der Arbeits-
und Kooperationsvollzüge mittelbar noch von Bedeutung sind, etwa Standards wie Sparsamkeit, Pünktlichkeit, Zuverlässigkeit, Vorsicht;

2. *normativ-motivationale Elemente*, die keinen direkten und nur einen
schwachen indirekten Bezug zu den Funktionsabläufen des eigentlichen
Arbeitsprozesses haben und gewissermaßen «ideologische» Bestandteile der
Berufsrolle sind, wie Standards der Loyalität mit der bestehenden Organisa-
tions- und Hierarchiestruktur eines Unternehmens, der Internalisierung
herrschender Interessen des Gesamtunternehmens usw.;

3. *normativ-politische Elemente*, die keinerlei direkte und indirekte Beziehung mehr zu den Funktionsabläufen haben, sondern Einstellungen im
allgemein-politischen Bereich betreffen, die für Rahmenbedingungen des
Arbeitsprozesses von Bedeutung sein können, etwa Standards der Einstellung zu den Ordnungsprinzipien im politischen und ökonomischen Bereich.

In Abbildung 3 wird versucht, die genannten Qualifikationselemente
grafisch vereinfacht im Überblick darzustellen.

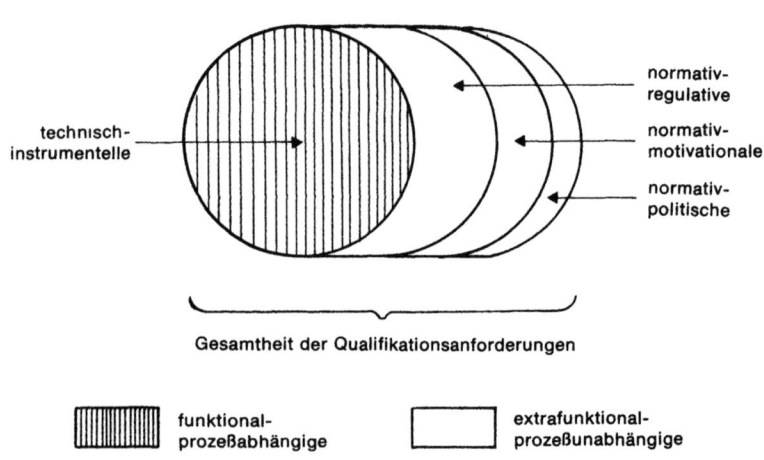

*Abbildung 3: Elemente von Qualifikationsanforderungen in modernen Be-
rufsrollen*

Die vorliegenden Befunde der industriesoziologischen Forschung lassen es für den Bereich der durchschnittlich qualifizierten Arbeit nicht zu, von mehr als nur partiellen Trends der Zunahme der Bedeutung von extrafunktionalen und prozeßunabhängigen Qualifikationselementen zu sprechen. Für diesen Bereich hat Offe m. E. seine These, auf die ich mich hier stütze, überzogen. Von genereller Bedeutung scheinen mir die angesprochenen Tendenzen aber für den Bereich der hochqualifizierten Arbeit zu sein, auf die ich jetzt näher zu sprechen kommen will.

Bedarfsforschung im Bereich hochqualifizierter Arbeit
Diese Erörterung führt gleichzeitig zur Auseinandersetzung mit dem wachstumstheoretischen bildungsökonomischen Modell der Bedarfsberechnung zurück, das in seiner reinen Gestalt, wie schon gesagt, vor allem für den Bereich der Prognosen hochqualifizierten Arbeitskräftebedarfs angewandt worden ist. Alle diese Studien denken problematischerweise nicht in analytischen Kategorien der Qualifikation, sondern in den Kategorien überkommener Berufsbezeichnungen. Eine der ersten für die gesamte Bundesrepublik durchgeführten Modellrechnungen stammt von Riese (1967). Auf der oben in Umrissen geschilderten methodischen Basis erstellte er eine Prognose, die eine Steigerung des Akademikeranteils an den Gesamtbeschäftigten von 1961 bis 1981 von 2,9 auf 4,4–5 % annahm und detailliert bestimmte Wandlungen der Strukturmerkmale der hochqualifizierten Arbeitskräfte voraussagte. Ich will auf die Ergebnisse dieser Prognose im einzelneh hier nicht eingehen, sondern nur festhalten, daß sie sich in wesentlichen Bereichen als unzutreffend erwiesen hat. Im Kern ist das darauf zurückzuführen, daß hier in aller Konsequenz von der Annahme ausgegangen wird, wirtschaftliche Entwicklung, Qualifikationsanforderungen und Bildungsprozesse seien einlinig und direkt aneinander gekoppelt und könnten nach den im Basiszeitraum bestehenden Strukturen und Relationen einfach extrapoliert, also in der Zeit fortgeschrieben werden.[7] Die Möglichkeit von Strukturwandlungen konnte nicht ausreichend in das Modell mit einbezogen werden, die Flexibilität im Einsatz von Arbeitskräften ebenfalls. Auch konnte nicht zum Ausdruck gebracht werden, daß zwischen Ausbildungssektor und Produktionssektor ein Arbeitsmarkt mit bestimmten Funktionen der Abstimmung von Angebot und Nachfrage liegt, und daß diese Abstimmung nicht nur ausschließlich nach den Angeboten an Qualifikationen, sondern auch nach den materiellen und immateriellen Gratifikationen gesteuert wird.

---

7 Riese geht von einer hypothetisch vorgegebenen Wachstumsrate des Sozialprodukts von 4 % pro Jahr aus. Um die Wandlungen der Struktur der Nachfrage nach hochqualifizierten Arbeitskräften zu prognostizieren, wird das Sozialprodukt in 45 Wirtschaftsgruppen aufgeteilt, die Arbeitskräfte der Wirtschaftsgruppen wiederum in 55 Berufsklassen und die Hochschulabsolventen der einzelnen Berufsklassen nach 67 Fachrichtungen untergliedert (Riese 1967, S. 21). Die akademischen Fachkräfte werden nach ihrer unterschiedli-

Riese war außerdem auf die völlig unzureichenden vorliegenden Statistiken der Berufsklassifizierungen angewiesen; diese Berufssystematik hat die Tendenz, in die Abgrenzung der einzelnen Berufskategorien die Ausbildungseffekte des bestehenden Ausbildungssystems aufzunehmen, denn die Begriffe, mit denen man den Ausbildungsabschluß bezeichnet, sind die wichtigsten praktischen Orientierungsgrößen für die Tätigkeitsinhalte der Berufe. Die Tätigkeiten werden also unter Rückgriff auf den Namen des Ausbildungsberufs charakterisiert. Das hat aber zur Folge, daß in die Definitionen der Tätigkeiten schon die Elemente mit eingehen, die eigentlich erklärt, d. h. prognostiziert werden sollen (vgl. Lutz 1969). Ein weiterer Punkt ist, daß die Trendaussagen in der Prognose unter Annahme bestimmter konstanter «Dichteziffern» für die Berufe im Dienstleistungsbereich erfolgen; politische Eingriffe, die diese Ziffern verändern, haben für Strukturbrüche gesorgt, die die Bedarfsaussagen vor allem in diesem Sektor obsolet werden ließen. Schließlich wird in dem Modell von Riese der Ersatzbedarf als eine völlig eindeutige Größe betrachtet und von einer rein statistischen Analyse des Ausscheidens der Arbeitskräfte aus dem Erwerbsleben bereits eine genaue Angabe für den Bildungsbedarf der Prognoseperiode erwartet. Hier wird übersehen, daß auch bei der Ersetzung ausscheidender Arbeitskräfte die bisherige Arbeitskräftestruktur nicht immer einfach reproduziert wird (Armbruster 1971, S. 184 f.). Die für die Festlegung des Ersatzbedarfs wichtigen alters- und geschlechtsspezifischen Erwerbsquoten und das Ausmaß und die Richtung der Berufsmobilität sind im übrigen zu einem erheblichen Maß von gesellschafts- und sozialpolitischen Entscheidungen abhängig.

Inzwischen liegen neuere Prognosen für den Arbeitskräftebedarf im Bereich hochqualifizierter Tätigkeiten vor, die die hier kurz skizzierte Kritik zu berücksichtigen versuchen. Widmaier u. a. (1971) wollen in ihrer Modellstudie das Grundsatzaxiom auflösen, wonach die wirtschaftliche Entwicklung und der Bedarf an Arbeitskräften direkt, nämlich über technologische Faktoren, zusammenhängen. Soziale Entwicklungsfaktoren in diesem Pro-

---

chen Berufsfunktion klassifiziert: Riese unterscheidet nach den Berufsfunktionen «Produktionsfaktor» und «Dienstleistung». Erstere sind vor allem in den produzierenden Bereichen tätig; ihre Arbeitskraft, mit anderen Produktionsfaktoren kombiniert, wird als direkte Funktion der wirtschaftlichen Entwicklung angesehen und kann als solche prognostiziert werden. Für den Dienstleistungssektor müssen andere Prognoseverfahren gewählt werden, da die Entwicklung des Sozialprodukts wenig über den Bedarf an Ärzten, Rechtsanwälten, Theologen usw. aussagt. Hier wird der Versorgungsaspekt der Bevölkerung zum Ausgangspunkt der Analyse genommen; das ökonomische wird also durch ein demographisches Kriterium ersetzt, das allerdings politischen Interpretationen unterworfen ist. Als Maßstab der Versorgung dient hier eine Dichteziffer, die die Bevölkerung pro eingesetzte hochqualifizierte Arbeitskraft angibt (z. B. 560 Einwohner pro Arzt). Schließlich wird das Bildungswesen als ein Sonderfall des Dienstleistungssektors berücksichtigt.

zeß sollen bedacht werden, indem in der Berechnung berücksichtigt wird, daß die Mehrzahl der Arbeitsplätze für Akademiker im öffentlichen und im Dienstleistungsbereich durch politische Entscheidungen determiniert wird, wenn diese politischen Entscheidungen auch in komplizierter Weise indirekt vom Produktionsprozeß abhängig sind. Weiterhin versuchen die Autoren, Fachrichtungs- und Berufsflexibilitäten einzuarbeiten und regionalspezifische Versorgungsprobleme zu berücksichtigen. So werden gesellschaftspolitische Alternativvorstellungen über Versorgungslagen in die Prognose eingearbeitet und der zu erwartende Bedarf nicht berufsbezogen abgeleitet, sondern indirekt in Ausbildungskategorien und Ausbildungsanforderungen umgesetzt. Die Zuverlässigkeit dieses etwas verfeinerten Vorgehens unterscheidet sich dennoch nur unwesentlich von dem von Riese, denn auch Widmaier u. a. müssen sich auf wenige sozioökonomische Indikatoren beschränken, deren wichtigste Sozialprodukt und Arbeitsproduktivität sind. Die oben erwähnten grundlagentheoretischen Probleme der Bedarfsanalyse hat jedenfalls auch diese Studie noch nicht lösen können. Im Detail kommen beide Studien zur Abschätzung einer unterschiedlichen strukturellen Zusammensetzung des hochqualifizierten Arbeitskräftebedarfs. Insbesondere wird bei Widmaier u. a. ein geringerer Bedarf an solchen Absolventen prognostiziert, die überwiegend in den Lehrerberuf gehen. Dagegen wird eine wesentlich stärkere Aufnahme von Akademikern im Produktionsbereich und in produktionsorientierten Dienstleistungen erwartet.

Auch Riese hat mit Mitarbeitern inzwischen eine methodisch verfeinerte Bedarfsprognose erstellt (Heindlmeyer u. a. 1973). Sie geht von der politischen Zielgröße des Wissenschaftsrates aus, wonach 1980 30 % eines Altersjahrgangs ein Studium an Hochschulen aufnehmen sollen. Unter Einbeziehung von vertikalen und horizontalen Substitutionsspielräumen sowie der Angabe von Ober- und Untergrenzen der vermutlichen Bedarfsentwicklung kommt diese Untersuchung zu dem Schluß, daß grundsätzlich der Arbeitsmarkt für die 30 %-Marke aufnahmebereit sei. Allerdings seien erhebliche Strukturveränderungen der Ausbildung notwendig, insbesondere die Aufnahme neuer Studiengänge, die Einführung differenzierter Abschlüsse und die Entwicklung neuer Bildungsinhalte. Erfolgen solche Reformen der Studiengangsstruktur nicht, so sind nach dieser Untersuchung erhebliche Ungleichgewichtigkeiten zu erwarten: zum Beispiel ein Überangebot an Erziehungswissenschaftlern, Geisteswissenschaftlern und Naturwissenschaftlern und ein Angebotsengpaß bei Rechts-, Wirtschafts- und Sozialwissenschaftlern und Medizinern.

Ganz abgesehen von der Tatsache, daß auch diese neueren Untersuchungen einander widersprechen und sich teilweise schon heute als überholt herausgestellt haben, sind die oben erwähnten methodischen Bedenken kaum ausgeräumt. Alle Modelle eignen sich nicht zur korrekten und vollständigen Beschreibung der realen Bedarfsanforderungen und ihrer Entwicklungstendenzen, weil die Elastizität der Beziehung zwischen Arbeitsprozeß, Qualifikation und Ausbildung nicht angemessen abgebildet werden kann. Die Vorstellung einer Proportionalität von wirtschaftlich-technologischem Fortschritt, Qualifikationserhöhung und Ausbau und Umstrukturierung des Bildungswesens mag zwar grundsätzlich zutreffend sein, läßt sich aber kaum in stringente und formalisierte Modelle umsetzen, die einer konkreten prognostischen Planung zuarbeiten würden. Technisch liegt eine der Hauptschwierigkeiten in der Erfassung von Substitutionsmöglichkeiten. Eine bestimmte hochqualifizierte Tätigkeit im industriellen oder bürokratischen Beschäftigungssystem kann – das zeigt die Beobachtung der tatsächlichen Personalpolitik der Unternehmen und Verwaltungen – von Arbeitskräften verschiedener Ausbildungsrichtungen und solchen mit gleichartigen Ausbildungen unterschiedlichen Qualifikationsniveaus ausgeführt werden. Die Annahme einer eindeutigen Entsprechung von Arbeits- und Berufstätigkeit und formaler Ausbildung muß also aufgegeben werden; in dieser Annahme wird vor allem übersehen, daß sich die Qualifikation sowohl aus formaler Ausbildung als auch aus Berufserfahrung, Weiterbildung und – als Abzugsfaktor – dem vergessenen und veralteten Wissen zusammensetzt. Ein bisher viel zuwenig betontes Ziel der Forschung in diesem Bereich muß deshalb sein, Qualifikationsdimensionen und -merkmale zu identifizieren, die relativ allgemein verwendbar sind und die Flexibilität und Mobilität von hochqualifizierten Arbeitskräften potentiell erhöhen. Solcherart definierte Qualifikationsanforderungen können in den Ausbildungsinstitutionen eher berücksichtigt und in Programme umgesetzt werden als scheinbar detaillierte quantitative Anforderungen an ganz bestimmte Studiengänge.

Eine Reihe von Untersuchungen zeigt, daß der Einsatz hochqualifizierter Arbeitskräfte nicht allein auf den technisch-organisatorischen und ökonomischen Bedarf zurückzuführen ist, sondern das *Angebot* an Arbeitskräften mit entsprechenden Qualifikationen zu einem bestimmten Zeitpunkt selbst als ausschlaggebender Faktor hinzukommen kann. In Studien am «Institut für Bildungsforschung» fand man Hinweise darauf, daß sich der Produktionsbereich auf dem Wege arbeitsprozeßlicher Veränderungen dem Qualifikationsangebot des Ausbildungssektors tendenziell anpaßt. Diese Entwicklung ließ sich für den Bereich relativ neuartiger und noch in der Strukturierung befindlicher Anforderungen am Beispiel des Einsatzes von Sozialwissenschaftlern nachweisen. Eine wesentliche Ursache für diesen Prozeß sieht man in der oben erwähnten Zunahme von Anforderungen an Sozialfertigkeiten an die Arbeitskräfte, insbesondere an kommunikative Fertigkeiten in einzelnen Arbeitsfunktionen sowie generell in den expandierenden sekundären und tertiären Sektoren der Wirtschaft. Zumindest in diesen Bereichen verlieren die Qualifikationsprozesse den Charakter einer Vorbereitung auf begrenzte berufliche Rollen, da sie mehr auf generelle Handlungsdispositionen abzielen. Die Zuordnungsmechanismen zwischen Ausbildungsabschlüssen und beruflichen Tätigkeiten, die traditionell starr sind, indem einem bestimmten Abschluß eindeutig eine bestimmte berufliche Karriere zugeordnet wird, lösen sich deshalb in diesem Bereich zugunsten elastischer Zuordnungsverhältnisse auf. In einigen Bereichen des Produktions- und Verwaltungssektors kann man deshalb vorsichtig von einer Disposition zur Aufnahme polyvalenter und entspezialisierter Bildungsinhalte in hochqualifizierten Sektoren sprechen (Hartung u. a. 1970, Armbruster u. a. 1971).

Es muß davor gewarnt werden, diese Entwicklungstendenzen zu überschätzen. Sie weisen zwar darauf hin, daß der Wandel der Arbeitsplatzstruktur kein autonomer Prozeß ist, der allein von technologischen oder arbeitswirtschaftlichen Faktoren abhinge. Die bisher in der Bundesrepublik eindeutig vorherrschende Tendenz, hochqualifizierte Arbeitskräfte nicht mit direkter oder ausdrücklicher Orientierung am Beschäftigungssystem, sondern überwiegend nach autonomen Eigengesetzlichkeiten des Ausbildungssektors zu produzieren, hat schon seit jeher zu der Notwendigkeit geführt, eine Abstimmung zwischen Arbeitsplatzstruktur und Qualifikations- und Ausbildungsstruktur vorzunehmen, die meist in der Eingangsphase der Berufstätigkeit liegt. Die Möglichkeit, auf diese Weise Innovationsimpulse in das Beschäftigungssystem hineinzutragen oder gar gezielte Strategien gesellschaftlicher Veränderung durch ein bestimmtes Angebot von Qualifikationen aus dem Bildungswesen einzuleiten, ist aber sehr begrenzt. Wahrscheinlich sind neue Institutionen und neue Arbeitsbereiche am offensten für solche innovativen Tendenzen und können durch den Stelleninhaber in einem hohen Maße gestaltet werden. Nur in wenigen Fällen läßt sich bisher beobachten, daß etwa Diplomsoziologen, Diplompolitologen oder Diplompädagogen ihres Ausbildungsprofils wegen nicht eingestellt worden wären. Die Beschäftigungsstruktur hat das Ausbildungsprofil dieser Berufsgruppen also in irgendeiner Weise aufgenommen, die nicht primär von Bedarfsüberlegungen geleitet worden war. Ob nun allerdings ein Innovationseffekt eingetreten ist oder ob die Diskrepanz zwischen dem Inhalt der Berufstätigkeit und dem Inhalt der Ausbildung durch eine nachgeschobene Anpassung der Qualifikationsstruktur am Arbeitsplatz erreicht wurde, läßt sich nicht sagen. Es besteht Anlaß zu der Annahme, daß in einer Vielzahl der Fälle die nicht nachgefragten «überschüssigen» Teile der Qualifikation in der tatsächlichen beruflichen Tätigkeit einfach brachliegen.

Auch ist zu bedenken, daß die hier beschriebenen Tendenzen überwiegend in den Bereichen öffentlicher und halböffentlicher Verwaltung und Dienstleistung zu beobachten sind, nicht aber im privaten Produktionsbereich. Auch in diesem privaten Produktionsbereich stellt sich natürlich das Problem der Abstimmung zwischen Arbeitsplatzstruktur und Ausbildungsstruktur für neu einzustellende hochqualifizierte Arbeitskräfte. Wegen der weitgehend nach autonomen Kriterien erfolgenden Institutionalisierung der Ausbildung im staatlichen Bereich und ihrer Trennung von der unmittelbaren Produktion, die gerade im Bereich hochqualifizierter Arbeit sehr ausgeprägt ist, sind die Qualifikationspotentiale den bestehenden Bedarfsstrukturen quantitativ und qualitativ zum Teil weitgehend unangepaßt. Doch anders als im Bereich öffentlicher Verwaltung besteht für die Aufnahme ursprünglich nicht nachgefragter hochqualifizierter Arbeitskräfte hier ein sehr enger Spielraum. Der Aufnahme überschüssiger Qualifikationen, also von Qualifikationen, die über die angeforderten Strukturmerkmale hinausgehen, sind enge Grenzen gesetzt:

«Im privatwirtschaftlichen Bereich erfahren die technischen und organisatorischen Bedingungen der Arbeit durch das Prinzip profitabler Produktion ihre Strukturierung. Da die Produktionskosten insoweit von der Qualifikationsstruktur der eingesetzten Arbeitskräfte abhängen, als hohe Qualifikationen – ceteris paribus – hohe Personalkosten verursachen, schließt dies das Interesse ein, das Qualifikationsniveau durch entsprechende technische und arbeitsorganisatorische Maßnahmen möglichst niedrig zu halten. Dieser Mechanismus beinhaltet eine entscheidende Sperre gegen die Absorption überschüssiger Qualifikationen . . .» (Baethge u. a. 1973, S. 19 f.).

Die Vorstellung, mit der Erzeugung von Qualifikationsüberschüssen mit innovatorischem Gehalt könne eine maßgebliche und in ihren Wirkungen emanzipatorische Veränderung der Arbeitsplatzstrukturen im Bereich privatwirtschaftlich verfaßter Produktion erreicht werden, dürfte illusionär sein. Angesichts der gegebenen Machtverhältnisse verfügen die privatwirtschaftlich organisierten Produktionsbereiche auf dem Arbeitsmarkt über die relativ besseren Chancen, ihre Interessen durchzusetzen, indem sie entweder auf die Ausbildungsprozesse selbst oder auf die Verwertungsprozesse ausgebildeter Arbeitskräfte Einfluß nehmen. Im privatwirtschaftlich verfaßten Bereich des Einsatzes hochqualifizierter Arbeitskräfte kann man deshalb die Elastizität zwischen Arbeitsplatzstrukturen und Ausbildungsstrukturen überwiegend nur durch die Substitution gleichwertiger Arbeitskräfte und durch qualifikatorische Anpassungsprozesse am Arbeitsplatz identifizieren.

Neuere Forschungsprojekte, die sich auf Bedarfsprobleme durchschnittlich und hoch qualifizierter Arbeitskräfte gleichermaßen konzentrieren, versuchen, empirisch die Strategien des ökonomischen Systems zu eruieren, im industriellen Produktionsbereich technologische Veränderungen ohne gleichzeitige Erhöhung der Qualifikationsanforderungen der Arbeitskräfte vorzunehmen. Man geht von der These aus, der Produktionsbereich sei wesentlich dynamischer in seinen Wandlungsmöglichkeiten als der Ausbildungsbereich, und aus diesem Grunde seien die Betriebe durch eine entsprechende Ausgestaltung sowohl der Produktionstechnik wie auch der Organisation industrieller Arbeit in der Lage, die Produktivkraft der Arbeit im wesentlichen auf der Basis des vorhandenen Qualifikationspotentials zu steigern. Es wird deshalb versucht, die Prinzipien der Entwicklung von Produktionstechnik und arbeitsorganisatorischer Rationalisierung genauer zu bestimmen und im Kontext ihrer qualifikatorischen Zielsetzung und Wirkung präziser zu benennen. Es sollen die Strategien erfaßt werden, mit

denen das Aufkommen neuer Qualifikationen schon im Prozeß der technologischen Veränderung eingeschränkt wird. Daneben wird untersucht, wie
der erwünschte Effekt des unveränderten Einsatzes gleichbleibender Qualifikationsstrukturen im Betrieb im Bereich arbeitsorganisatorischer Rationalisierung erreicht wird. Der vermehrte Einsatz höherer Qualifikationen wird
nur dann für möglich gehalten, wenn eine neue, bewußt auf Höherqualifi-
zierung ausgerichtete Zielsetzung bei der Gestaltung der Produktionstechnik und Arbeitsorganisation aus irgendwelchen Gründen eingeleitet werden
muß (Baethge u. a. 1973, S. 23, S. 121).

Mit diesen zuletzt erwähnten Forschungsansätzen werden die klassischen
bildungsökonomischen Modelle im Gefolge der Wachstumstheorie ersetzt.
Es wird die Konsequenz aus der Tatsache gezogen, daß diese Modelle keine
zuverlässigen Informationen über gegenwärtige und zukünftige Wandlungen der Qualifikationsanforderungen im ökonomischen System liefern
konnten und Expansion und strukturelle und curriculare Reform im Erziehungssystem weder ausreichend erklären noch effektive zukunftsorientierte
Handlungsanweisungen liefern konnten. Die politische Ökonomie des Aus-
bildungswesens hatte als erste erkannt, wie unzureichend der traditionelle
bedarfsorientierte Erklärungsansatz ist, und versucht, das Verhältnis von
Erziehungssystem und Beschäftigungssystem auf die Basis einer neuen
Theorie zu stellen. Sie wollte dabei die sich im Prozeß der kapitalistischen
Industrialisierung verändernden ökonomischen Funktionen von Bildungsprozessen und den Wandel der Bedingungen der Bildungspolitik berücksichtigen. Doch ihre Ansätze sind bisher fast durchweg auf der ideologiekriti-
schen Dimension stehengeblieben; sie kritisieren Theorien, die von normativen Postulaten ausgehen, die sich bereits in der Realität als falsch erwiesen
haben. Die Kritik verstrickt sich dabei ungewollt in die auch von den
bürgerlichen Ökonomen vertretene Annahme einer direkten Formbe-
stimmtheit der Bildungsprozesse durch die Gesetze der ökonomischen Warenproduktion. Auf diese Weise kann man das prekäre und instabile Elastizi-
tätsverhältnis zwischen Erziehungssystem und Beschäftigungssystem nicht
in den Griff bekommen. Die öffentliche Organisation des Bildungssystems
wird dabei ebenso übersehen wie der spezifische (immaterielle) Charakter
der Qualifikation, der in diesem Bildungssystem erworben wird.

Aus diesen Gründen sind die industriesoziologisch orientierten und die
auf Elastizitäts- und Absorptionseffekte abstellenden Forschungen eher in
der Lage, neue Erkenntnisse über die Interdependenz von Erziehungssystem
und Beschäftigungssystem anzuregen. Zur weiteren Klärung dieses Ver-
hältnisses benötigen wir Informationen darüber, unter welchen Bedingungen die im Erziehungssystem vermittelten Qualifikationen innerhalb industrieller und bürokratischer Arbeitsprozesse tatsächlich verwertet werden;
dieser Erkenntnis kommen wir näher, wenn wir die Prozesse genauer kennen, durch die neue Technologien in Arbeitstechniken, Kooperationsformen
usw. umgesetzt werden, und wenn außerdem die Mechanismen erforscht

sind, die in der Arbeitsmarkt- und Beschäftigungspolitik die Zuweisung der Qualifikationen zu den einzelnen Arbeitsplätzen steuern. Auch diese Forschungsansätze, selbst wenn sie sehr erfolgreich sein sollten, setzen uns aber noch nicht in die Lage, wissenschaftlich fundierte politische Strategien zu entwickeln mit dem Ziel, eine im ursprünglichen Sinne am gesellschaftlichen «Bedarf» orientierte Bildungspolitik und Bildungsplanung aufzubauen: eine Politik, bei der es darum ginge, nicht nur in flexibler Weise auf Wandlungen der Qualifikationsanforderungen zu *reagieren*, sondern aktiv und gezielt dafür zu sorgen, daß die Inhaber gesellschaftspolitisch wichtiger Arbeits- und Berufspositionen eine qualitativ angemessene und hochwertige Ausbildung erfahren. Erst wenn diese beiden Aspekte des Interdependenzverhältnisses zwischen Erziehungs- und ökonomischem System realisiert wären, könnte man von einer gelungenen «Abstimmung» zwischen diesen beiden gesellschaftlichen Teilsystemen sprechen. An welchen Strukturproblemen sie in westlichen Industriegesellschaften gegenwärtig scheitert, wurde bereits in Abschnitt 2.1.1 geschildert.

2.2.2 Probleme der Zuweisung und Ausbildung qualifizierter Arbeitskräfte

Probleme der Zuweisung
Einige Probleme der Selektion und Zuweisung durchschnittlich und hoch qualifizierter Arbeitskräfte unter gewandelten Bedingungen der Qualifikationsanforderungen im ökonomischen System wurden bereits kurz angesprochen. Berücksichtigen wir nun zusätzlich diejenigen Strukturwandlungen des Erziehungssystems, die sich in erster Linie durch die oben geschilderten Interventionen des politischen Systems ergeben haben, also in erster Linie die rapide Expansion des Angebots an Ausbildungsplätzen im Hochschulbereich, offenbaren sich einige weitere Probleme des Einsatzes insbesondere hochqualifizierter Arbeitskräfte, die für die gegenwärtige soziohistorische Entwicklungsphase westlicher Industriegesellschaften typisch sind.

Es kann vermutet werden, daß in dem Maße, wie das Angebot hochqualifizierter Arbeitskräfte steigt, die Selektionsmöglichkeiten bei der beruflichen Rekrutierung zunehmen werden. Die vom Erziehungssystem durch Angleichung der Startchancen produzierten Qualifikationsmengen insbesondere in den höheren Ausbildungsgängen und die dabei stimulierten Statuserwartungen sind grundsätzlich inkompatibel mit der im Beschäftigungssystem verfestigten Struktur differenzierter Berufstätigkeiten und Statuschancen. Aufgrund der Expansion des weiterführenden Bildungswesens und des Hochschulbereichs ergibt sich ein Ungleichgewicht zwischen den verstärkt produzierten Statuserwartungen und den bislang institutionell knapp gehaltenen Statuschancen und sozialen Gratifikationen im Beschäftigungssystem. Eine mögliche Reaktion auf dieses Ungleichgewicht ist die Nivellierung der Statusdifferenzierung und der Statuspyramide. Diese Lösung ist in den heutigen Industriegesellschaften sehr unwahrscheinlich; sie könnte allenfalls im Zuge eines verstärkten Trends zum Abbau hierarchischer Organisationsformen und der Hinwendung zu kooperativen Arbeitsstrukturen in hochqualifizierten Teams auftreten. Im wesentlichen wird aber auch weiterhin nur ein eingegrenzter Bereich von Berufspositionen erhalten bleiben, der den jeweiligen Positionsinhabern exklusive und elitäre soziale Gratifikationen, soziale Macht und Herrschaftsfunktionen eröffnet. Nur wenige Absolventen des Hochschulbereichs werden deshalb Zugang zu diesen Positionen finden können, während die übrigen nur eine teilweise Befriedigung ihrer Statuserwartungen erreichen können.

Das muß insbesondere dann gelten, wenn die Expansion des weiterführenden Bildungswesens aufgrund der oben beschriebenen Prognose-, Planungs- und Steuerungsschwierigkeiten der Bildungsplanung einen nach wie vor «naturwüchsigen» Charakter hat. Da wegen des Systemzwangs, durch weitgehende Vollbeschäftigung Massenloyalität zu sichern, eine strukturelle und dauerhafte Arbeitslosigkeit vermieden werden muß, entwickeln sich Mechanismen, um die expandierenden Angebote des Erziehungssystems im Beschäftigungssystem aufzunehmen und differentiell zu verwenden. Hartung und Nuthmann sind diesen Tendenzen nachgegangen und äußern die Vermutung, daß die Differenzierung der Tätigkeiten, Berufspositionen und Statuschancen im Beschäftigungssystem aus den genannten Gründen eher steigt als abnimmt. Die Differenzierungen der Tätigkeiten und der sozialen Gratifikationen müssen dabei so beschaffen sein, daß sie zumindest spezifische Elemente der Erwartungen der Positionsinhaber befriedigen, um so nicht diese Erwartungen insgesamt zu verletzen. Die Zuordnungsprozesse zu den einzelnen Positionen müssen jedenfalls zugleich als Selektionsprozesse organisiert und von den betroffenen Aspiranten als legitim akzeptiert werden (Hartung/Nuthmann 1973, S. 108).

Dieser Sachverhalt stellt das Beschäftigungssystem vor erhebliche Probleme. Zwar kann es wegen der Expansion des Arbeitskräfteangebots relativ unabhängig von den tatsächlichen Veränderungen der Qualifikationsanforderungen bei seinem Nachfrageverhalten wählerischer werden, doch zugleich werden die Kriterien diffuser und komplexer, nach denen diese Wahl ablaufen soll. Ein Symptom dafür ist die Tatsache, daß bei Personalbewertungen, die ja das wesentliche Vehikel für die Zuweisung von Arbeitskräften zu bestimmten Berufspositionen sind, neben den vorgelegten Bildungszertifikaten und den eventuell bisher schon erbrachten tatsächlichen individuellen Arbeitsleistungen in erheblichem und wachsendem Maße auch Aspekte des allgemeinen Sozialverhaltens und soziale und kommunikative Fähigkeiten des Aspiranten berücksichtigt und genannt werden. Es liegt in der Natur dieser Kriterien, daß sie außerordentlich schwer zu handhaben und noch schwerer zu legitimieren sind.

Sachlicher Ausgangspunkt der Bewertungen können strenggenommen nur die Veränderungen der Qualifikationsanforderungen am Arbeitsplatz sein. Wie die bisherigen Erörterungen gezeigt haben, kommt es hier im Bereich prozeßabhängiger Qualifikationen auf das Vorhandensein instrumenteller (und kognitiver) Fähigkeiten und Fertigkeiten an, die sich durch einen hohen Allgemeinheitsgrad und dementsprechend durch leichte Transferierbarkeit von einer Arbeitsaufgabe zur anderen auszeichnen. Es werden bestimmte Meta-Fertigkeiten gefordert, die als Mobilität, Disponibilität, permanente Ausbildungsbereitschaft usw. bezeichnet werden können. Die Bewertungen können sich also im wesentlichen nur auf bestimmte «stoffliche Sockelqualifikationen» (Offe 1973) beziehen, die zur grundsätzlichen Kompetenz einer Arbeitskraft im industriell-bürokratischen Beschäftigungssystem gehören; die Dynamik der technologischen Entwicklung läßt nicht mehr zu, die konkreten stofflichen Qualifikationsvoraussetzungen nach Art und Menge konkret und genau anzugeben. Das Problem der Bewertungen wird weiter erschwert durch die an Bedeutung zunehmenden extrafunktionalen prozeßunabhängigen Qualifikationselemente, also die erwähnten allgemeinen Arbeitstugenden, Loyalitäten mit der Arbeitsorganisation, Einstellungen zum Arbeitsprozeß als Ganzem, politisch-normativen Attitüden usw.

Das Beschäftigungssystem kann sich also bei steigendem Angebot an formal ausreichend ausgebildeten Arbeitskräften eine verschärfte Selektion leisten, ist aber in bezug auf die Kriterien und Maßstäbe dieser Selektion in großen Schwierigkeiten. Im Bewertungsprozeß selbst werden die vollzogenen Bewertungen gegenüber den Bewerbern meist auf erreichte Bildungsabschlüsse und bereits erbrachte individuelle Arbeitsleistungen zurückgeführt, um eindeutig an als legitim geltende Standards anzuknüpfen. Doch dieses Verfahren wird zumindest dort problematisch, wo der Anteil extrafunktionaler Qualifikationselemente hoch ist und der oder die Bewerber diesen Sachverhalt genau kennen. Wenn die bisher angestellten Überlegungen stimmen, wird die Zahl der Berufspositionen steigen, bei denen sich diese Problematik stellt.

Das Beschäftigungssystem entwickelt naturgemäß Interessen, das hier skizzierte Problem nicht in eigener Regie lösen zu müssen, und versucht – über das politische System oder direkt – unterstützende Maßnahmen des Erziehungssystems zu erreichen. Es ergibt sich deshalb in unseren Gegenwartsgesellschaften ein doppelter Druck des ökonomischen Systems auf das Erziehungssystem: Es soll einmal auch bei genereller Anhebung des Qualifikationsniveaus und bei flexibler gewordenen Einsatzmöglichkeiten der zukünftigen Arbeitskräfte weiterhin Hierarchien von Ausbildungsgängen, Bildungsabschlüssen und Berufs-, Einkommens- und Prestigeerwartungen aufbauen und zum zweiten im selben Akt oder zusätzlich eine teilweise Vorweg-Legitimierung der zu erwartenden differentiellen Berufs-, Einkommens- und Prestigechancen leisten. Es soll diese Leistungen erbringen, indem – trotz der allgemeinen relativen Angleichung von Ausbildungs-,

Qualifikations- und Erwartungsniveau der zukünftigen Arbeitskräfte – schon innerhalb der Erziehungseinrichtungen auf diffizile Weise Differenzierungen nach Abschlüssen und Erwartungen vorgenommen werden, die die problematischen Kriterien und Maßstäbe der Selektion im Beschäftigungssystem ebenso vorwegnehmen, wie sie das Resultat der Selektionen antizipierbar machen sollen. Das Erziehungssystem soll in den berufsnahen Ausbildungszweigen zudem den Absolventen bewußtmachen, daß ihr Bildungsabschluß zwar eine relative, aber doch keine spezifische Statusgarantie bedeuten kann und sich aus dem Erreichen eines bestimmten Ausbildungsniveaus keine festen Ansprüche auf berufliche Positionen ableiten lassen (Nunner-Winckler 1971).

Wie in Abschnitt 2.1 bereits dargestellt wurde, lassen sich spezifische bildungspolitische Strategien erkennen, die versuchen, diese Anforderungen des ökonomischen Systems in den Fortgang der Entwicklung der Strukturen des Schul- und Hochschulwesens einzubeziehen. Gleichzeitig stehen alle – auch reformorientierte – bildungspolitischen Strategien unter dem Druck, einen weiteren in der obigen Diskussion genannten Sachverhalt zu berücksichtigen: die je nach Niveau des Ausbildungsgangs unterschiedliche Akzentuierung von Ausbildungs- und Qualifikationselementen, die für den extrafunktionalen Bereich von Bedeutung sind. Generell gilt für alle bestehenden Erziehungseinrichtungen: Je höher das angezielte Qualifikations- und damit Prestigeniveau eines Ausbildungsgangs ist, desto größer wird der relative Anteil direkt oder indirekt vermittelter extrafunktional bedeutsamer Ausbildungselemente auf Kosten der auf funktional-prozeßabhängige Dimensionen des Arbeitsprozesses abstellenden Elemente. Collins (1971) verweist auf eine Reihe empirischer Belege für die Bedeutung von Sozialisations- und Erziehungsprozessen zur Einübung in eine spezifische Statuskultur, in der bestimmte Werte, Motivationen, Verhaltensstile und Selbstdarstellungsfähigkeiten erlernt werden, die mit denjenigen übereinstimmen, die die Inhaber mehr oder weniger privilegierter beruflicher Positionen auszeichnen. Ein nach solchen Kriterien klar differenzierendes Erziehungssystem kann die problematischen Folgen der Anwendung unklarer Selektionsmaßstäbe im Beschäftigungssystem und die Schwierigkeiten ihrer Legitimierung besonders gut prophylaktisch auffangen: Die Repräsentanten des Beschäftigungssystems können sich auf die spezifischen sozialen und kulturellen Elemente und die einstellungs- und verhaltenswirksamen Sozialisationseffekte solcher nach Statuskriterien differenzierten Ausbildungsgänge im Falle von Neueinstellungen gewissermaßen blindlings verlassen und sind zudem nicht genötigt, getroffene Selektionen und Zuweisungen im einzelnen zu begründen.

Die Bedeutung solcher spezifischen sozialen und kulturellen Elemente der Ausbildung steigt in dem Maße, wie eine Übereinstimmung besteht zwischen derjenigen Statusgruppe einerseits, die in Verwaltungen und Unternehmen die Anstellungen vornimmt, und andererseits der Gruppe der

Lehrer und Hochschullehrer, die in eine bestimmte Statuskultur hineinsozialisiert. Sie ist im Bereich unterer und mittlerer Ausbildungs- und Beschäftigungshierarchien relativ klein; hier ist entsprechend die Disparität zwischen der Kultur des Anstellungspersonals und der der Lehrer relativ hoch. In diesem Bereich dürfte allerdings im Fall einer Auswahlentscheidung für einzustellendes Personal der Besitz solcher Eigenschaften von Ausschlag sein, die Respekt und Achtung für die Statuskultur der jeweiligen Elite erkennen lassen. Auf die Vermittlung solcher Eigenschaften im Erziehungssystem werden die Repräsentanten des Beschäftigungssystems folglich Wert legen. Da der Ausbildungsgang für diese Berufsgruppen aber traditionell vergleichsweise kurz ist und die entsprechenden Sozialisationseffekte entsprechend weniger stark in die Persönlichkeitsstruktur der Individuen übergehen, sind auch für das Beschäftigungssystem selbst noch Einflußmöglichkeiten in die erwünschte Richtung vorhanden.

Das Bildungswesen der Bundesrepublik Deutschland ist im Vergleich zu anderen westlichen Ländern insofern ein sehr offenes System, als von der formalen Struktur her nur wenige Einrichtungen existieren, die gezielt auf eine Übereinstimmung der Statuskultur zwischen Ausbildern und potentiellen Beschäftigern abstellen. Die Gesamtstruktur des Schul- und Hochschulwesens mit ihrer nach wie vor vorherrschenden deutlichen hierarchischen Gliederung (Hauptschule, Realschule, Gymnasium; Fachhochschule, Pädagogische Hochschule, Universität) wirkt aber weit nachhaltiger in die angedeutete Richtung. Außerdem lassen sich in jüngster Zeit im Hochschulbereich Tendenzen erkennen, die zur Herauslösung von Sondereinrichtungen führen, die in direkte Verbindung mit Teilen des Beschäftigungssystems gebracht werden. So haben Hirsch und Leibfried (1971) darauf aufmerksam gemacht, daß im Zuge der Bedeutungszunahme von Verwaltungsspezialisten in den öffentlichen und privaten Bürokratien die allgemeine universitäre Verwaltungsausbildung generell auf die Qualifikation mittlerer Kader unterschiedlichen Typs (Spezialisten, Generalisten) beschränkt wird und die Ausbildung des administrativen Spitzenmanagements auf private oder halbprivate «Führungsakademien» konzentriert wird. Während die staatlichen Universitäten also die notwendige Rekrutierungsbasis für die Heranbildung künftiger «Rezeptemacher» herstellen, soll in Form eines berufsbegleitenden Studiums an Spezialinstitutionen ein funktions- und praxisbezogenes und gegenüber den unkontrollierbaren Einflüssen unruhiger Universitäten abgeschirmtes Klima elitärer Führungsausbildung mit entsprechender Statuskultur-Orientierung geschaffen werden. In diesen Ausbildungsgängen können Sozialisationstechniken im Vordergrund stehen, die an der Erzeugung und Fixierung institutioneller Loyalitäten orientiert sind. Diese Konditionierung könnte um so wichtiger werden, je mehr es sich als notwendig erweist, administrative Führungskader außerhalb der herkömmlichen sozialen Schichten zu rekrutieren. Ähnliche Tendenzen können auch für die in

Aufbau befindlichen Sonderhochschulen der Bundeswehr ausgemacht werden.

Wahrscheinlich ist für den Einsatz hochqualifizierter Arbeitskräfte im öffentlichen Verwaltungs- und Dienstleistungsbereich die Bedeutung der extrafunktionalen Qualifikationsanforderungen besonders hoch. Da sich gleichzeitig im Zuge des erweiterten Funktionsbereichs des Staates in westlichen kapitalistischen Gesellschaften der Umfang der wissenschaftlich-technischen Intelligenz, der im Staatsapparat beschäftigt ist, stark ausdehnt, sind hier Konflikte unvermeidlich. Die Ministerialbürokratien mit ihren Planungs- und Organisationsstäben, die Forschungsinstitute an staatlichen Universitäten und anderen wissenschaftlichen Einrichtungen usw. absorbieren wachsende Anteile sozialwissenschaftlich und naturwissenschaftlich qualifizierter Intelligenz; der Bereich des Bildungswesens war schon seit jeher ein Sektor, der enorm große Anteile hochqualifizierter Arbeitskräfte aufnahm. Welche Konflikte sich angesichts der prekären Handlungsbedingungen des Staates und seiner Dienstleistungsinstitutionen beim Einsatz hochqualifizierten Personals auf der Ebene der extrafunktionalen und insbesondere politisch-normativen Qualifikationen ergeben, zeigt sich in der Bundesrepublik in der Debatte um den Einsatz «Radikaler» im öffentlichen Dienst.

Probleme der Ausbildung
Die bisherigen Erörterungen dieses Kapitels haben gezeigt, daß es völlig falsch wäre, in hochindustrialisierten Ländern von der Annahme einer gradlinigen Entsprechung zwischen Anforderungen des Beschäftigungssystems und Leistungen des Erziehungs- und Ausbildungssystems auszugehen. Denn wie gezeigt wurde, führen die formalen Bildungs- und Sozialisationsprozesse nicht direkt zur Herstellung derjenigen Qualifikationen, die im Beschäftigungssystem verlangt werden. Andererseits kann das Beschäftigungssystem nach wie vor keine genauen Vorhersagen über seine sich verändernden Anforderungsinteressen machen. Schon aus diesen Gründen kann man das Erziehungssystem nicht ausschließlich von der Funktion her verstehen, das Beschäftigungssystem gemäß bestimmten quantitativen und qualitativen Bedarfsanforderungen mit qualifizierten Arbeitsvermögen zu versorgen, wie das viele neomarxistische Theoretiker tun; eine Bildungspolitik, die sich darauf festlegen wollte, dem Erziehungssystem vorzuschreiben, genau die Menge und Art von Arbeitskraft zu erzeugen, die im Beschäftigungssystem zukünftig angefordert würde, die also rein nachfrageorientiert wäre, ist in westlichen Gesellschaften nicht denkbar.

Wie gezeigt wurde, ergibt sich für alle Bereiche des Beschäftigungssystems, insbesondere aber im Bereich des Einsatzes hochqualifizierter Arbeitskräfte, die Notwendigkeit, in verstärktem Maß entspezialisierte Qualifikationen nachzufragen. Die Absolventen des Erziehungssystems müssen jeweils mit relativ allgemeinen Sockelqualifikationen und mit einer unspezifischen Fähigkeit zur Anpassung an Veränderungen des Arbeitsmarktes sowie mit den dazugehörigen Arbeitstugenden und institutionellen Loyalitäten ausgestattet werden. In den jeweiligen Organisationen des Beschäftigungssystems müssen sie anschließend für ihre einzelnen Tätigkeiten noch spezialisiert werden. Bei sich wandelnden Arbeitsaufgaben und Tätigkeiten innerhalb der Organisation müssen bei längerem beruflichem Einsatz darüber hinaus Qualifikationen umspezialisiert und umgeschult werden. Die vom Erziehungssystem angebotenen Qualifikationen sind also gewissermaßen zugleich defizitär, denn sie reichen nicht aus, um die Anforderungen am Arbeitsplatz vollständig zu erfüllen, als auch überschießend, denn das von ihnen mitgebrachte Ausbildungspotential wird nur zu einem Teil für die Erfüllung beruflicher Funktionen eingesetzt (Armbruster u. a. 1971, S. 35). Die im Erziehungssystem vermittelten Qualifikationen und Verhaltensweisen werden demnach partiell irrelevant für die endgültige Zuordnung zu Berufspositionen. Die Konsequenzen:

«Aufgrund der Entspezialisierung werden sowohl die Ausbildungsentscheidungen als auch die beruflichen Erwartungen abstrakter und inspezifischer. Berufliche Erwartungen beziehen sich dann weniger auf konkrete Tätigkeiten, sondern mehr auf generelle Berufsbereiche und Tätigkeitsbereiche in einzelnen Funktionsbereichen von Organisationen. Die sinnhafte Vermittlung später auszuübender Tätigkeiten und der spezifischen Anforderungen von Berufsrollen gelingt nur an mehr oder weniger zufälligen oder typischen Beispielen» (Hartung/Nuthmann 1973, S. 126).

Es muß also nach neuen Lösungen für die Gestaltung der Ausbildungsprogramme im berufsqualifizierenden Bereich gesucht werden. Ich will zum Abschluß dieses Kapitels kurz skizzieren, wie solche langfristigen Lösungen aussehen könnten, und werde mich dabei wieder schwerpunktmäßig auf die Situation in der BRD beziehen.

Im Bereich *durchschnittlich qualifizierender* beruflicher Ausbildungsgänge herrscht in der Bundesrepublik zur Zeit das sogenannte duale System vor, nach dem die Ausbildung institutional getrennt in Schule und Betrieb erfolgt. Die anteilsmäßig überwiegende berufspraktische Ausbildung wird vornehmlich im Betrieb, die berufstheoretische Ausbildung überwiegend von der als Pflichtschule konzipierten Berufsschule vermittelt. An der Grundlinie dieser Konzeption soll nach dem Willen der wichtigsten Reformkonzeptionen festgehalten werden, wenn auch die Abstimmung und Gewichtung von theoretischer und praktischer Ausbildung revidiert und die Qualität der Gesamtausbildung erheblich verbessert werden sollen. Außerdem zeichnet sich langfristig, gegen den aktuellen Widerstand der zur Zeit federführenden Handwerks- und Industriekammern, eine Verlagerung der Ablaufsteuerung der gesamten beruflichen Ausbildung auf staatliche Instanzen ab.

Die schlüssigsten Konsequenzen aus der sich abzeichnenden Wandlung der Qualifikationsanforderungen in durchschnittlich qualifizierten Arbeitsbereichen werden in der Konzeption der beruflichen Stufenausbildung gezogen. Ausgangspunkt der Überlegungen ist die Erkenntnis, daß infolge der Anforderungen an die einzelne Arbeitskraft in vielen Ausbildungsberufen gleiche oder verwandte Grundfertigkeiten und -kenntnisse vermittelt werden können. In einer gestuften Berufsausbildung soll deshalb in einer Grundstufe für eine größere Zahl von Berufen eine gemeinsame allgemeine theoretische Grundausbildung, in einer Kernstufe eine abschließende fachliche Grundausbildung für mehrere Berufe und in einer Aufbaustufe eine spezifische Ausbildung für einen bestimmten Beruf vermittelt werden. Mit jeder Stufe wird die Ausbildung praxisnäher; nach jeder Phase soll sie mit einem vollwertigen Berufsabschluß entsprechend der unterschiedlichen Begabungen und Interessen der Jugendlichen beendet werden können, und zwar als Betriebswerker oder -helfer nach der ersten Stufe, qualifizierter Arbeiter nach der zweiten Stufe und Spezialfacharbeiter, qualifizierter Techniker oder technischer Angestellter nach der dritten Stufe (Hegelheimer 1972, S. 68 f.). Über die genaue Gestaltung der Stufenausbildung im einzelnen gibt es allerdings zahlreiche widersprüchliche Konzeptionen. Auch ist grundsätzlich umstritten, wie groß der Grad der organisatorischen und curricularen Verzahnung mit studienorientierten weiterführenden Bildungsgängen sein soll. Im Modell der integrierten Sekundarstufe («Kollegstufe») wird der bisher weitgehendste und konsequenteste Versuch einer solchen Verzahnung vorgenommen. Die Kollegstufe wird dabei als die logisch konsequente Oberstufe einer Gesamtschule verstanden (Kollegstufe NW 1972).

Alle diese Konzeptionen, die sich im Planungs- und Erprobungsstadium befinden, ziehen auf verhältnismäßig einheitliche Weise Schlüsse aus der Tatsache, daß bisher jeder Versuch der formalen Verknüpfung der Entwicklungstendenzen wirtschaftlichen Wachstums und seiner Auswirkungen im Beschäftigungssystem einerseits und des Ausstoßes des Ausbildungssystems andererseits gescheitert ist. Da ein Bedarf des Beschäftigungssystems nicht rechtzeitig in seiner Einzelstruktur antizipiert werden kann und dadurch die unbedingt notwendigen Vorlauffristen für Ausbildung oder Umschulung oder Umsetzung von Arbeitskräften nicht verfügbar sind, haben neben der genannten auch andere umfassende Alternativkonzeptionen berufsrelevanter Schulungsprozesse an Boden gewonnen. Am Zentrum für Bildungsforschung und -innovation der OECD ist z. B. die Konzeption entwickelt worden, im Anschluß an die Schulpflichtphase Ausbildung und Praxis im periodischen Wechsel ablaufen zu lassen. Dieses Modell ist als «recurrent education» bekannt geworden; sein wesentliches Charakteristikum ist die Streuung der Ausbildung über die gesamte Lebensdauer des Individuums, und zwar in periodischem Wechsel, d. h. alternierend mit anderen Formen der Aktivität, hauptsächlich mit Berufsarbeit, aber auch mit Freizeit und Ruhestand. Eine in dieser Weise neugestaltete Oberstufe der Sekundarschulen, der berufsbegleitenden Aus- und Weiterbildungsinstitutionen und der Erwachsenenbildung soll für ein besseres Angebot an Arbeitskräften sorgen, das sich rascher an die Bedürfnisse des Arbeitsmarktes nach qualifiziertem Personal und größerer beruflicher Mobilität anpassen könnte (OECD 1974).

Die Grundidee dieser Konzeption knüpft, ohne das ausdrücklich zu erwähnen, an das «System halber Arbeit und halber Schule» an, das Marx (1966, S. 507) als prototypisch für die «Erziehung der Zukunft» in der «nachrevolutionären» Phase der Entwicklung industrieller Gesellschaften bezeichnet hat. Dieses Modell der direkten oder indirekten Verbindung von produktiver Arbeit und (Aus-)Bildung wird in den letzten Jahrzehnten in den osteuropäischen Staaten bereits mit einem gewissen Erfolg praktiziert. Ein schnelles Vordringen dieser Konzeption kann aus gesellschaftlichen Gründen in westlichen Industrieländern nicht erwartet werden. Bezeichnenderweise geht das Gutachterteam der OECD auch davon aus, rein technologische Entwicklungen würden diese Reformkonzeption über kurz oder lang praktisch «erzwingen». Gleichsam als Nebenprodukt dieser Entwicklung erhofft man sich größere Entfaltungsspielräume für die Bedürfnisse und Interessen jedes einzelnen Auszubildenden und Arbeitenden. Die prekären politischen Durchsetzungschancen eines solchen Modells in westlichen kapitalistischen Gesellschaften werden auf diese Weise übersehen bzw. verschleiert.

Auch im Bereich *hochqualifizierender* Ausbildungsgänge hat die Erkenntnis einer mangelnden direkten Entsprechung von Bildungs- und Qualifikationsstrukturen die Entwicklung von Planungskonzeptionen begünstigt, die dieses Problem durch eine Lockerung der traditionellen Strukturen des Hochschulwesens lösen wollen. Die meisten dieser Vorschläge laufen auf die Einrichtung der integrierten Gesamthochschule hinaus, die einen organisatorischen Rahmen für stärker aufeinander aufbauende und miteinander abgestimmte Ausbildungsgänge für hochqualifizierte Arbeitskräfte bereitstellen soll (E. v. Weizsäcker u. a. 1970). Die Idee der «recurrent education» wird auf diesen Bereich übertragen, indem man vorschlägt, die durchschnittliche Dauer der Erstausbildung generell zu verkürzen, um weiterführende Bildungsprozesse dann in spätere Phasen der Ausbildung zu verlagern. Mittels solcher Konzeptionen sollen die Hochschulen von der Detailplanung ihrer Ausbildungsgänge entlastet werden und zugleich auch den quantitativen Ansturm der Studenten bewältigen können.[8]

8 Es fehlt in der Diskussion nicht an einigen esoterischen Konzeptionen, die von jeweils unterschiedlichen dogmatischen wissenschaftspolitischen Positionen ausgehen. So hat C. C. v. Weizsäcker (1971) den Vorschlag gemacht, das Hochschulwesen aus dem administrativ-politischen Rahmen staatlicher Bildungsplanung herauszunehmen und es marktwirtschaftlich zu organisieren. Er macht diesen Vorschlag, verbunden mit der Idee, die Bildungsfinanzierung in der Weise zu reprivatisieren, daß die Lernenden später zurückzuzahlende öffentliche Kredite als Gutscheine erhalten, mit denen sie die Teilnahme an verschiedenen Bildungsprozessen vorweg selbst finanzieren müssen. Er erwartet sich von diesem

Fazit

Die Analyse in diesem Kapitel hat der bereits erörterten Interdependenzbeziehung des Erziehungssystems mit dem politischen System diejenige mit dem ökonomischen System hinzugefügt. Veränderungen in diesen beiden Systemen stellen das Erziehungssystem vor neue Funktionsanforderungen: Während das politische System des Erziehungssystems in steigendem Maße zur Aufrechterhaltung und Stabilisierung der legitimatorischen Grundlagen seiner umfassender werdenden Steuerungs- und Konfliktvermeidungsaufgaben bedarf, ist das ökonomische System als Beschäftigungssystem auf den sich flexibel an veränderte Qualifikationsanforderungen anpassenden Ausstoß des Erziehungssystems angewiesen. Die Wandlungen der Qualifikationsanforderungen im Bereich durchschnittlich und hoch qualifizierter Arbeitsvollzüge lassen auf die Notwendigkeit schließen, im Ausbildungsprozeß verstärkt auf die Vermittlung genereller stofflicher Sockelqualifikationen zu achten, auf die dann potentiell veränderbare fachliche Spezialqualifikationen aufbauen können. Tendenziell zeigen sich in allen Qualifikationsbereichen, besonders stark aber im Bereich hochqualifizierter Arbeitsvollzüge, solche Veränderungen von Arbeitsorganisation und Berufsrollenzuschnitt, die den extrafunktionalen, prozeßunabhängigen Qualifikationselementen von regulativen Normen bis hin zu normativ-politischen Einstellungen wachsende Bedeutung zukommen lassen.

Da wegen der Strukturprobleme der Bildungspolitik und Bildungsplanung und des daraus resultierenden politischen und methodischen Prognosedefizits keine Punkt-für-Punkt-Entsprechung von Bildungs- und Qualifikationsprofilen über eine politische Steuerung des Erziehungssystems konstituiert werden kann, kommt es nur zu partiell angemessenen Reaktionen

---

Modell eine marktwirtschaftlich regulierte Anpassung der Bildungsprozesse an die jeweiligen kurzfristig auftretenden Qualifikationsanforderungen des Arbeitsmarktes. Bei diesem Modell wird allerdings der fortgeschrittene Grad der Vergesellschaftung und staatlichen Kontrolle des Erziehungssystems übersehen, der nicht durch willkürliche politische Entscheidungen entstanden ist und sich auch nicht durch solche zurückdrängen läßt. Die Idee, die Abstimmungsprozesse zwischen Erziehungs- und Beschäftigungssystem in ein tauschwirtschaftliches Modell traditioneller Prägung hineinzuzwängen, muß deshalb als illusorisch angesehen werden.

Jantsch (1972, S. 200 ff.) hat eine extrem planifikatorische Konzeption für ein «Wissenschafts-Erziehungs-Innovations-Modell» vorgelegt. Universitäts- und Wissenschaftssysteme sollen demnach entsprechend den Anforderungen der industriell-technologischen Entwicklung in ein hierarchisch gegliedertes, ineinandergreifendes Modell von soziotechnologischen Systemlaboratorien und funktionsorientierten und disziplinorientierten Wissenschaftsabteilungen einbezogen werden. Die Absolventen sollen dieses hierarchische System nach einem festen Stufenplan durchlaufen. Bei diesem Modell wird die Möglichkeit der umfassend-zweckvoll geplanten Ausbildung und Zuweisung hochqualifizierter Arbeitskräfte unter den Funktionsbedingungen westlicher Industrieländer falsch eingeschätzt, ganz davon abgesehen, daß ein solches technokratisch-totalitär geplantes Modell bildungs- und gesellschaftspolitisch inakzeptabel ist.

des Erziehungssystems auf die veränderten Funktionsanforderungen der anderen gesellschaftlichen Teilsysteme. Tendenziell zeichnet sich eine generelle quantitative Zunahme formaler Bildungs- und Ausbildungsprozesse bei allgemeiner Expansion des Bildungswesens ab, wobei im berufsqualifizierenden Bereich eine Entspezialisierung der Grundausbildungen bei gleichzeitig zunehmender oft exemplarisch konstruierter Anspezialisierung in den Endphasen der berufsbezogenen Ausbildung zu erkennen ist. Die Produktion quantitativ und qualitativ überschießender Qualifikationen ist dabei – vor allem im hochqualifizierenden Bereich – nicht zu umgehen. Die Folge sind komplexere Abstimmungsprozesse zwischen Beschäftigungs- und Erziehungssystem, die zu einer tendenziellen Auflockerung der traditionell starren Mechanismen und Strategien der Aufnahme und Verwendung dieser Arbeitskräfte führen.

Durch die geschilderten Entwicklungsprozesse kommt es zu einer relativen Autonomisierung des Erziehungssystems gegenüber dem ökonomischen Beschäftigungssystem. Durch an Intensität und Umfang zunehmende Eingriffe in Systemabläufe des Erziehungssystems versucht das politisch-administrative System, eventuell konfliktträchtige Reibungsverluste dieses Abstimmungsprozesses aufzufangen. Die Einbeziehung des Erziehungssystems in die Aufgaben der Vermeidung wirtschaftlicher und damit politischer und sozialer Krisen bietet sich deshalb an, weil das Erziehungssystem die zukünftigen Arbeitskräfte ja nicht nur mit bestimmten instrumentellen und kognitiven Fähigkeiten ausstattet, sondern auch die Lern- und Anpassungsfähigkeit vorbereitet, die es erlaubt, sich über Veränderungen der Arbeitsplatz- und Berufsstruktur hinaus am Arbeitsmarkt zu halten. Außerdem erfüllt das Erziehungssystem objektiv die Funktion, Einstellungen und Verhaltensdispositionen aufzubauen, die den vorherrschenden Ordnungsvorstellungen in Wirtschaft und Politik entsprechen.

Hinzu kommt ein in unseren Gesellschaften zunehmend an Bedeutung gewinnender Aspekt: Das Erziehungssystem wird faktisch zu einem Instrument der (prophylaktischen) Beschäftigungspolitik, auf die das politisch-administrative System zumindest potentiell zurückgreifen kann (Offe 1973). Durch verlängerte formale Bildung und durch Einschalten von Bildungsprozessen in den Vorgang der Umorientierung von einem Arbeitsplatz zum anderen dient das Erziehungssystem dazu, Arbeitskraft zu binden, die aufgrund technologischer und ökonomisch-organisatorischer Umstellungen nicht oder nicht mehr in dem gewohnten Umfang eingesetzt werden kann. Das Problem der sozialen Absicherung wirtschaftlich (vorübergehend) brauchbar gewordener Arbeitskraft kann außer durch sozialpolitisch geregelte Einkommenshilfen und Strukturmaßnahmen (Arbeitslosengeld, Festlegung der Altersgrenze und der Arbeitszeit, Steuerung externer Ströme von Arbeitskräften wie Gastarbeitern usw.) auch durch bestimmte Strukturmaßnahmen im Erziehungssystem angegangen werden. In den USA ist bereits zu beobachten, wie sehr das Erziehungssystem unter den Bedingungen allgemeiner Unterbeschäftigung und Diskriminierung bestimmter Bevölkerungsgruppen objektiv als ein zusätzlicher Arbeitsmarktregler eingesetzt wird, indem es überschüssige Arbeitskräfte zumindest für eine bestimmte Zeitspanne absorbiert und außerhalb des Arbeitsmarktes mit materiellen Lebenschancen versorgt.[9] Wir haben es hier mit einer Funktionserweiterung des Erziehungssystems zu tun, die sich nur aus dem veränderten Interdependenzverhältnis von politischem, ökonomischem und Erziehungssystem unter den konkreten soziohistorischen Strukturbedingungen westlicher Gesellschaften erklären läßt.

2.3 Erziehungssystem und Sozialstruktur

Den Abschluß der im engeren Sinne gesellschaftstheoretischen Analyse des Erziehungssystems in industriellen westlichen Gesellschaften soll eine Untersuchung der Beziehungen zwischen Sozialstruktur und Erziehungssystem bilden. Ich verstehe dabei unter Sozialstruktur die Struktur makrosozialer Differenzierung nach Schichten und Klassen, die zugleich Produkt wie Substrat des Zusammenspiels der zentralen gesellschaftlichen Teilsysteme und ihrer gesamtgesellschaftlichen Funktionen ist. Der Abgrenzung des Gegenstandsbereichs dieser Arbeit entsprechend interessieren in diesem Kapitel Einflüsse und Einwirkungen der Sozialstruktur auf Strukturen und Prozesse der Sozialisation einerseits, Funktionen des Erziehungssystems für die Produktion oder Reproduktion der Sozialstruktur andererseits sowie natürlich auch die dialektischen Bezüge zwischen diesen beiden Vorgängen.

Die westliche Soziologie verfügt über keine einheitliche und allgemein akzeptierte Theorie sozialer Klassen und Schichten. Gemeinsamer Zug fast aller Theorieansätze ist aber die Auseinandersetzung mit der Klassentheorie von Karl Marx, die mehr oder weniger kritisch diskutiert und analysiert und in der Regel als für die Gegenwartsgesellschaften nur noch partiell oder überhaupt nicht mehr gültig klassifiziert wird.

Marx selbst hat keine gesonderte Klassentheorie geschrieben. Alle seine Arbeiten enthalten aber implizit eine solche Theorie, die aus dem Zusammenhang der dort entwickelten Gesellschaftstheorie und der Kritik der

---

9 Man muß bedenken, daß nur fast 50 % der Bevölkerung im «Aktivalter» über 16 Jahre in westlichen Gesellschaften auch tatsächlich erwerbstätig sind. Die größten Gruppen der nicht erwerbstätigen Erwerbsfähigen werden durch (Haus-)Frauen und durch Schüler und Studenten gestellt; weitere Gruppen bilden Arbeitslose, Umschüler, Wohlfahrtsempfänger, Rentner usw. Offe (1972, S. 41 ff.) stellt die These auf, im Zuge der weiteren gesellschaftlichen Entwicklung werde der Anteil nichtökonomischer, nicht unmittelbar tauschbestimmter Vergesellschaftungsformen u. a. wegen der Bedeutungszunahme politisch-administrativer Konfliktvermeidungsstrategien in kapitalistischen Industrieländern noch größer werden.

politischen Ökonomie herauskristallisiert und rekonstruiert werden muß (Mauke 1970). Marx führt die entscheidenden Strukturen gesellschaftlicher Ungleichheit auf die Organisation des Produktionsprozesses zurück; diese ist für ihn die alleinige und ausschlaggebende Basis für die Struktur sozialer Schichten und Klassen und ihre Beziehungen untereinander und zueinander. Der «juristische Ausdruck» der Organisation der Produktionsverhältnisse sind die Eigentumsverhältnisse. Die sozialen Klassen sind für Marx deshalb nach der Natur ihrer Eigentumsverhältnisse an den Produktionsmitteln definiert. Da es nur Besitz und Nichtbesitz gibt, kann es für ihn auch nur zwei Klassen geben: Bourgeoisie und Proletariat. In diesen für die bürgerliche Gesellschaft kennzeichnenden Klassen treten sich gesellschaftliche Arbeit und private Aneignung gegenüber. Die Existenz einer Klasse wird durch das Verhältnis zur gesellschaftlichen Arbeitsteilung, zu den gesellschaftlichen Produktionsbedingungen und damit zum gesellschaftlichen Mehrwert und Mehrprodukt konstituiert. Marx kam es auf eine sehr grundsätzliche Fassung des Klassenbegriffs an – eine vordergründige Bestimmung nach «oberflächlichen» Kriterien hat er verworfen. Bestehende Differenzierungen innerhalb der beiden großen Klassen werden erwähnt und analysiert, aber als für die wissenschaftlich-systematische und die politische Aussage sekundär angesehen (vgl. Das Kapital, Bd. I, S. 684 ff., Bd. III, S. 892 ff.).

2.3.1 Die sozialstrukturelle Determination von Sozialisationsprozessen

Marx hatte zugleich wissenschaftlich-analytische Absichten wie politisch-aktionistische Interessen, als er seine Gesellschafts- und Klassentheorie entwickelte. Beide Aspekte waren für ihn immer untrennbar verbunden. An beiden Dimensionen hat die moderne westliche Soziologie, insbesondere auch die differentielle Sozialisationstheorie, ihre Kritik angesetzt: Die analytischen Kategorien werden als unzureichend angesehen, um die tatsächliche Struktur sozialer Ungleichheit und ihre Folgen für Einstellungen und Verhaltensdispositionen einzelner in industriellen Gesellschaften exakt abzubilden; die Aussagen und Annahmen über Bedingungen politisch wirksamer Klassenorganisation und darauf basierende revolutionäre Aktionen werden als unzutreffend bezeichnet. Der einflußreichste Marx-Kritiker und Mitbegründer der modernen westlichen Soziologie, Max Weber, hat als einer der ersten den «Reduktionismus» dieses Ansatzes angeprangert: das Zurückführen von Klassen- und Schichtenstrukturen ausschließlich auf die ökonomische Dimension. Er hat der These widersprochen, die objektiv gleiche ökonomische Lage der abhängig Beschäftigten könne unter den wenigen von Marx genannten Zusatzbedingungen ein ausreichendes Maß an politischem Handlungspotential schaffen. In Auseinandersetzung mit

Marx' Theorie hat Weber die Konzeption vorgezeichnet, die sich in der Folgezeit in der soziologischen Theorie und Forschung und insbesondere auch in der Sozialisations- und Bildungsforschung weitgehend durchgesetzt hat: Die Struktur gesellschaftlicher Ungleichheit soll mehrdimensional bestimmt werden. Die ökonomische Dimension wird für eine zwar wesentliche, meist sogar für die dominante, aber nicht für die ausschließliche gehalten. Die Klassenzugehörigkeit (oder «Klassenlage», wie Weber sagt) wird nicht mehr wie bei Marx als Determinante der Basisrolle eines jeden Gesellschaftsmitglieds angesehen, die als objektives Faktum und als objektive geschichtliche Realität hingenommen werden müsse, die sämtliche anderen sozialen Bezüge festlegt. Die «Klassenlage» als die «typische Chance der Güterversorgung, der äußeren Lebensstellung, des inneren Lebensschicksals» einer Vielzahl von Personen wird als eine rein analytische Kategorie verstanden (Weber 1964, S. 223 f.). Als weitere etwa gleichgewichtige Konstituenten für die Identifizierung einer objektiv sozial homogenen Gruppe werden Einkommensquelle und Sozialprestige sowie der damit eng zusammenhängende soziokulturelle Lebensstil einschließlich des Ausbildungsniveaus genannt. Solche Faktoren können nach Auffassung dieser modernen Schichtentheorie mit der nur die wirtschaftlich-materielle Dimension berücksichtigenden «Klassenlage» durchaus interferieren.[10]

Es wird von der Schichtentheorie nicht in Frage gestellt, daß wir es in

---

10 Die Relativierungen und Korrekturen des Marxschen Ansatzes sind nicht nur von «bürgerlichen» Soziologen vorgenommen worden. Auch marxistischen Soziologen ist heute deutlich, wie sehr Marx die «sozial-gestalterische» Kraft der unterschiedlichen Einkommensquellen (vor allem für die Gruppen der Arbeiter, Angestellten und Beamten) in seinen prognostischen Aussagen übersehen hat (Hinweise bei Mauke 1970). Das gemeinsame Kriterium der Lohnabhängigkeit und das seiner Natur nach gleiche Eigentumsverhältnis zu den Produktionsmitteln haben sich sowohl für die wissenschaftliche Analyse als auch für die politische Auseinandersetzung als weniger einheitsstiftende Kriterien erwiesen, als von Marx angenommen (Bendix 1974). Seine spezifische Fassung des Begriffs der «produktiven Arbeit» hat sicherlich dazu beigetragen, diese Sachverhalte nicht richtig abzuschätzen; denn nach dieser Begrifflichkeit leistet der größte Teil der im öffentlich oder privat verfaßten Dienstleistungssektor beschäftigten Angestellten und Beamten zwar notwendige, aber doch «unproduktive», nicht mehrwertschaffende Arbeit. Der Produktions- und Reproduktionsprozeß moderner Industriegesellschaften beruht aber nicht allein auf der im engen Sinne mehrwertschaffenden Tätigkeit der Arbeiter; vielmehr organisiert sich der Verwertungsprozeß des Kapitals zunehmend durch administrative, verteilende und planende Steuerungsleistungen, die aus der eigentlichen Warenproduktion herausgenommen sind (Offe 1972, S. 49 f.). Es gehört zu den Eigenarten nicht nur westlicher Industriegesellschaften, die in diesen Tätigkeitsbereichen abhängig Beschäftigten nicht nur mit höheren materiellen, sondern auch mit höheren immateriellen Gratifikationen (öffentliches Ansehen, Sozialprestige) auszustatten. Diese Unterschiede können nicht als «Oberflächenphänomene» abgetan werden.

westlichen Industriegesellschaften, folgt man der Definition von Marx, nach wie vor mit «Klassengesellschaften» zu tun haben: Die Struktur der Eigentumsverhältnisse an den Produktionsmitteln ist unverändert, wenn auch die gegenwärtig erreichte Phase der Entwicklung kapitalistischer Gesellschaften durch neue Organisationsformen der Verwertung des Kapitals gekennzeichnet ist. Privates Eigentum und private Verfügungsgewalt über Produktionsmittel existieren weiter, wenn sie auch in einigen wirtschaftlichen Bereichen (z. B. den Infrastrukturbereichen) durch gemeinwirtschaftliche Prinzipien und gesellschaftlich kontrollierte Planungsprozesse zunehmend überlagert oder sogar verdrängt werden. Auch an der Tatsache der Steuerung der wichtigsten Bereiche des Wirtschaftsprozesses durch abstrakte Interessen der «Selbstverwertung» des Kapitals hat sich nichts verändert; nicht die konkreten, wie auch immer gesellschaftlich vermittelten Bedürfnisse der Menschen sind Kriterien für Steuerungsprozesse, sondern Umsatz-, Gewinn- und Produktionssteigerung.

Doch trotz dieser Sachverhalte ist die theoretisch zutreffende Klassifizierung unserer Gesellschaften als «Klassengesellschaften» für eine realsoziologische und gesellschaftspolitisch sensible Theorie der Gesellschaft ziemlich wertlos. Denn die wirklichen Unterschiede in den materiellen und immateriellen Lebensbedingungen, zumal diejenigen, die Strukturen und Prozesse des Sozialisations- und Erziehungsprozesses determinieren, werden durch diese Begriffskonstruktion nicht präzise und vollständig erfaßt. Das zeigt z. B. in besonders plastischer Weise ein Blick in die offizielle Beschäftigten- und Einkommensstatistik. Sie folgt praktisch der «Klassenlinie», denn sie unterscheidet nach wie vor zwischen Einkommen aus «selbständiger» und aus «unselbständiger» Arbeit. Bekanntlich wird der Anteil derjenigen Erwerbstätigen, die Löhne oder Gehälter bekommen, gegenüber denen ständig größer, die Einkommen aus eigener Unternehmertätigkeit beziehen. In der BRD liegt die Relation jetzt bei 16 % «Selbständigen» zu 84 % «Unselbständigen», nämlich zusammen rund 46 % Arbeitern, 32 % Angestellten und 6 % Beamten (Statistisches Jahrbuch 1972, S. 123). So korrekt diese Kategorisierung auch das Verhältnis zu den Produktionsmitteln widerspiegelt, so wenig ist sie in der Lage, die reale Struktur sozialer Ungleichheit in unserer Gesellschaft zutreffend abzubilden. Die beiden gesellschaftlichen Lager, die sich auf die beschriebene Weise abgrenzen lassen, sind in sich völlig heterogen: Sie reichen vom Hilfsarbeiter bis zum Topmanager auf der einen und vom kleinen Geschäftsinhaber bis zum Großkapitalisten auf der anderen Seite, sie umspannen jeweils eine große Bandbreite materieller und immaterieller Arbeits- und Lebensbedingungen und determinieren jeweils sehr unterschiedliche Sozialisations- und Erziehungsvorgänge.[11]

---

11 Außerdem bilden sie auch nicht zuverlässig – was für Marx ja eine zentrale Rolle spielte – die politische Machtstruktur unserer Gesellschaften ab. Diese fiel zur Zeit des

Aus diesen Gründen ist die Stellung in der Eigentumsstruktur der Produktionsverhältnisse im modernen kapitalistischen Wohlfahrtsstaat nicht mehr die alleinige Bedingung für die Verteilung gesellschaftlicher Lebenschancen und die dadurch bestimmten Verhaltensweisen und Einstellungen. Durch sozialpolitische Sicherungsmaßnahmen, gesellschaftspolitisch motivierte Umverteilungsverfahren und diverse Krisenvermeidungs- und -bewältigungsstrategien wird der Klassenkonflikt überlagert und aus dem Bewußtsein breiter Schichten der Bevölkerung verdrängt. (Das liegt nicht zuletzt auch daran, daß einem zunehmenden Anteil von Mängelerscheinungen des gesellschaftlichen Systems die Angehörigen aller sozialen Klassen ausgesetzt sind; die Befriedigungschancen für kollektiv und individuell wichtige Bedürfnisse wie physische und soziale Sicherheit, Gesundheit, geschützte Umwelt, Bildung usw. sind im Vergleich zur Befriedigung reiner Konsumbedürfnisse nicht mehr ausschließlich klassenspezifisch verteilt, auch wenn signifikant unterschiedliche Möglichkeiten zur direkten und kompensatorischen Befriedigung weiterbestehen; vgl. Bergmann u. a. 1969.) In der modernen soziologischen Forschung und insbesondere auch in der Sozialisations- und Bildungsforschung ist deshalb die Schichtentheorie an die Stelle der Klassentheorie getreten. Sie läßt die besagte analytisch-mehrdimensionale Erfassung der Sozialstruktur zu. Dabei spielt die wirtschaftliche Dimension die ausschlaggebende Rolle: Die Stellung des einzelnen im Beschäftigungssystem, die Art der Arbeitsbedingungen sowie Form und Höhe seines Einkommens und seines Vermögens sind – wie inzwischen zahlreiche empirische Erhebungen bestätigen konnten – dominante Kriterien für Lebensbedingungen und Einstellungs- und Verhaltensmuster.

Der Schichtbegriff hat sich in der sozialwissenschaftlichen Forschung und insbesondere auch in der Sozialisationsforschung vor allem deshalb so deutlich durchgesetzt, weil er differenzierte Operationalisierungen für empirische Zugriffe möglich macht. Mit seiner Hilfe ist es gelungen, soziale Gruppen zu identifizieren, die eine ähnliche oder gleiche Position auf einer oder mehreren Dimensionen der Struktur sozialer Ungleichheit einnehmen. Die meisten vorliegenden Ergebnisse der empirischen Erforschung der Schichtstruktur sprechen dafür, von einer sozialen Hierarchie von drei

---

Liberalkapitalismus mit der Grenze zwischen Eigentum und Nichteigentum an den Produktionsmitteln noch weitgehend zusammen. Durch die Wandlungen der Organisationsstruktur des kapitalistischen Verwertungsprozesses und die damit verknüpften Wandlungen der Arbeits- und Einkommensformen kann davon nur noch begrenzt die Rede sein. Nicht mehr eine deutlich abgrenzbare herrschende Klasse in der Definition, wie wir sie bei Marx kennengelernt haben, bestimmt souverän und unangefochten in Wirtschaft und Politik; vielmehr gehen in sich ambivalente Steuerungsimpulse von nur noch teilweise personifizierbaren und nur teilweise personell identischen Funktionseliten aus, die einerseits verselbständigten Prinzipien privatwirtschaftlicher Kapitalverwertung und andererseits komplexen Anforderungen der Bewältigung politisch-gesellschaftlicher Stabilitätskrisen gegenüberstehen.

großen sozialen Schichten auszugehen: Einer Unterschicht, die in sich nach erwerbslosen, unqualifizierten und qualifizierten Arbeitern unterteilt werden kann, einer Mittelschicht aus hochqualifizierten Arbeitern, dem Gros der Angestellten und Beamten und den «kleinen» Selbständigen und einer Oberschicht aus Angestellten und Beamten in Spitzenpositionen und «großen» Selbständigen und Vermögensbesitzern (Bolte u. a. 1974). Diese Kategorisierung erweist sich in bezug auf die zentralen Schichtindikatoren «Berufsgruppenzugehörigkeit», «Einkommensform und -höhe», «Ausbildungsniveau», «Sozialprestige» usw. als weitgehend deckungsgleich.

Bei der Arbeit mit dem Schichtbegriff und dem Verfahren der Schichtbestimmung stellen sich einige heikle Probleme. So sind etwa die Grenzen zwischen den einzelnen Schichten prinzipiell fließend und können deshalb forschungstechnisch leicht manipuliert werden. Zum Beispiel differenzieren sich mit steigendem Mechanisierungsgrad und zunehmender Automatisierung in wichtigen Produktionsbereichen sowie mit rationellerer Organisation und Technisierung auch im Verwaltungs- und Bürobetrieb die Arbeiter- und Angestelltentätigkeiten und gleichen sich in einigen Teilbereichen stark an. Das macht die Zuordnung zur Unter- oder Mittelschicht bei einigen Berufsgruppen zunehmend schwieriger; sie wird erst wieder deutlicher, wenn man auf die durchschnittlichen Differenzen zwischen Arbeitern und Angestellten im rechtlichen Bereich (Sozialversicherung, Arbeits- und Tarifvertragsrecht), nach der Entlohnungsart sowie nach Funktions- und Statusunterschieden innerhalb der betrieblichen Organisation blickt (Osterland u. a. 1973). Außerdem ergeben sich auch erhebliche Zuordnungsprobleme innerhalb einzelner Schichten. Besonders ungünstig ist weiterhin, daß Schichtbegriff und Schichtmessung auf die vertikalen Differenzen zwischen sozialen Gruppen fixiert sind und die angesprochenen horizontalen Disparitäten zwischen verschiedenen Lebensbereichen nicht ausreichend erfassen.

Trotz dieser und anderer Bedenken und Einwände kommt dem Schichtbegriff in der Sozialisations- und Bildungsforschung nach wie vor eine Schlüsselbedeutung zu. Denn erst mit Hilfe dieses Begriffs und seiner Umsetzung in empirische sozialwissenschaftliche Forschungsstrategien ist es gelungen, diejenigen Faktoren der Sozialstruktur industrieller Gesellschaften genauer zu benennen, die unterschiedliche Strukturen und Inhalte des Sozialisations- und Erziehungsprozesses in Familie und Schule determinieren. So hat sich die Sozialisationsforschung mit Erfolg darum bemüht, die Beziehungen und Interdependenzen zwischen objektiven sozialen Lebenslagen und erziehungsrelevanten Einstellungen und Verhaltensdispositionen der Eltern und den Einstellungen und Verhaltensdispositionen der Kinder zu erforschen. Weil diese Untersuchungen von eminenter Bedeutung für schulische Sozialisations- und Erziehungsprozesse sind, sollen ihre wichtigsten Ergebnisse in knapper Form dargestellt und einige ihrer theoretischen und methodischen Probleme kurz diskutiert werden.

Schichtspezifische familiale Sozialisation
Die bekanntesten und methodisch sorgfältigsten Untersuchungen in diesem Bereich wurden von amerikanischen und englischen Forschern vorgenommen. Es geht diesen Erhebungen, wie gesagt, um die empirische Erfassung der Determinationskette zwischen sozialstruktureller Position der Familie, Sozialisations- und Erziehungspraktiken der Eltern und Persönlichkeitsentwicklung der Kinder. Die meisten Untersuchungen konvergieren in der Feststellung, daß die Stellung im organisierten Arbeitsprozeß die entscheidende bewußtseins- und handlungsstrukturierende Variable für beide Eltern ist. Dabei gibt die Berufsstellung des Haupternährers der Familie, die in der Regel über die Berufsgruppenzugehörigkeit gemessen wird, den Ausschlag.

Die gravierendsten Unterschiede im Erziehungsverhalten werden zwischen Familien festgestellt, bei denen der Haupternährer unterschichten- bzw. mittel- und oberschichtenspezifischen Berufsgruppen angehört. Kohn (1969) stellt in seiner sehr bekannt gewordenen Untersuchung zwischen diesen Familien ein unterschiedliches Ausmaß der Betonung von Selbststeuerung (self direction) und Konformität (conformity to external authority) im Erziehungsverhalten fest. In den Mittel- und Oberschichten, so zeigt seine Untersuchung, wird stark auf die Entwicklung persönlichkeitsinterner Standards für das Verhalten Wert gelegt, während in den Unterschichten die Konformität mit von außen gesetzten Regeln und Normen eine größere Rolle spielt. Kohn findet Indizien dafür, daß die Wertvorstellungen der Eltern für den Erziehungsprozeß der Kinder mit ihren allgemeinen Wertvorstellungen eng korrelieren. Diese sieht er in direkter Abhängigkeit von dem durch den Beruf des Vaters geprägten Handlungs- und Orientierungsrahmen am Arbeitsplatz, der je nach Berufsgruppenzugehörigkeit differentiell gestaltet sei: Konformität werde am höchsten bewertet von den Vätern, deren Arbeit aus sehr einfach strukturierten repetitiven Aufgaben besteht, Selbststeuerung hingegen von denen, die sich differenziert strukturierten und komplex organisierten Tätigkeiten gegenübersehen, die nicht in einzelne isolierbare Teilschritte zerlegbar sind, sondern auf einen funktionalen Gesamtablauf bezogen werden müssen. Auch der jeweilige Grad der Überwachung und Kontrolle am Arbeitsplatz, der Beeinflußbarkeit des Zeitablaufs und der Interaktionsspielräume sowie die substantielle Beschaffenheit der Arbeit (Arbeit mit Dingen oder Personen) wirken nach Kohn (1969, S. 165 ff.) in die gleiche Richtung. Den direkten Zusammenhang mit dem Erziehungsverhalten der Eltern erklärt er damit, daß der Vater die jeweils im Vordergrund stehenden Standards und Einstellungen im und zum Arbeitsprozeß als so funktional bewertet, daß er selbst *und* die Mutter sie wie selbstverständlich relativ unreflektiert als Bezugspunkte auch für das Erziehungsverhalten gegenüber den Kindern wählen.

Nach den Ergebnissen dieser als paradigmatisch für die schichtspezifische Sozialisationsforschung anzusehenden Untersuchung ist also die Berufsgruppenzugehörigkeit des Vaters ein hochsignifikanter Faktor für menschliches Verhalten allgemein und Sozialisations- und Erziehungsverhalten im besonderen, weil in ihm systematisch bestimmte Rahmenbedingungen für Arbeits- und Lebenschancen festgeschrieben sind. «Die Arbeitstätigkeit» – so resümiert Kohn (1969, S. 190) apodiktisch – «prägt den Menschen; entweder sie weitet seinen Horizont aus, oder sie verengt ihn.» Die jeweiligen Bedingungen der Arbeitssituation determinieren nach dieser Auffassung letztlich die gesamte Lebenssituation einschließlich der Bewußtseins- und Interpretationsstrukturen; da im wesentlichen zwei Typen von Arbeitssituationen idealtypisch unterschieden werden, identifizieren die Forscher auch zwei unterschiedlich «situationsgerechte» Typen von Sozialisations- und Erziehungsstilen. Die Handlungen und Äußerungen des Kindes, so glaubt man, werden von den Eltern jeweils im Rahmen eines solchen Sozialisationsstils dechiffriert, die Reaktionen der Eltern erfolgen situations- und stilgerecht. Sie sollen deshalb auch vom Sozialisationsforscher nicht als richtig oder falsch bewertet, sondern allenfalls als angemessen und funktional oder als unangemessen und dysfunktional eingestuft werden. Kohn betont, daß der einzig legitime Bezugs- und Bewertungsrahmen die jeweilige Schichtkultur mit ihren spezifischen Inhalten sei. Handlungen der Eltern, die aus der Perspektive der Mittelschicht als den kindlichen Bedürfnissen gegenüber rücksichtslos erscheinen mögen, können aus der Perspektive der Unterschicht den vorgegebenen Erziehungszielen völlig angemessene Praktiken sein (Kohn 1969, S. 197).

Diese hier beispielhaft herausgegriffene repräsentative Untersuchung von Kohn offenbart die methodische Problematik dieser Forschungsrichtung: Erstens wird von (relativ unpräzise definierten) Merkmalen der Arbeitssituation direkt auf (ebenfalls sehr pauschal abgegrenzte) Erziehungsstile der Eltern rückgeschlossen, ohne der wahren, nur statistische Beziehungen ausdrückenden methodologischen Natur dieser Korrelationsbeziehung gerecht zu werden. Das führt dazu, daß statistische Kovarianzen logisch in der Korm von Kausalzusammenhängen interpretiert und intervenierende Variablen nicht ausreichend bedacht werden. Zweitens wird die idealtypisch-dichotome Ausgangskonstruktion der Forschungsvariablen im Verlauf der Dateninterpretation durch den Forscher selbst, verstärkt noch im Zuge der Rezeption der Forschungsergebnisse, «verdrängt» und wandelt sich unter der Hand in eine Beschreibung vermeintlich realer Phänomene. Das hat konkret zur Folge, daß Einstellungs- und Verhaltensstrukturen bei den Angehörigen der verschiedenen Gesellschaftsschichten als einheitlich angesehen und beschrieben werden, daß gewissermaßen eine präformierte Mentalität unterstellt wird, die für eine vollkommen unterschiedliche Ausprägung der Erziehungsstile in den einzelnen Gruppen verantwortlich gemacht wird. Der große heuristische Wert idealtypischer Konstruktionen und Gegenüberstellungen kann auf diese Weise in sein Gegenteil verkehrt werden, wenn diese Darstellungen zu Verdinglichungen werden und zu einer selektiven Aufnahme von Befunden führen, die ein der Realität adäquates Erfassen und Wahrnehmen sozialer Tatbestände verhindern (Bargel 1973, S. 124).

Diese Gefahr entsteht durch die forschungstechnisch bedingte Gewohnheit, die einzelnen Schichtkategorien zu zwei etwa gleich großen Gruppen, nämlich Unterschicht auf der einen und Mittel- und Oberschicht auf der anderen Seite, zusammenzufassen. Wenn die Schichtzugehörigkeit aber in Form einer dichotomisierten Variablen gemessen wird, kommt man nicht darum herum, auch auf seiten der abhängigen Variablen, der Erziehungsstile der Eltern und der Verhaltensweisen der Kinder, eine mitunter zu Pauschalisierungen neigende Dichotomisierung vorzunehmen. Diese Praxis führt zu der Konsequenz, Schicht als ein individuelles Etikett des jeweiligen Schichtzugehörigen zu verstehen, dem volle Aussagekraft für die tatsächlichen Verhaltensweisen und Einstellungen zugeschrieben wird. Die Arbeit mit dem pauschalisierenden Schichtbegriff ist aus diesem Grunde sehr gefährlich. Die Schichtzugehörigkeit von Familienmitgliedern erklärt nicht durchschlagend sämtliche Verhaltensweisen, die bei einem Kind zu beobachten sind. Bei allen berichteten Zusammenhängen kann es sich ausschließlich um statistische Trendaussagen und Durchschnittszusammenhänge und um jeweils interpretationsbedürftige künstlich segmentierte Partialinformationen handeln. Die jeweils aggregierten Gruppen sind außerdem zu heterogen, als daß sie Punkt-für-Punkt-Beziehungen zwischen den genannten Variablen zulassen würden.

Diese methodologischen Einwände können und wollen die wichtigen Resultate der klassischen schichtspezifischen Sozialisationsforschung allerdings nicht in Frage stellen. Sie machen jedoch darauf aufmerksam, daß die Mechanismen noch unzureichend erforscht sind, die berufliche Erfahrungen in das subjektive Erleben und in den Lebensraum der Familie hineintransponieren; insbesondere ist unklar, wie diese Erfahrungen auch für die Einstellungen und Verhaltensdispositionen der Mütter wirksam werden, die ihnen ja nicht direkt ausgesetzt sind. Hier sind differenziert angesetzte Forschungsprogramme nötig, um von den gefährlich einfachen Erklärungsmustern einiger Sozialisationsforscher wegzukommen, die in die Nähe eines mechanistischen Vulgärmaterialismus geraten, sofern sie von den materiellen Existenzbedingungen einlinig und ohne Berücksichtigung intervenierender Variablen auf die Konstitution sozialisationsrelevanter Verhaltens- und Bewußtseinsstrukturen schließen.

In wesentlichen Bereichen hat die neuere schichtspezifische Sozialisationsforschung bereits ihre Erhebungs- und Interpretationsverfahren erheblich verfeinert und validiert (Überblick bei Walter 1973). Wir können auch bei sehr kritischer Durchsicht der Forschungsergebnisse heute mit einiger Sicherheit bestätigen, «daß das Zentrum für Wertorientierungen der Eltern und die daraus resultierenden Interaktions- und Kommunikationsstrategien in der Familie mit ihren Konsequenzen für die psychische Strukturierung des Nachwuchses vorzüglich in den Arbeitserfahrungen respektive der Berufssituation zu suchen ist» (Steinkamp 1974, S. 169 f.). Die berufliche Erfahrungswelt unterer Sozialschichten ist – so zeigen die Erhebungen – im wesentlichen durch die folgenden Kriterien charakterisierbar (nach Steinkamp 1974, S. 170 ff.):

- relativ niedriges Einkommen,
- Unsicherheit des Arbeitsplatzes und materiellen Besitzstandes,
- geringe Aufstiegschancen,
- vorwiegender Umgang mit Sachen,
- geringes Niveau der Eintrittsbedingungen in die berufliche Tätigkeit,
- geringes Maß von Anweisungsbefugnis über andere,
- hohes Maß formalisierter Kontrollen,
- hierarchisch strukturierte berufliche Rollengefüge,
- geringer Dispositionsspielraum,
- niedriger Komplexitätsgrad der Arbeitsorganisation,
- geringes Bewußtsein von der Transparenz des Arbeitsprozesses,
- geringe Möglichkeiten für informelle Kommunikationen.

Das Ergebnis des «Transfers» dieser objektiven Arbeitsbedingungen und ihrer subjektiven Interpretationen in die Einstellungen und Verhaltensdispositionen der Eltern unterer Sozialschichten läßt sich nach den vorliegenden Forschungen etwa durch folgende Stichworte charakterisieren:

- passiv-resignativer Fatalismus, Schicksalsglaube, Apathie,
- geringe reflexive Einstellung zum eigenen Handeln,
- Fehlen einer ausgeprägten Fähigkeit, Bedürfnisse zeitlich aufgeschoben zu befriedigen,
- dichotomisches Gesellschaftsbild, Mißtrauen gegenüber den Motiven der Herrschenden,
- große informative und affektive Distanz zum Bildungsbereich,
- geringes Aspirationsniveau für Schul- und Berufsziele der Kinder,
- starke Betonung von traditionellen Erziehungswerten wie Gehorsam, Respekt vor Erwachsenen, Ordentlichkeit, Sauberkeit usw.,
- autoritäres Einstellungssyndrom,
- restringierter kognitiver Verarbeitungs- und verbaler Kommunikationsstil mit hoher Kontextgebundenheit und geringem Abstraktionsgrad.

Diese Einstellungen und Verhaltensdispositionen werden im Sozialisations- und Erziehungsprozeß der Familie mit hoher Wahrscheinlichkeit bei den Kindern reproduziert. Alle genannten Kriterien stellen den Pol eines Kontinuums dar; je mehr sich die Berufssituation dem jeweils anderen Pol des Kontinuums nähert, desto größer ist die Chance, daß sich Einstellungen und Verhaltensdispositionen von Eltern und Kindern dem entgegengesetzten Pol der genannten Merkmale nähern. Neben den zentralen Arbeitsbedingungen sind in der neueren Forschung die allgemeinen Lebensbedingungen (insbesondere Wohnungsgröße, Wohnungsqualität, «Infrastruktur» des Wohnviertels und Zusammensetzung der Nachbarschaft) ausführlich berücksichtigt worden, die in der Regel Einflüsse in die gleiche Richtung ausüben (Walter 1973, Osterland u. a. 1973). Wenige Kenntnisse liegen hingegen hinsichtlich des wichtigen Faktors «eigene Sozialisationsgeschichte der Eltern» vor. Mütter und Väter geben ja zu einem großen Teil die ihnen selbst einsozialisierten Einstellungen und Verhaltensdispositionen an die Kinder weiter, gebrochen durch ihre eigene lebensgeschichtliche Aneignung und durch Einflüsse der sekundären Sozialisation (Lorenzer 1972, S. 47). Die Tradition der Übermittlung solcher Standards ist gerade in den sozialen Unterschichten, besonders auch den Arbeiterfamilien, sehr stark.

Die schichtspezifische familiale Sozialisationsforschung hat also nachdrücklich belegen können, daß die Mitglieder verschiedener sozialer Schichten aufgrund der Erfahrungen ihrer Arbeits- und Lebensbedingungen zu den besagten unterschiedlichen erziehungsrelevanten Konzeptionen, zu verschiedenen Aspirationen, Hoffnungen und Ängsten und verschiedenen Begriffen von dem kommen, was sie für wünschenswert halten. Diese Vorstellungen wirken auf die Gestaltung der sozialen Realität, durch die sie bedingt sind, zurück; die Deutung der sozialen, kulturellen und ökonomischen Lage fließt mittelbar und unmittelbar in das eigene Handeln ein und wirkt auf diese Weise bei der Konstituierung gesellschaftlicher Praxis mit. Apathie der eigenen Situation gegenüber und ein dichotomisches Gesellschaftsbild sind z. B. Ausgangspunkt für die resignative Hinnahme der gesellschaftlichen Zustände und der eigenen Position in der hierarchischen Struktur sozialer Privilegien. Die Sozialstruktur und die eigene Position in ihr wird mittels dieser Einstellungen als nicht weiter hinterfragbar angesehen, Abhängigkeiten werden nicht als grundsätzlich veränderbar durchschaut. In diesem Sinne bietet die Unterschichtensozialisation den besten Nährboden für die Entwicklung resignativen Sicheinfügens in die bestehende Hierarchie, in das Ausgeschlossensein von Planung und in die Zuweisung repetitiver, monotoner Arbeit, wie sie für die Situation des Arbeiters typisch und kennzeichnend sind (Lorenzer 1972, S. 149).

Die Eltern vermitteln ihren Kindern also offenbar bewußt und unbewußt diejenigen Einstellungen und Verhaltensdispositionen, die ihnen in ihrem eigenen Erfahrungshorizont besonders wichtig erscheinen. Sie erleben sich selbst in einem hohen Maße in ihrem Kind wieder und projizieren in das Kind Verhaltenswünsche und Lebensziele, die für sie selbst Relevanz haben, und auch solche, die ihnen in ihrem eigenen Leben versagt bleiben. Das Kind wird als eine Art «sinnstiftender Instanz» empfunden, als eine Verlängerung des eigenen Ich und Bereicherung und Erhöhung des eigenen Lebens, auch wenn sich das in den verschiedenen sozialen Schichten in sehr unterschiedlichen Ausprägungen der Einstellungen und Verhaltensdispositionen ihm gegenüber ausdrückt (Caesar 1972, S. 56). In den Unterschichtfamilien kommt es im Unterschied zu den Mittelschichtfamilien zum Beispiel trotz der grundsätzlich sehr hohen Wertschätzung des Kindes nicht zur Ausprägung derjenigen Verhaltensdispositionen, die mit der interaktionistischen

Rollentheorie als personale Ich-Identität bezeichnet werden können. Ursache ist der spezifische Stellenwert der Unterschichtenfamilie als eines «defensiven Rückzugspunktes» gegenüber der undurchschaubaren Außenwelt, als einer «sozialen Insel, auf die man sich in die Sicherheit unter seinesgleichen zurückziehen kann und auf der man nach außen solidarisch geschützt wird» (Oevermann 1968, S. 306). Die Folge ist eine statusbezogene familiale Rollenkonstellation, die keine autonome Ausgestaltung und Interpretation von Rollennormen kennt und eine wenig individuierte personale Organisation und geringe kommunikative und verbale Geschicklichkeit vermittelt (Bernstein 1972).

Als Resultat der primären familialen Phase der Sozialisation haben sich nach diesen Erkenntnissen und Überlegungen bei den Kindern der sozialen Unterschicht Persönlichkeitsmerkmale herausgebildet, die zu den bekanntlich sehr ungünstigen Startbedingungen für den schulischen Sozialisationsprozeß und zum relativ schlechten Abschneiden dieser Kinder im schulischen Selektionsprozeß führen. Die motivationalen, kognitiven und sprachlichen Persönlichkeitsprofile dieser Kinder weichen im statistischen Durchschnitt stark von denen ab, die in der sich überwiegend an Mittelschichtennormen orientierenden Schulkultur dominieren. Es stellt sich deshalb die Frage, ob die Resultate der sozialstrukturell determinierten Sozialisations- und Erziehungsprozesse im Familiensystem durch Einflüsse im Bereich gesellschaftlich organisierter Sozialisation und Erziehung in irgendeiner Weise korrigiert werden können.

Möglichkeiten und Grenzen kompensatorischer Sozialisation in der Schule
Eine Reihe experimentell erprobter kompensatorischer Erziehungsprogramme hat sich in den letzten Jahren die Aufgabe gestellt, den zirkulären Verlauf des Ungleichheiten immer wieder reproduzierenden Sozialisationsprozesses durch Eingriffe im schulischen Sektor aufzubrechen. Diese Programme konzentrieren sich auf den Bereich der Vorschule, weil die sozialisationstheoretische (insbesondere übrigens auch die hier nicht behandelte entwicklungspsychologische) Grundlagenforschung die Notwendigkeit und Möglichkeit einer Beeinflussung der Resultate des Sozialisations- und Erziehungsprozesses in den ersten Lebensjahren des Kindes nahelegt. Zusammenfassend heißt es etwa im «Strukturplan» des Deutschen Bildungsrates, nur durch einen sehr frühzeitigen Ausgleich der Chancenunterschiede könne die bestehende Chancenungleichheit langfristig beseitigt werden. Dabei gelte das Prinzip: «Gleichheit der Chancen wird in manchen Fällen nur durch die Gewährung besonderer Chancen zu erreichen sein» (Deutscher Bildungsrat 1970, S. 30). Dem Elementarbereich des Bildungswesens wird die Funktion zugewiesen, wegen der unzureichenden Erziehungsleistungen einiger Familien wesentliche Aufgaben für die Entwicklung der Kinder zumindest ab Vollendung des 3. Lebensjahres zu übernehmen. Die benachteiligten Kinder sollen besonders berücksichtigt, ihr «Bildungsdefizit» soll

durch gezielte Maßnahmen ausgeglichen, umweltbedingte Lerndefizite durch eine Verbesserung und Erhöhung der Lern- und Entwicklungsfähigkeit in der Schule angegangen werden (ebd., S. 110).

Zur Entwicklung von in der schulischen Praxis einsetzbaren kompensatorischen Erziehungsprogrammen waren und sind Erziehungswissenschaftler und Bildungsplaner auf die Erkenntnisse der psychologischen, soziologischen und linguistischen Sozialisationsforschung angewiesen. Da kompensatorische Programme vor allem in den 50er und 60er Jahren in den Vereinigten Staaten und seit Ende der 60er Jahre auch in der Bundesrepublik und anderen westlichen Staaten unter dem politischen Druck zur Verbesserung der Chancengleichheit für alle Schüler forciert entwickelt wurden, stützte man sich auf die zu dieser Zeit vorliegenden und in scheinbar bruchloser Weise auf den schulischen Ausbildungsprozeß übertragbaren Forschungsergebnisse – ein Vorgang, der parallel zur diskutierten «Verwertung» der Bildungsökonomie liegt. Eine herausragende Rolle haben hierbei nolens volens die Forschungen von Bernstein und Mitarbeitern gespielt, die einen großen Akzent auf die sozial- und familienstrukturelle Determination der Entwicklung kognitiver und sprachlicher Fähigkeiten legen.

Mit dem Erlernen von Sprache verinnerlicht das Individuum nach Auffassung von Bernstein Bewußtseins- und Verhaltensschemata einer sozialen Subkultur. Die Eigenschaften seiner (familialen) Sozialbeziehungen, die ihrerseits von der umfassenden Sozialstruktur abhängen, schlagen sich in bestimmten soziolinguistischen Sprachcodes nieder. Da in den Familien der Mittel- und Oberschichten ein Erziehungsverhalten beobachtet wurde, das durch rationale Argumente das Verhalten des Kindes zu steuern versucht und ein Klima differenzierter verbaler Kommunikation entstehen läßt, schließt man auf entsprechend elaborierte Sprachcodes bei den Kindern und Jugendlichen. Demgegenüber scheint es in den Arbeiterfamilien eher um eine Form der Kommunikation zu gehen, in der die unmittelbare Erfahrung der affektiven Zusammengehörigkeit im Vordergrund steht und die Verbalisierung individueller Absichten zurücktritt, da Intentionen im statusbezogenen familialen Rollensystem der Arbeiter als weitgehend vorgegeben gelten. Hieraus resultiert ein «restringierter» Code, ein Sprachmuster, das in seiner extremen Form stark ritualisiert ist und dort auftritt, wo Sozialbeziehungen schematisiert und relativ festgelegt sind und zwischen den Individuen ein hoher Grad der Übereinstimmung in bezug auf die Definition des sozialen Status besteht. Die Wahrnehmungs- und Lernfähigkeiten des Kindes sind nach diesen Annahmen durch die Sprachformen festgelegt: Dem restringierten Sprachgebrauch ist eine Tendenz zur Konkretheit und weniger zu Analyse und Abstraktion immanent. Die Interaktionen sind wesentlich auf situativ gebundene und konkrete Sachverhalte bezogen, die Grundlagen des Kommunikations- und Sozialisationsprozesses in der Familie können nicht Gegenstand der eigenen Reflexion werden, ein differenzierter Aufbau einer strukturierten Ich-Identität und einer Sensitivität für Rollenhandlungsprobleme des Interaktionspartners findet nicht statt (Bernstein 1972).

Die direkte Verwertung dieser Forschungsergebnisse für bildungspolitisch motivierte Programme ist nun insofern problematisch, als sie von einer undifferenzierten und einseitigen Rezeption des sehr komplexen theoretischen Ansatzes und seiner Implikationen ausgeht. Zum Teil ist das den etwas verworrenen Äußerungen Bernsteins zuzuschreiben, der sich in seinen zahlreichen Veröffentlichungen nie auf ganz klare und explizit formulierte theoretische Postulate eingelassen hat. Außerdem ist die verzerrte Rezeption dadurch entstanden, daß Bernstein selbst die bildungspolitischen Implikationen seiner Forschungen zu spät thematisiert hat. Was jedenfalls in der bildungspolitisch sensibilisierten Diskussion vor allem der sechziger Jahre aus den Arbeiten Bernsteins abgeleitet worden ist, läßt sich etwa auf die folgende Formel bringen:

«Zwischen Sprechen und Denken besteht ein enger Zusammenhang. Sprachliches Defizit bedeutet gleichzeitig kognitives Defizit . . . Gesellschaftliche (Chancen-)Ungleichheit kann durch Anhebung des Sprachniveaus kompensiert werden» (Dittmar 1973, S. 32 f.).

Diese einfache Formel wird der Auffassung von Bernstein und Mitarbeitern nur teilweise gerecht (Schütze 1975). Es ist aber wesentlich auf diese Tendenz der Rezeption der Ergebnisse der Untersuchungen zurückzuführen, daß die meisten kompensatorischen Erziehungsprogramme Sprachförderungsprogramme sind, die sich an den Sprachleistungen der Schüler orientieren. Man geht in der Regel von der von Bernstein abgeleiteten ausgesprochenen oder unausgesprochenen Annahme aus, eine Verbesserung der Sprachleistungen der Kinder bringe auch eine Erhöhung der kognitiven Leistungen mit sich. Eine Entwicklung von Lautartikulations-, Wortschatz- und Satzlängenübungen etwa soll Sprachdifferenzen und über sie kognitive Differenzen zwischen den einzelnen Kindern aufheben helfen. Diese Überlegungen haben bis zu solchen Sprachtrainingsprogrammen geführt, die sich bewußt und gezielt auf den Drill rein instrumentalistischer Kriterien sprachlicher Verhaltensweisen für Schulerfolg konzentrieren (Bereiter/Engelmann 1966). Die Grundannahme dieser Programme ist, daß das sprachliche Defizit der Unterschichtkinder durch einen Mangel an Anregungen und Erfahrungsmöglichkeiten und nicht durch einen Mangel an grundsätzlichen Lernfähigkeiten verursacht worden ist. Um Kindern schulischen Erfolg und auf diese Weise einen späteren sozialen Aufstieg zu ermöglichen, müsse ihnen der elaborierte Sprachgebrauch nahegebracht werden. Da die Kinder unfähig seien, Sprache als Vehikel zur Aufnahme und Wiedergabe von Informationen zu benutzen, wird als die erste Aufgabe der Programme definiert, die Kinder auf das Sprachniveau der Mittelschichtkinder zu bringen.[12]

---

12 Die (teilweise mißverstandenen) Implikationen der Bernsteinschen Arbeiten sind

Einige der aus den Arbeiten von Bernstein abgeleiteten Implikationen für praktische Bildungsplanungs- und Erziehungsprogramme sind von diesem selbst scharf kritisiert worden. Das gilt zum Beispiel für die genannten kompensatorischen Sprachtrainingsprogramme und für die angeblich durch seine Forschungsergebnisse gedeckte These, zur Herstellung von Chancengleichheit könne die schulische Kultur unverändert bleiben, und lediglich die Kultur der Unterschichtenkinder müsse gewandelt werden. Im Vorwort zu der deutschsprachigen Ausgabe wichtiger Arbeiten (1972) weist Bernstein noch einmal darauf hin, daß er vielfach mißinterpretiert und mißverstanden worden sei. Doch so stringent, wie er behauptet, hat er seine Position nicht entwickelt, wie ein Blick auf seine Arbeiten zeigt. Seine theoretischen und methodischen Vorgehensweisen lassen sich als recht unsichere interdisziplinäre «Suchstrategien» mit teilweise allzu starken Vereinfachungen der Probleme aus den jeweils wichtigen wissenschaftlichen Nachbardisziplinen bezeichnen. Insbesondere wird ziemlich zusammenhanglos und ohne Berücksichtigung umfassender theoretischer Implikationen mit linguistischen Faktoren und Variablen gearbeitet (Gloy 1973). Faktisch untersucht werden lediglich die syntaktischen und lexikalischen Wahlen im Rahmen der jeweiligen soziolinguistischen Codes, nicht aber die semantischen Dimensionen und auch nicht die außersprachlichen Kommunikationsmedien. Bernsteins Befund, daß der konkrete Sprachgebrauch der Kinder in den verschiedenen Subkulturen verschieden ist, trifft zweifellos zu; die Kinder nehmen die soziale Situation, in der sie leben, offenbar in verschiedener Weise wahr, kategorisieren sie unterschiedlich und differenzieren entsprechend ihre Sprechweise. Doch es ist nicht, wie bei Bernstein implizit unterstellt wird, möglich, die Überlegenheit oder Unterlegenheit eines der Codes mittels linguistischer Kriterien zu bestimmen. Die Kinder aus den verschiedenen Sozialschichten erlernen eine jeweils vollwertige und funktionierende Kommunikationsform, die durch die jeweiligen konkreten sozialen Erfahrungen geprägt wird. Sprachliche Bedeutungen sind für das Kind an den situativen Kontext gebunden, in dem die Sprachzeichen erworben werden.

Variationen des Sprachverhaltens können deshalb nicht auf der Basis impliziter linguistischer Kriterien bewertet werden. Es kann nicht einfach zwischen gutem und schlechtem Sprachgebrauch unterschieden und implizit nahegelegt werden, der vermeintlich schlechte Sprachgebrauch müsse

vielfach auch Anlaß zur vermeintlichen Bestätigung theoretischer Voreingenommenheiten in den Einstellungen der Lehrer gewesen. Faktisch wird den Lehrern mit der These von Bernstein die vermeintlich wissenschaftlich abgesicherte Gewißheit gegeben, was die Maßstäbe für Lernziele im sprachlichen und damit angeblich auch im kognitiven Bereich seien: die Maßstäbe, die die Mittelschichtensprecher kennzeichnen. Die Idee, die Schule sei so zu verändern, daß sie auch Kindern aus den sozialen Unterschichten chancengleiche Lernmöglichkeiten bietet, wird aus diesen Überlegungen heraus zurückgedrängt zugunsten der repressiven Idee, das Verhalten der Unterschichtenkinder müsse repariert oder kompensiert werden.

wegtrainiert werden. Denn ein isoliertes Sprachtraining könnte ja die sozialen Erfahrungen des einzelnen Sprechers nicht ersetzen: Das Training dazu, nicht selbst erfahrene Sprachzeichen zu verwenden, setzt das Kind einer kognitiven Dissonanz (zwischen den Zeichen als einem Index symbolisch transformierter fremder Erfahrung einerseits und konkreter eigener Erfahrung andererseits) aus. Erfahrungsfremde Zeichen können zum Beispiel für das Kind aus den sozialen Unterschichten nicht zur Systematisierung der unmittelbaren Erfahrung eingesetzt werden (Zander 1972). Ein Sprachtraining wäre konsequenterweise nur möglich, wenn die realen sozialen Bedingungen mit in das Sprachtrainingsprogramm aufgenommen würden, zumindest in der Weise, daß die sozialen Erfahrungen der Kinder in ihren Ursachen bewußtgemacht und sprachlich zum Ausdruck gebracht würden. Hierfür liegen aber noch keine ausreichenden didaktischen Strategien vor.[13]

Neben der Unsicherheit der wissenschaftlichen Erkenntnisgrundlagen und der Schwierigkeiten ihrer Umsetzung in pädagogische Handlungsprogramme steht jede kompensatorische Erziehung vor einem grundlegenden bildungs- und gesellschaftspolitischen Problem. Kompensatorische Programme unterwerfen die Kinder aus den sozialen Unterschichten einem sehr komplexen und tiefgreifenden Akkulturationsprozeß, indem ihnen vor und während der Schulzeit Wissen, Fähigkeiten und Fertigkeiten antrainiert werden, die sie aus ihrer vermeintlich defizitären Entwicklungslage herausbringen sollen. Praktisch ist für die meisten Programme der Bezugspunkt dabei die jeweilige Entwicklungslage der gleichaltrigen Kinder mit durchschnittlichen kognitiven und sprachlichen Leistungen und durchschnittlichem schulischem Erfolg, also im wesentlichen derjenigen Kinder, die aus den sozialen Mittel- und Oberschichten kommen.

---

13 Alle diese Fragen sind bisher noch nicht ausdiskutiert und zum Teil noch völlig ungeklärt. Es geht hier nicht darum, diese Diskussion aufzunehmen, sondern lediglich um den Nachweis, wie problematisch die wissenschaftlichen Erkenntnisgrundlagen auch in diesem Gebiet sind, das unmittelbar Bedeutung für bildungspolitische und bildungsplanerische Entscheidungen gewonnen hat. Wir stehen wie in anderen Bereichen auch hier vor der Situation, daß vorläufige wissenschaftliche Ergebnisse der Sozialisationsforschung, hier insbesondere Ergebnisse zum Verhältnis von kognitiver und sprachlicher Entwicklung, «kurzgeschlossen» für politisch-pädagogische Programme mobilisiert werden, obwohl diese Ergebnisse in ihren grundlagentheoretischen Annahmen, forschungstechnischen Vorgehensweisen und bildungspolitischen Implikationen unklar und umstritten sind. Wissenschaftliche Forschung ist nie gegen mißbräuchliche Uminterpretationen und Funktionalisierungen für bestimmte politische oder pädagogische Programmatiken gefeit, doch sind solche Ansätze besonders anfällig und gefährdet, die in ihren eigenen grundlagenwissenschaftlichen Postulaten ambivalent und in der Interpretation der Daten mißverständlich sind. Dieses gilt in einem gewissen Maße für die Arbeiten von Bernstein. Man kann deshalb an diesem Beispiel illustrieren, wie wichtig es ist, daß die grundlagentheoretischen Forschungen gleichzeitig Reflexionen über den Anwendungsgehalt der Untersuchungen mit anstellen, und daß die Grundlagenforscher sich selber an den Durchführungen von konkreten Erziehungsprogrammen beteiligen.

Hier wird das fast unlösbare Dilemma deutlich, vor dem diese Programme stehen: Das Unterschichtenkind kann und soll seiner familialen Bezugsgruppe mit ihrer spezifischen Familienkultur nicht vollständig entzogen werden. Der kompensatorische Erziehungsprozeß in der Schule, sofern er Erfolg hat, besorgt aber eine partielle Anpassung an die mittelschichtenspezifisch geprägte Schulkultur. Daneben bleibt die unterschichtenspezifische Familienkultur bestehen, die sich durch sehr unterschiedliche Verhaltensanforderungen mit spezifischen Wert- und Symbolstrukturen auszeichnet. Das Kind aus unterprivilegierten Familien muß sich mit der vorherrschenden schulischen Kultur identifizieren, kann und soll aber seinem sozialen Milieu jedenfalls für wichtige Zeitabschnitte nicht entrinnen. An diesem Dilemma scheitern die meisten der bisherigen Programme kompensatorischer Erziehung. Die Einflüsse des schulischen Erziehungssystems können ja die Bedingungsfaktoren für die kognitiven und sprachlichen Verhaltensweisen der Schüler aus den sozialen Unterschichten nicht verändern, sondern allenfalls deren Folgen, nämlich die Verhaltensweisen selbst. Damit wird von diesen Kindern eine außerordentlich belastende soziale Anpassungsleistung erfordert: Sie sollen in der Schule diejenigen Verhaltensweisen ablegen, die in der familialen und nachbarschaftlichen Umgebung durchaus angemessen und anerkannt sind, und sie sollen im Bereich dieser familialen und nachbarschaftlichen Kontakte diejenigen Verhaltensweisen ausblenden, die im schulischen Verhaltensbereich als ausschließlich angemessen angesehen werden. Dieser Verhaltensvirtuosität sind gerade die Kinder aus den Unterschichten nicht gewachsen.

Es ist in diesem Zusammenhang vielfach der Vorwurf erhoben worden, die Prämissen und Folgerungen der schichtspezifischen Sozialisationsforschung gingen von einer impliziten «Mittelschichtenorientierung» aus, die zu einer verzerrten defizitären Charakterisierung der Kultur der Unterschichten führe. Wenn auf dieser Basis komplementäre oder kompensatorische Erziehungsprogramme konzipiert würden, sei das der willkürliche Versuch einer Umerziehung «dissidenter Fraktionen» der Arbeiterschicht nach Standards der gesellschaftlich dominanten Sozialschichten. Es werde dabei nicht nur übersehen, wie immanent funktional die im Sozialisationsprozeß der Unterschichten entwickelten Einstellungen und Verhaltensdispositionen für die Lösung der unmittelbaren Probleme des sozialen Milieus seien, sondern ebenfalls, wie funktional sie für gesellschaftspolitische Reform- oder Revolutionsbewegungen sein könnten, die auf eine Verbesserung der ökonomischen und sozialen Situation dieser Schichten abstellten. Der geringe Grad internalisierter Selbstkontrolle reduziere zum Beispiel die individuellen Schuldgefühle und lasse Spielraum für eine gewisse Unabhängigkeit und spontane Aggressivität des Handelns, die Grundlage für die solidarische kämpferische Energie eines Kollektivs sein könne. Ähnliches gelte für den Sprachgebrauch, der den Sozialerfahrungen und der tatsächlichen Lebenspraxis der Arbeiterschicht entspreche und seinerseits in der ihm eigenen Art durchaus ein Medium für die Kommunikation der kollektiv-solidarischen Beziehungen in der Arbeiterschicht darstelle. Die Arbeiterkultur sei also gegenüber der Mittelschichtenkultur keineswegs defizitär, sondern lediglich «anders» und insofern «besser», als in ihr solidarische und nicht konkurrenzorientierte Elemente enthalten seien. Jeder Versuch, die Erscheinungsformen dieser Arbeiterkultur durch gezielte Erziehungsprogramme zu verändern, bedeute nichts anderes, als das Arbeiterkind von seiner Herkunftskultur abzulösen und an die Mittelschichtenkultur anzupassen. Auf diese Weise stürze man die Arbeiterkinder nur in eine Identitätskrise und unterminiere außerdem die Fähigkeit der Arbeiterschicht, sich politisch für eine Verbesserung ihrer sozialen und ökonomischen Lage einzusetzen (Ortmann 1971).

Dieser Argumentation ist teilweise zuzustimmen. Eine Emanzipation der Arbeiter aus ihrer sozial unterprivilegierten Position kann nur eine kollektive Emanzipation sein und nicht gleichgesetzt werden mit einem sozialen Aufstieg, bei dem einzelne Individuen kraft kompensatorischer Erziehungsprogramme an die in unserer Gesellschaft vorherrschenden mittelschichtspezifischen Wert- und Verhaltensstandards angepaßt und in die Lage versetzt werden, die Barrieren ihrer sozialen Herkunftsschicht zu durchbrechen. Denn auf diese Weise würde weder die Existenz gravierender sozialer Ungleichheit in unserer Gesellschaft noch deren ideologisierte Legitimationsbasis verändert. Eine kollektive Emanzipation über einen kollektiven Aufstieg der unterprivilegierten Arbeiterschichten ist indes keine Utopie: Dieses Ziel kann erreicht werden, indem die Arbeitssituation, die – wie nachgewiesen – ihrerseits die Lebenssituation der Arbeiterfamilien bestimmt, grundlegend umgestaltet wird: durch Änderung der Arbeitsbeziehungen im Sinne der Selbstverwaltung der Arbeit durch die Arbeiter, durch eine Änderung der wirtschaftlichen und gesellschaftlichen Prioritäten im Sinne einer Neubestimmung von Ziel und Zweck der Arbeit und durch eine Änderung der Reproduktionsbedingungen der Arbeitskraft im Sinne der Befriedigung kollektiver Bedürfnisse (Deppe 1971).

Als wesentlichen Bestandteil einer solchen veränderten Arbeitsorganisation kann man sich eine weitgehend kooperativ-solidarische, nicht auf die gegenseitige Leistungskonkurrenz der Arbeitenden gegründete Arbeitsweise vorstellen – eine Arbeitsweise, die heute erst in Rudimenten in einigen Produktionsbereichen zu erkennen ist. Man kann sich weiterhin vorstellen, daß zur Vorbereitung auf diese kooperativ-solidarische Arbeitsweise an einige Komponenten der Arbeiterkultur und des Arbeiterbewußtseins angeknüpft werden kann – so zum Beispiel an die bereits diskutierte kollektive Identität oder an die Ethik der Gegenseitigkeit. Doch es darf dabei nicht übersehen werden, daß sich diese Komponenten im Interaktions- und Kommunikationsprozeß innerhalb der Arbeiterfamilie weitgehend als reiner Reflex auf eine objektiv unterprivilegierte Arbeits- und Lebenssituation konstituieren und an die nächste Generation weitergegeben werden. Diese

Konstitutionsbedingungen sollen aber ja gerade geändert werden; unter den veränderten Arbeits- und Lebensbedingungen können dann folglich kollektive Identität, Ethik der Gegenseitigkeit und die übrigen, erst noch genauer zu erforschenden Komponenten der Kategorien der «Weltauforderung» der Arbeiterfamilien und ihrer Kinder nicht mehr dasselbe bedeuten wie unter den gegenwärtigen. Mit veränderten Konstitutionsbedingungen für den Sozialisationsprozeß in den Arbeiterfamilien muß sich auch der Prozeß selbst und müssen sich seine Effekte verändern (Hurrelmann 1973).

So kann es nicht darum gehen, in romantisierender Verklärung an einigen heutigen Erscheinungsformen und Ergebnissen des Sozialisationsprozesses in den Arbeiterfamilien festzuhalten, sondern nur darum, auf einigen im Bezugspunkt einer humaneren Gesellschaft besonders entwicklungsfähigen Komponenten der Arbeiterkultur aufbauend die konkrete Vision wünschenswerter Konstitutionsbedingungen für wünschenswerte Sozialisationsziele genauer auszumalen und politisch zu verfolgen. Es ist zu bezweifeln, daß die im Zuge der gegenwärtigen Sozialisation in den Arbeiterfamilien produzierte spezifische Spielart der kollektiven Identität funktional für die hier apostrophierte Umgestaltung der Arbeits- und Lebensbedingungen ist. Denn das dafür notwendige politische Bewußtsein läßt sich nicht auf solche Komponenten in den Interaktions- und Kommunikationsmustern gründen, die praktisch aus schierer Notwendigkeit des psychischen und sozialen Überlebens entstanden sind und immer erneut entstehen.

Wenn es wirklich darum gehen soll, «nicht allein die Besserstellung einer bisher unterprivilegierten Gruppe in unserer Gesellschaft . . ., sondern eine Änderung der gesellschaftlichen Verhältnisse in qualitativer Hinsicht» (Ortmann 1971, S. 199) zu erreichen, dann kann den Angehörigen der Arbeiterschicht ein mühsamer und mitunter schmerzlicher Prozeß der Erziehung und Aufklärung nicht erspart werden. Er liegt vielmehr in ihrem eigenen persönlichen, kollektiven und im umfassenden Sinne politischen Interesse. In diesem Prozeß können sicherlich einige Komponenten der Familienkultur der Arbeiter erhalten bleiben, andere müssen modifiziert und auf ein neues Niveau gehoben, wieder andere müssen – selbst bei Gefahr einer Identitätskrise – aufgegeben und ersetzt werden. Eine hermeneutische Rekonstruktion der Lebenswelten und Weltbilder der sozialen Unterschicht wäre eine Voraussetzung zur Klärung dieses Problems, die von der Sozialisationsforschung erbracht werden müßte. Dabei müßten sowohl die explizit leitenden Zielvorstellungen wie auch die hinter den erklärten und geäußerten Einstellungen und Meinungen in den familialen Handlungsvollzügen stehenden impliziten Orientierungen und Sinnzusammenhänge in diese Rekonstruktion aufgenommen werden, was die Anwendung neuer Methodologien und Forschungstechniken nötig macht (Oevermann u. a. 1968).

Solche Forschungen sind von großer Bedeutung für die Entwicklung spezifischer Programme im Vorschul- und Schulsektor. Denn soll der bisherige «Unfug mit der kompensatorischen Erziehung» aufhören, so müssen die schulischen Lernstoffe wesentlich stärker die «Weltaufordnungskategorien» der Arbeiterkinder und ihre sprachliche Repräsentanz berücksichtigen und die Erfahrungen der Kinder aus der familialen und nachbarschaftlichen Umgebung als wertvoll und bedeutsam einbeziehen: «Wenn die ‹Kultur› des Lehrers Teil des Bewußtseins der Kinder werden soll, dann muß die ‹Kultur› des Kindes zuerst im Bewußtsein des Lehrers vorhanden sein» (Bernstein 1970, S. 35). Davon kann nach den bisher vorliegenden Untersuchungen keine Rede sein. Vielmehr bestätigt sich immer wieder, daß die Lehrer wegen der spezifischen sozialstrukturellen Determination ihrer eigenen beruflichen und sozialen Situation (vgl. Kapitel 3.1) nicht in der Lage sind, die Leistungen der Unterschichtkinder zu erkennen bzw. angemessen einzuschätzen, insbesondere, wenn sie eng mit sprachlichen Ausdrucksweisen verbunden sind. Es gibt außerdem nach wie vor Hinweise darauf, daß die Lehrer bei den Kindern der Mittel- und Oberschicht besonders stark das soziale Verhalten bei der Zensurengebung berücksichtigen, und zwar nach Standards, die die Kinder aus den sozialen Unterschichten benachteiligen müssen. Zuletzt sind Bertram und Bertram in einer umfassend angelegten empirischen Untersuchung diesem Problem nachgegangen. Sie ziehen aus ihren Erhebungen die Schlußfolgerung,

«daß aufgrund unterschiedlicher Kommunikationsmuster der einzelnen Schichten die Lehrer vor allem die Kinder fördern, deren Kommunikationsmuster mit ihrem eigenen weitgehend übereinstimmen, und daß sie bei Kindern aus anderen subkulturellen Gruppen mit einem differenzierenden Sprachgebrauch alles daran setzen, diese Kinder dazu zu bringen, den Sprachstil der Mittel- und Oberschicht zu übernehmen. Vorhandene kognitive Fähigkeiten, die an sprachliche Äußerungen gebunden sind, werden von den Lehrern weitgehend nicht wahrgenommen, so daß sich aus anfänglichen Differenzen in den kognitiven Leistungen schließlich kognitive Defizite entwickeln» (Bertram/Bertram 1974, S. 180).

Es ist bisher auch in experimentell angelegten kompensatorischen Programmen kaum gelungen, den Interaktions- und Kommunikationsprozeß zwischen Lehrern und Schülern so zu gestalten, daß einzelne Kinder nicht bereits aufgrund eines bestimmten Sprachstils benachteiligt sind. Nicht nur die Kinder aus bestimmten sozialen Schichten scheitern also an den vielbeschworenen «Sprachbarrieren», die ihnen den Anschluß an die schulische Kultur erschweren oder unmöglich machen; auch die Lehrer können offensichtlich ihre «Sprachbarrieren» nicht überwinden, die es für sie als Benutzer eines elaborierten Codes eigentlich nicht geben dürfte, denn sie sind nicht in der Lage, mit Kindern ausreichend zu kommunizieren, die sich durch einen anderen Sprachstil auszeichnen. Es muß klar gesehen werden, daß die Bildungs- und Sozialisationsforschung dieses Problem bisher völlig unzureichend analysiert hat und darüber hinaus praktisch noch keine praxisrelevanten wissenschaftlich fundierten Hinweise geben konnte.
Angetreten unter dem Postulat, die Chancengleichheit zu verbessern,

stehen alle kompensatorischen Erziehungsprogramme in gewissem Sinne unter der Illusion der Vermittlung einer Mobilitätschance für jedes Gesellschaftsmitglied. Nun läßt sich zwar nachweisen, daß die bisher bekannten Förderungsprogramme, die sich auf systematische Sprach- und Lesehilfen, auf Ansätze der Individualisierung und didaktischen Differenzierung der Unterrichtsprogramme, auf Versuche der Vergrößerung des außerschulischen Erfahrungsbereichs der Kinder usw. konzentrierten, in vielen Fällen einen positiven Effekt auf die Schulleistungen der Kinder ausgeübt haben. Nicht immer konnte geklärt werden, worauf dieser Effekt zurückzuführen war. Alle Erfolge sind aber in der Regel nur kurzfristig geblieben und hörten auf, wenn die aktiven kompensatorischen Erziehungsbemühungen ausgelaufen waren (Du Bois-Reymond 1971). Selbst wenn aber durch kompensatorische Erziehungsprogramme die Leistungssituation einiger Kinder in der Schule und damit auch ihre eventuelle Chance für späteren sozialen Statuserwerb verbessert worden ist, dürfen hieraus keine falschen Schlüsse über mögliche generelle Mobilitätstendenzen in unseren Gesellschaften gezogen werden. Denn an der ständigen Reproduktion der sozioökonomischen Strukturen unserer Gesellschaften, die die Ursache für die ungünstigen Entwicklungsmöglichkeiten der betreffenden Kinder sind, hat sich durch diese schulischen Maßnahmen so gut wie nichts geändert. Eine langsam ansteigende Quote von Arbeiterkindern an unseren höheren Schulen und an den Hochschulen ist zweifellos ein gesellschaftspolitischer Fortschritt. Doch er bleibt so lange ohne Auswirkungen auf die zentralen sozioökonomischen Strukturen, wie diese nicht als solche durch Reformen im Produktions- und Distributionsbereich (Verbesserung der Arbeitssituation, Veränderung der Arbeitsverfassung durch Mitbestimmung, Mechanismen der Einkommensangleichung usw.) spürbar beeinflußt werden.

Die Diskussion um die kompensatorische Erziehung zeigt deshalb sehr deutlich die Möglichkeiten und Grenzen auf, die unser Schulsystem für gesellschaftspolitisch wichtige Reformmaßnahmen im allgemeinen und für Maßnahmen zur Korrektur der sozialstrukturell bedingten familialen Sozialisationsprozesse im besonderen hat. Wie gezeigt werden sollte, ergeben sich die Grenzen zum einen aus der Tatsache, daß das Erziehungssystem immer nur Folgen von Sozialisationsbedingungen ändern kann, nicht aber diese Bedingungen selbst – es sei denn, bildungspolitische Strategien würden in umfassende gesellschaftspolitische Strategien einbezogen. Sie erklären sich zum zweiten dadurch, daß das Erziehungssystem selbst und die in ihm ablaufenden Sozialisationsprozesse sozialstrukturell determiniert sind, wie beispielhaft an den Einstellungen und Verhaltensdispositionen der Lehrer als wichtiger Handlungsträger des Erziehungssystems belegt werden kann. Gleichwohl dürfen die wenn auch geringen Möglichkeiten der Korrektur objektiv unbefriedigender Resultate schichtspezifischer Sozialisation nicht übersehen werden, die eine gezielte komplementäre schulische Einwirkung haben kann, wenn sie nicht als reine Anpassungsstrategie an herrschende

Normen und Verhaltensstandards konzipiert ist, sondern in dem angedeuteten Sinn auf eine Erweiterung der Erfahrungs- und Lernchancen der Kinder abstellt.

2.3.2 Das Erziehungssystem als Vehikel der Reproduktion sozialer Ungleichheit

Sozialstrukturelle Gegebenheiten spiegeln sich, zielt man auf die Klassen- und Schichtstruktur unserer Gesellschaften ab, in den Strukturen der Erziehungseinrichtungen wider; gleichzeitig reproduzieren Schulen und Hochschulen immer wieder erneut mit nur wenigen Abweichungen die je bestehende Klassen- und Schichtenstruktur. Am Beispiel einiger neuerer statistischer Unterlagen für die Bundesrepublik Deutschland soll dieser Sachverhalt kurz illustriert werden.

Ergebnisse statistischer und sozialwissenschaftlicher Erhebungen

Das Statistische Bundesamt hat 1972 eine Befragung über die Ausbildungssituation 10- bis 15jähriger Schüler durchgeführt. Greift man aus diesen Unterlagen den gegenwärtigen Schulbesuch der Kinder in Abhängigkeit von der Stellung im Beruf des Familienvorstandes heraus, so fällt die deutliche Korrelation zwischen der Stellung in der Berufshierarchie und dem gegenwärtigen Schulbesuch auf (Tabelle 1). 76 % der 10- bis unter 15jährigen Kinder, deren Familienvorstand gelernter oder Facharbeiter ist, gehen zur Hauptschule, nur 9 % besuchen das Gymnasium. In der Gruppe «übrige Arbeiter», die vor allem die ungelernten und unqualifizierten Arbeiter umfaßt, besuchen sogar 84 % die Hauptschule und nur 4 % das Gymnasium. Die Kinder von Angestellten, Beamten und Selbständigen außerhalb der Landwirtschaft besuchen demgegenüber ziemlich übereinstimmend zu fast 50 % die Hauptschule, während sie zu mehr als einem Drittel an den Gymnasien zu finden sind. Auch die für die Kinder angestrebten Ausbildungsziele, insbesondere die Wünsche der Eltern über den zu erreichenden Schulabschluß, hängen sehr eng mit der Stellung im Beruf und mit Einkommen und Schulabschluß des Familienvorstandes zusammen.

Tabelle 1: 10- bis unter 15jährige Kinder nach gegenwärtigem Schulbesuch und Stellung im Beruf des Familienvorstandes (ausgewählte Berufsgruppen)

Stellung im Beruf des Familienvorstandes	Kinder (in 1000)	Gegenwärtiger Schulbesuch		
		Haupt- schule	Real- schule	Gymna- sium
Selbständige außerh. d. Landw.	495	46 %	20 %	34 %
Beamte	367	45 %	18 %	37 %
Angestellte	945	49 %	17 %	34 %
Gelernte und Facharbeiter	1218	76 %	15 %	9 %
übrige Arbeiter	1109	84 %	12 %	4 %
		ø 67 %	ø 15 %	ø 18 %

Quelle: Statistisches Bundesamt, Wirtschaft und Statistik, Heft 8, 1973, S. 466 (Mikrozensus BRD 1972, vom Verf. abgerundete Prozentangaben).

Analysen der schichtspezifischen Übergangsquoten im deutschen Schulwesen belegen, daß die starke schichtspezifische Auslese der Schüler beim Übergang in die weiterführenden Schulen, also im Anschluß an die 4. Klasse der Grundschule, eintritt. So konnte etwa für Baden-Württemberg bei einer Stichprobe von 86 000 Schülern beim Übergang vom Schuljahr 66/67 in das Schuljahr 67/68 folgender Sachverhalt festgestellt werden: Setzt sich die Schülerschaft in der 4. Klasse Grundschule aus 6 % Beamten-, 23 % Angestellten- und 46 % Arbeiterkindern zusammen, so sind es in der 5. Klasse Gymnasium 15 % Kinder aus Beamten-, 39 % aus Angestellten- und 18 % aus Arbeiterfamilien. Der Anteil an Arbeiterkindern sinkt dann im Verlauf der Gymnasialzeit permanent ab und beträgt in der 13. Klasse 9 %; demgegenüber nimmt der Anteil der Kinder aus Beamtenfamilien von Schuljahr zu Schuljahr zu. Zur Illustration sei auch hier das Zahlenmaterial unterbreitet (Tabelle 2):

Tabelle 2: Verteilung von Schülern in ausgewählten Klassenstufen der Grundschule und des Gymnasiums nach Berufsgruppe des Erziehungsberechtigten im Schuljahr 1966/67 (N = 86 000)

Berufsgruppe des Erziehungsberechtigten	Schultyp und Klassenstufe		
	Grundschule	Gymnasium	
	4. Klasse	5. Klasse	13. Klasse
Selbst., Freiberufl.	13 %	22 %	26 %
Selbst. Landwirte	9 %	3 %	2 %
Beamte	6 %	16 %	21 %
Angestellte	23 %	39 %	35 %
Arbeiter	46 %	18 %	9 %
Nichterwerbstätige	3 %	2 %	7 %
	100 %	100 %	100 %

Quelle: Jaeger 1969, Tabellenteil (vom Verf. abgerundete Prozentangaben).

Der weitaus größte Teil der Kinder aus Arbeiterfamilien findet sich über kurz oder lang also an den Hauptschulen wieder; auch wenn von einer – in den letzten Jahren kontinuierlich anwachsenden – Minderheit dieser Kinder der Besuch eines Gymnasiums aufgenommen wird, so ist doch die Ausfallquote bei ihnen überdurchschnittlich groß. Für den weitaus größten Anteil der Kinder aus Arbeiterfamilien stellt die Hauptschule mit anschließender beruflicher Ausbildung den üblichen Ausbildungsweg dar. Für eine Minderheit von rund 15 bis 20 % ist der Abschluß der 10. Klasse Hauptschule oder der Abschluß der 10. Klasse Realschule erreichbar; im Anschluß daran werden in der Regel eher kaufmännische Berufsschulen besucht, während bei den Schülern mit Abschluß nach der 9. Klasse Hauptschule die gewerbliche Berufsschule dominiert. (Der Lehrabschluß in einem kaufmännischen Beruf, der häufig zu einem Angestelltenverhältnis führt, wird als eine Verbesserung des Berufsstatus gewertet, im Vergleich zu einem Lehrabschluß in einem technisch-gewerblichen Beruf, der eher die Berufsgruppe «Arbeiter» reproduziert; Jaeger 1969, S. 166ff.) Eine weitere Minderheit von etwa 10 % der Kinder aus Arbeiterfamilien erreicht den Abschluß der 13. Klasse des Gymnasiums und erhält damit eine Zugangsmöglichkeit zu einer Hochschulausbildung. Beim Übergang vom Gymnasium an die Hochschulen fällt auf, daß Kinder aus den Arbeiterfamilien schwerpunktmäßig an die pädagogischen Hochschulen übergehen, während der größte Anteil der Kinder aus Angestellten- und Beamtenfamilien an die Universität weitergeht. Hier wird offenbar die pädagogische Hochschule als ein geeignetes Aufstiegsmedium für die Minderheitsgruppe der Arbeiterkinder angesehen, die den Sprung in die höchsten Ausbildungsebenen geschafft hat (Jaeger 1969, S. 160).

Aus der jüngsten Sozialerhebung des Deutschen Studentenwerks von 1973 läßt sich im übrigen ablesen, wie groß der Anteil der Studenten nach unterschiedlicher Stellung des Vaters im Beruf ist und wie sich diese Zahlen in den letzten 20 Jahren verändert haben. Arbeiter, die einen Anteil von knapp rd. 50 % aller Erwerbstätigen stellen, stellen demnach noch immer nur 12 % der gesamten Studentenschaft. Immerhin ist diese Quote in den letzten 20 Jahren kontinuierlich angestiegen (Tabelle 3).

Tabelle 3: Anteil der Studenten an der Gesamtstudentenschaft nach Stellung des Vaters im Beruf

Stellung des Vaters im Beruf	Anteil an der Studentenschaft		
	1973	1967	1953
Selbständiger	26 %	30 %	34 %
Beamter	27 %	30 %	38 %
Angestellter	33 %	31 %	23 %
Arbeiter	12 %	7 %	4 %
Übrige/o. Angabe	2 %	2 %	1 %
	100 %	100 %	100 %

Quelle: Sozialerhebung des Deutschen Studentenwerks 1973.

Die meisten Studenten aus der Gruppe der Arbeiter stammen im übrigen aus der Gruppe der Facharbeiter, während kaum Studenten aus Familien ungelernter Arbeiter an den Hochschulen zu finden sind. Bei der Bewertung dieser Zahlen ist allerdings zu berücksichtigen, daß Strukturmerkmale wie Arbeiter, Angestellter oder Beamter angesichts des Wandels im wirtschaftlichen Bereich den Sozialstatus der Eltern nur unvollständig beschreiben. So sind fast 60 % der Väter der Beamtenkinder unter den deutschen Studienanfängern Beamte des einfachen, mittleren und gehobenen Dienstes, also in der Regel Nichtakademiker. Insgesamt haben die Väter von 78 % der deutschen Studienanfänger des Studienjahres 1971/72, also 4 von 5, selbst nicht studiert. 1967/68 lag die Vergleichszahl noch bei 71 % (Mitteilung des Ministeriums für Wissenschaft und Forschung Nordrhein-Westfalen 8, 1973).

Die hier vorgelegten Daten bestätigen wissenschaftliche Trendaussagen, die schon in den frühen sechziger Jahren, also noch vor Beginn der von sozialreformerischem Optimismus getragenen Expansionsphase des Bildungswesens in den westlichen Industriestaaten, vorgelegt worden waren. Anderson (1961) hat in einer Sekundäranalyse von Mobilitätsstudien gezeigt, wie gering der Beitrag des Schulwesens zur Förderung sozialer Mobilität ist, und zusammenfassend festgestellt, die schulische Ausbildung sei auf keinen Fall ein dominanter Faktor in diesem Prozeß. Ebenfalls in einer Sekundäranalyse, die einen Zeitraum von etwa 50 Jahren umfaßt, hat Daheim (1961) nachgewiesen, daß sich in historischer Perspektive der Zusammenhang zwischen Schulbildung der Söhne und Schulbildung und Beruf der Väter nicht entscheidend gelockert hat. Solch eine Lockerung hätte erwartet werden können, weil im Zug fortschreitender Industrialisierung formal die individuelle Leistung als Kriterium der Zuweisung zu beruflichen Positionen immer stärker an die Stelle von «zugeschriebenen» Merkmalen (wie Standeszugehörigkeit, Religionszugehörigkeit usw.) getreten ist. Die Schule, die sich als zentrale Instanz der Förderung solcher individueller Leistungsfähigkeit unabhängig von der sozialen Herkunft der Kinder versteht, hätte zumindest zu einem beträchtlichen Teil eine Neuverteilung der Ausstattung mit Fähigkeiten und Fertigkeiten bewerkstelligen und den engen Zusammenhang von Berufschancen des Vaters und Berufschancen des Sohnes entscheidend durchbrechen können. Doch, wie gesagt, die sich über einen langen Zeitraum erstreckenden Daten sprechen eine andere Sprache: Die jeweils benachteiligten Gruppen beschicken überwiegend die Volksschulen, die gehobenen Berufsgruppen achten sorgfältig auf ein höheres Ausbildungsniveau, das zumindest den bisherigen beruflichen Status sichern hilft. Zwei neuere Untersuchungen bestätigen diese Sachverhalte. Sie gehen nicht mehr nur von einfachen Vergleichen der unterschiedlichen Mobilitätschancen von Individuen mit verschiedener Ausbildung aus, sondern von mehr oder weniger formalisierten Modellen, die die Tatsache abzubilden gestatten, daß Individuen einen bestimmten sozialen Status besitzen, der in den Etappen ihres Lebenszyklus sich nach verschiedenen Kriterien bestimmen und verändern kann.

Im deutschen Sprachbereich hat vor allem W. Müller (1974) unter Verwendung eines pfadanalytischen Modells den Zusammenhang zwischen sozialer Herkunft, Bildung und Berufsstellung untersucht. Seine Daten stammen aus einer Totalerhebung der 33jährigen männlichen Einwohner der Stadt Konstanz. Die Ergebnisse seiner sorgfältigen Untersuchung zeigen, daß Beruf und Ausbildung des Vaters das Niveau der Ausbildung des Sohnes stark bestimmen; dieses determiniert wiederum fast vollständig den Beginn der beruflichen Karriere. Der Übergang vom Ausbildungssystem in das Berufssystem ist also weitgehend normiert. Erst im späteren Verlauf der Karriere spielt die unterschiedliche Herkunft eine von der Ausbildung relativ unabhängigere Rolle. Müller unterscheidet zwischen der Berufsstellung der Befragten zu Beginn ihrer beruflichen Laufbahn und der entsprechenden Berufsstellung im Alter von 33 Jahren. Der Zusammenhang zwischen Ausbildung und erster Berufsstellung ist außerordentlich hoch; der Zusammenhang zwischen erster Berufsstellung und Berufsstellung im Alter von 33 Jahren hängt davon ab, ob sich die Befragten in dem betreffenden Zeitraum beruflichen Weiterbildungsmaßnahmen unterzogen haben oder nicht. Findet Weiterbildung statt, so sinkt der Grad der Determinierung der späteren Berufsposition durch die berufliche Eingangsstellung deutlich, bleibt aber nach wie vor bemerkenswert hoch.

Die Weiterbildung, operationalisiert als Dauer von Bildung nach Antritt der ersten Berufsstellung in Jahren, tritt also als eine intervenierende Variable zwischen den ersten Beruf und den Beruf mit 33 Jahren. Es handelt sich um einen Faktor, der für eine teilweise Angleichung ungleicher Startbedingungen besonders in den unteren Gesellschaftsschichten von großer Bedeutung ist. Die größere Distanz zur Herkunftsfamilie, die Berufstätige im Vergleich zu Schülern haben, läßt offenbar die berufsfördernden oder -hemmenden Impulse des Herkunftsmilieus hier weniger zum Zuge kommen. Es ist bemerkenswert, daß die Befragten hauptsächlich berufsbezogene Weiterbildungsinstitutionen wie technische Fachschulen und Ingenieurschulen besuchten; gegenüber den Bildungsinstitutionen des sog. zweiten Bildungsweges – Abendgymnasium, Institut zur Erlangung der Hochschulreife usw. – scheinen diese Institutionen besser in der Lage zu sein, Ungleichheiten der sozialen Herkunft auszugleichen. Die Konsequenz aus diesen Befunden, sollten sie sich in weiteren Untersuchungen bestätigen, könnte die stärkere Förderung der Entwicklung systematischer Ausbildungsgänge während der beruflichen Karriere sein.

Die bisher vorgestellten Untersuchungen resümierend, läßt sich feststellen, daß Ausbildung und berufliche Position eines Individuums in überwiegendem Maße durch Ausbildung und berufliche Position des Vaters bestimmt werden; in zweiter Instanz lassen sich weitere Variablen des familialen Hintergrundes als Determinanten identifizieren (Müller 1973). Von einem entscheidenden *unabhängigen* Effekt des Erziehungssystems für die Determination beruflicher Positionen und den Ausgleich sozialer Ungleichheiten kann demnach keine Rede sein. Diese Aussagen werden durch eine neuere Untersuchung aus den USA bestätigt, die die in unseren Gesellschaften vielfach ideologisch genährte Vorstellung erschüttert, das Bildungssystem könne unabhängig von der sozialen Herkunft durch den Aufbau individueller Leistungspotentiale soziale Ungleichheitsstrukturen abbauen und einen als gerecht empfundenen Weg sozialen Aufstiegs durchsetzen. Von einem Forschungsteam unter der Leitung von C. Jencks wurden alle erreichbaren empirischen Daten aus amerikanischen Untersuchungen über Ungleichheitsstrukturen in Schule und Beruf zusammengetragen und in eine Sekundäranalyse einbezogen. Die Ergebnisse des umfangreichen Forschungsberichtes werden von den Autoren selbst folgendermaßen zusammengefaßt:

> «Wir haben gesehen, daß Bildungschancen, kognitive Fertigkeiten, Zeugnisse, Berufsstatus, Einkommen und Zufriedenheit am Arbeitsplatz ausnahmslos ungleich verteilt sind. Bei der Erklärung der meisten dieser Ungleichheiten haben wir jedoch nicht sehr viel Erfolg gehabt. Der Zusammenhang zwischen den verschiedenen Arten der Ungleichheit ist gewöhnlich recht schwach, woraus hervorgeht, daß die Egalisierung *eines* Sachverhaltes wahrscheinlich keine große Wirkung auf das Ausmaß der Ungleichheit auf anderen Gebieten hat» (Jencks 1973, S. 272).

Immerhin fanden sich – wie in sorgfältig angelegten Primäruntersuchungen, etwa dem Coleman-Report (1966), zuvor – eindeutige Belege für die Determination schulischen Erfolgs durch den familiären Hintergrund eines Schülers. Der sozioökonomische Status der Familie, festgelegt durch den Beruf des Familienvorstandes, war der entscheidende Faktor. Außerdem wurde der ebenfalls schon im Coleman-Report erhobene Befund bestätigt, wonach die Ausstattung einer Schule, die Qualifikation der Lehrer und die Qualität des curricularen Angebots in den Schulen einen sehr schwachen Einfluß auf die schulischen Erfolge der Kinder ausüben; Kinder ethnischer und rassischer Minoritäten profitieren noch am meisten von Unterschieden dieser Faktoren. Die Art des Ausstoßes einer Schule hängt nach diesen Unterlagen so gut wie ausschließlich vom «Rohmaterial» ab, von den Merkmalen der Schulanfänger nämlich; diese werden durch die schulischen Bildungs- und Ausbildungsprozesse, wie Jencks sagt, «nicht gleicher». Deshalb sei auch durch eine Reform des Bildungswesens keine soziale Gleichheit herbeizuführen.

Überraschung und Verwirrung hat die Feststellung der Forschergruppe ausgelöst, soziale Herkunft und Niveau des Schulabschlusses (gemessen nach Anzahl der Schuljahre) hätten nur einen mäßig großen Einfluß auf die Berufsstellung und die Höhe des Einkommens. (Im Unterschied zu anderen Untersuchungen, etwa der von Müller, wurde allerdings nicht nach Stellung im Beruf zu Beginn und nach Ablauf einiger Berufsjahre unterschieden; dasselbe gilt für das Einkommen.) Auch andere Faktoren wie Geschlecht und kognitive Leistungen haben nach den Unterlagen von Jencks nur einen kleinen Einfluß auf diese Variablen. Ein wirklich dominierender Einflußfaktor konnte nicht identifiziert werden, woraus man den Schluß zog, beruflicher und finanzieller Erfolg seien im wesentlichen eine Sache des «Glücks» (Jencks 1973, S. 41).

Gegen die Aufbereitung und Interpretation der aus Sekundäranalysen gewonnenen Daten von Jencks und Mitarbeitern sind forschungstheoretische und -methodische Bedenken anzumelden, auf die hier nur kurz eingegangen werden kann: Es wird ohne Hypothesenbildung gearbeitet, nur jeweils direkt und theorielos aus statistischen Interkorrelationsbündeln geschlußfolgert; die methodischen Vorgehensweisen bei der Operationalisierung der einzelnen Variablen bleiben in dieser Sekundäranalyse ausgeblendet, was die Gefahr einer Verdinglichung der durch forschungstechnische Kunstgriffe produzierten Variablen und ihrer Zusammenhänge heraufbeschwört; die Autoren fällen zum Teil sehr weitreichende Interpretationen auf der Basis eines (von ihnen selbst so bezeichneten) unzureichenden empirischen Materials und haben dabei die bildungs- und gesellschaftspolitischen Implikationen ihrer Ausführungen überhaupt nicht bedacht. Im übrigen baut ihre Interpretation allzu stark auf den *nicht* durch die einzelnen Untersuchungen erklärten Zusammenhängen auf: Sie werden durchweg als so bedeutsam eingestuft, daß dabei die tatsächlich gefundenen Korrelationen zwischen den einzelnen Variablen (etwa zwischen Schulbildung und Beruf/Einkommen) beinahe als unwichtige Nebenphänomene abgetan werden. Die unerklärte Varianz, die zugegebenermaßen groß ist (aber wo wäre das bei sozialwissenschaftlichen Erhebungen nicht der Fall!), quasi als eine *einzelne* Variable zu behandeln und dazu noch mißverständlich zu bezeichnen («Glück») ist ein alles andere als seriöses Verfahren. In dem hier interessierenden Fall täuscht es z. B. darüber hinweg, daß von allen identifizierbaren Einzelvariablen die Schulbildung den relativ größten Anteil der Varianz für die Variable «Stellung im Beruf» erklärt.

In ihrer großen Linie stimmen alle hier zitierten Untersuchungen im entscheidenden Punkt überein: Von einem ausschlaggebenden *unabhängigen* Effekt des Erziehungssystems für die Determination sozioökonomischer Ungleichheitsstrukturen der Gesellschaft kann insofern keine Rede sein, als das Erziehungssystem als gesellschaftliche Verteilungsinstanz, die zwischen Familie und Beruf tritt, im wesentlichen nur die Festlegungen der Ausgangsinstanz Familie aufnimmt und unverändert weitergibt. Auch die bisherigen Schulreformen haben diese Tatsache nicht durchgreifend verändert. Zwar wird Status in der Schule formal nach individuell erbrachter Leistung, also nach einem erworbenen Kriterium, erreicht und schafft eine mehr oder weniger gute Ausgangsbasis für spätere berufliche und soziale Chancen, doch erweist sich nur ein kleiner Teil des Zusammenhangs zwischen diesen Faktoren als wirklich unabhängig von den («zugeschriebenen») Kriterien der familiären Herkunft. Damit ist die Annahme eines für industrielle Gesellschaften charakteristischen eindeutigen und ungebrochenen Trends von der Statusverteilung nach Zuschreibung zur Statusverteilung nach Erwerb hinfällig; beide Arten von Statuserwerb überlagern sich vielmehr.

Obwohl das Erziehungssystem Statusallokation primär nach erworbenen Kriterien vornimmt, setzt es die zugeschriebenen Kriterien, die als Ausgangsbedingungen von den einzelnen Schulkindern eingebracht werden, nicht außer Kraft. Diese schlagen vielmehr auf die nachschulischen Berufs- und Lebenschancen durch, weil die Bindung von formaler schulischer Abschlußqualifikation und beruflichem Status nach wie vor eng ist. Die statistische Korrelation zwischen diesen Variablen kann sich abschwächen, wenn nicht die berufliche Eingangsposition, sondern die Position nach mehreren

Berufsjahren in die Auswertung eingeht – ein Sachverhalt, der auf die etwas abweichenden und in sich widersprüchlichen Daten von Jencks sicherlich Einfluß hat. Die statistische Korrelation kann im Vergleich zu früheren Erhebungen auch deshalb kleiner sein, weil sich die Dauer des Schulbesuchs in allen westlichen Industriegesellschaften durch die Ausdehnung der Pflichtschulzeit nivelliert. Mit Ausnahme der hochqualifizierten Ausbildungsgänge gleicht sich die Gesamtausbildungszeit für alle Berufsgruppen tendenziell an, ohne daß hiermit Konsequenzen für Berufsprestige und Einkommenshöhe verbunden wären. Auch dieser Sachverhalt, der für korrelationsstatistische Analysen von großer Bedeutung sein kann, wird von Jencks nicht explizit berücksichtigt. Sollte er tatsächlich – was zu erwarten ist – die quantitativen Korrelationen zwischen formalem Schulabschluß und beruflichem Status schwächen, so wäre damit aber noch nichts über die fortbestehenden und sich teilweise sogar verfestigenden qualitativen Bindungen zwischen diesen beiden Variablengruppen gesagt. Diese Bindungen haben sich insofern noch verstärkt, als die Berufsgruppen zunehmen, für die ein bestimmter Schulabschluß (sowohl nach Zahl der Schuljahre als auch nach Qualität der Leistungen) vorausgesetzt wird; in den letzten Jahrzehnten hat sich das Schulbildungsniveau zum Beispiel für die Berufsgruppen der Angestellten und Beamten angehoben, die Volksschulbildung reicht immer weniger als Berufseingangsqualifikation aus.

Wollen Beamten- und Angestelltenfamilien den erreichten Status an die nachfolgende Generation weitergeben, so müssen sie aus diesem Grunde für ihre Kinder ein höheres Ausbildungsniveau anstreben, als sie selbst erreicht haben. Wie aus den oben mitgeteilten Ergebnissen der schichtspezifischen Sozialisationsforschung klargeworden ist, verfügen sie dazu über gute Ausgangsbedingungen, bessere jedenfalls als etwa Arbeiterfamilien, für deren Kinder der Zugang zu den gehobenen Positionen in Angestellten- und Beamtenberufen relativ eher schwieriger wird: Ein wirklicher Statusdurchbruch von einer Generation zur anderen ist für eine Arbeiterfamilie praktisch nur möglich, wenn gleich zwei Sprossen der Hierarchie formaler Ausbildungsabschlüsse auf einmal genommen werden, da sich tendenziell die Ausbildungsanforderungen für fast alle gehobenen Positionen von einer Generation zur anderen um eine Sprosse gehoben haben. Um sich gegen die Substitutionskonkurrenz aufsteigender Arbeiterkinder zu schützen und von einer Generation zur anderen die beruflichen und ökonomischen Privilegien zu bewahren, brauchen sich die Kinder aus Angestellten- und Beamtenfamilien demgegenüber nur relativ geringeren Anstrengungen zu unterziehen, also gewissermaßen nur eine Sprosse der Leiter der Ausbildungsanforderungen hinaufzuklettern. Dieser Sachverhalt stellt einen wirksamen Schutz für die Selbstrekrutierungsmechanismen dieser Berufsgruppen dar, der nur deshalb nicht stark ins Auge fällt, weil berufliche Sektoren, in denen Angestellte und Beamte beschäftigt sind, in den letzten Jahrzehnten überdurchschnittlich stark expandierten. Grundsätzlich können wir aber in allen industriellen Gesellschaften solch eine Spirale sich hochschraubender Bildungs-anforderungen beobachten, die zusätzlich zu den bereits genannten Fakto-ren dafür sorgt, daß die formal mögliche Neuverteilung von beruflichen Chancen über Mechanismen der Statusverteilung im Erziehungssystem nicht Realität wird.

Diese Überlegungen sprechen für die Richtigkeit der Argumente einer UNO-Kommission, die zwar anerkennend betont, in den letzten Jahrzehn-ten seien in nahezu allen Gesellschaften die Zugangsmöglichkeiten zum Schulsystem sozial angeglichen und damit die Privilegien vergangener Zei-ten de jure abgeschafft worden, faktisch bestünden diese jedoch fort, weil die formal gesicherte Chancengleichheit nicht bis hin zu den Abgangsqualifika-tionen wirksam geworden sei. Nach diesem Bericht haben wir es in allen bestehenden Gesellschaften nach wie vor mit selektiven und geschichteten Erziehungssystemen zu tun, die zum Nutzen derjenigen Kinder funktionie-ren, die sich die richtigen Eltern ausgesucht haben (UNESCO 1973, S. 114).

Selektionsmechanismen und ihre Legitimationsgrundlagen

Alle kritischen Analysen müssen nach den vorstehenden Überlegungen zu dem Schluß kommen, daß Erziehungssysteme in unseren Gesellschaften zwar vorgeben mögen, egalitär zu sein, ihre objektive Funktion aber ist, die bestehenden Privilegien weitgehend zu erhalten. Das geschieht mittels all-gemein für legitim gehaltener Selektionsmechanismen in Schulen und Hochschulen, die faktisch bewirken, daß sich die Kinder aus den weniger begünstigten sozialen Schichten sozusagen von selbst ausschalten. Die vor-herrschenden Selektionsmechanismen basieren auf dem Leistungsprinzip, haben ihre Ursprünge also in traditionellen bürgerlichen Vorstellungen der Aufklärung. Nach diesen Vorstellungen sollen soziale und ökonomische Qualifikationen materieller und immaterieller Art ausschließlich nach Maß-gabe der individuell erbrachten Leistung verteilt werden:

«Die Verteilung der Gratifikationen soll das Muster der Leistungsdifferentiale aller einzelnen isomorph abbilden. Bedingung ist die chancengleiche Teilnahme an einem Wettbewerb, der so geregelt ist, daß externe Einflüsse neutralisiert werden können» (Habermas 1973, S. 114).

Die gesellschaftspolitische Intention dieses Verteilungsmodells für gesell-schaftliche Chancen entstammt der Tradition egalitären Denkens. Sie richtet sich gegen funktional nicht zu rechtfertigende Vorrechte und ständische Privilegien, stellt überkommene «zugeschriebene» Bindungen des Men-schen, die durch soziale Herkunft, Geschlecht, Religion, Alter usw. gegeben sind, in Frage und geht von der aufklärerischen Idee des natürlichen Rangs aller Menschen aus. Sie korrespondiert mit einer wirtschaftlichen Entwick-lung, die zur umfassenden Entfaltung der Produktivkräfte zunehmend zweckmäßig eingesetzte und fachkompetente menschliche Arbeitskraft be-nötigt und deshalb nach einem Prinzip verlangt, das eine Besetzung wirtschaftlicher Positionen und den vorausgehenden Selektionsprozeß rational zu steuern vermag (Dahrendorf 1961, S. 19 ff.; Steinkamp 1974).

Dieses dem bürgerlich-liberalen Denken entsprungene Verteilungsmodell fungiert nicht nur als Norm, die Gleichheit gewährleistet, sondern ebensosehr als Legitimationsprinzip, das gesellschaftliche Ungleichheit rechtfertigt. Es sanktioniert solche Formen der Ungleichheit, die durch individuelle Leistungen zustande gekommen sind (Offe 1970, S. 43 f.). Als allgemein für legitim gehaltenes Prinzip der Verteilung gesellschaftlichen Status rechtfertigt das Leistungsprinzip das enorme Gefälle materieller und immaterieller Lebenschancen, das sich in den Sozialstrukturen unserer Gesellschaften darbietet. Diese Ungleichheit bedarf allein schon zur Abwehr sozialer und politischer Unruhen einer erklärenden Rechtfertigung, die angesichts der egalitären Systemprämissen nicht mehr aus vorindustriellen Legitimationsmustern der Statusverteilung zu ziehen ist.

Im Selbstverständnis moderner Leistungsgesellschaften konstituieren sich die Ungleichheitsstrukturen in erster Linie über den Status im Beschäftigtensystem; sowohl der Zugang zu bestimmten Berufspositionen als auch die Verteilung der Arbeitseinkommen und der während der Beschäftigungszeit erfolgende Aufstieg in höhere berufliche Positionen sind nach dieser Vorstellung durch die individuell erbrachte Leistung determiniert. Industriesoziologische Untersuchungen lassen allerdings Zweifel gerechtfertigt erscheinen, ob die individuell erbrachte Leistung tatsächlich das ausschlaggebende Kriterium für diese Aspekte beruflicher Statusverteilung ist. Für den Zugang zu beruflichen Positionen ebenso wie für den Aufstieg von einer Position zur anderen werden die einigermaßen objektiv feststellbaren und meßbaren kognitiven und technischen Leistungen in dem Maße in ihrer dominanten Funktion zumindest abgeschwächt, wie der Anteil extrafunktionaler Qualifikationselemente in vielen Berufsrollen zunimmt (vgl. Abschnitt 2.2).

Je größer der Anteil extrafunktionaler Qualifikationselemente ist, desto schwieriger wird die individuelle Differenzierung von Statusmerkmalen und Einkommenshöhe nach Kriterien der Arbeitstätigkeit – schon allein deshalb, weil die Ausprägungen solcher normativer Orientierungen noch weniger meßbar und individuell zurechenbar sind als die instrumenteller und technischer Fertigkeiten. Wie wenig das Leistungsprinzip im Beschäftigungssystem als Verteilungsprinzip tatsächlich in Kraft ist, erhellt schon aus der Tatsache des krassen Lohngefälles zwischen Männern und Frauen, zwischen verschiedenen Branchen und verschiedenen Anstellungsverhältnissen (Statistisches Jahrbuch 1972, S. 475). Diese Unterschiede bestimmen sich nicht durch unterschiedliche Leistungsfähigkeit der betreffenden Gruppen von Arbeitenden, sondern durch arbeitsmarkt- und konjunkturpolitische Mechanismen.[14] Die Fiktion der ungebrochenen Geltung des Leistungs-

---

14 Abgesehen davon, daß das Leistungsprinzip im Beschäftigungssystem nicht in der

prinzips wird allerdings trotz dieser gegenläufigen Erkenntnisse aufrechtzuerhalten versucht, nicht zuletzt deshalb, weil das Leistungsprinzip im Beschäftigungssystem ein geeignetes Kontroll- und Disziplinierungsinstrument darstellt, durch das die Loyalität mit herrschenden Interessen und
Arbeitsformen prämiert wird und der Schein einer objektiven oder «technischen» Begründbarkeit organisatorischer Hierarchien hervorgebracht und
stabilisiert wird (Offe 1970, S. 166).

Das Erziehungssystem steht aufgrund solcher und ähnlicher gesellschaftlicher Interessen unter dem Druck, das Leistungsprinzip nicht nur als ein
legitimes Prinzip der Statusverteilung allgemein zu rechtfertigen, sondern
sich selbst auch als ein solches soziales System zu konstituieren, das Status
und Privilegien ausschließlich nach Leistungsstandards vergibt. Welche
Konsequenzen das für die internen Organisations- und Interaktionsstrukturen von Schulen und Hochschulen hat, soll in den Kapiteln 3 und 4 diskutiert
werden. Für den gesellschaftspolitischen Stellenwert des Erziehungssystems
als Ganzes ergibt sich aus diesem Druck die ideologisierte «Funktionslüge»,
Schule und Hochschule seien «primäre, entscheidende und nahezu einzige
soziale Dirigierungsstelle für Rang, Stellung und Lebenschancen des einzelnen» (Schelsky 1957, S. 18). Diese Formel baut auf dem oben erörterten
Faktum auf, daß in industriellen Gesellschaften das Ausbildungsniveau des
einzelnen von hohem Einfluß auf seine beruflichen und damit allgemein-so-
zialen Einkommens- und Prestigechancen ist, hat aber insofern eine ideologische Verschleierungsfunktion, als sie den Akzent auf die von Generation
zu Generation angeblich immer erneut vorzunehmende Verteilung der
Chancen nach scheinbar neutralen und sozial gerechten Kriterien legt und
suggeriert, die Dirigierung erfolge mit offenem Ausgangseffekt.

Solche ideologisierten Funktionsbestimmungen des Bildungswesens erfüllen den Zweck, die Rechtfertigung gesellschaftlicher Ungleichheiten dem
Erziehungssystem anzulasten. Dieser Zweck ist bereits insofern erfüllt, als
man in den Gegenwartsgesellschaften zur Berechtigung gesellschaftlicher
Privilegierung oder Unterprivilegierung in zunehmendem Maße auf Schul-
und Ausbildungserfolge und Abschlußzertifikate verweist, die als objektiver
Ausdruck für die privilegienberechtigenden Fähigkeiten und Fertigkeiten
gelten. Bildung übernimmt damit als soziales Medium Funktionen, die in
früheren Phasen unserer gesellschaftlichen Entwicklung sozialer Stand und

---

Weise in Kraft ist, wie es der offiziellen Leistungsideologie entsprechen würde, wird seine
gesamtgesellschaftliche Bedeutung auch durch den wachsenden Umfang von leistungsun-
abhängigen Transferzahlungen an diejenigen (Wirtschafts-)Subjekte eingeschränkt, die
vorübergehend oder dauerhaft außerhalb des Arbeitsmarktes stehen (Sozialhilfeempfän-
ger, Schüler, Studenten usw.). Die immanenten Bewegungsgesetze industriegesellschaft-
licher Arbeitsmärkte machen ein immer größeres Volumen und immer größere Adressa-
tengruppen für diese sekundäre leistungsunabhängige Einkommensumverteilung notwendig.

Eigentum allein innehatten (v. Krockow 1974). Als Medium zur Rechtfertigung sozialer Ungleichheit ist Bildung insofern besser als Stand und Eigentum geeignet, als unmittelbar einsichtig ist, daß sie nicht direkt vererbt wird, sondern von Generation zu Generation kraft Begabung und Leistung neu erworben werden muß. Die hier unterbreiteten Forschungsergebnisse haben allerdings belegt, daß das sozialhistorisch neue Medium «Bildung» mit den traditionellen Medien eng verbunden bleibt und nur marginale Korrekturen der Reproduktion der bestehenden Sozialstrukturen bewirkt: Nur in wenigen Ausnahmefällen ist sozialer Aufstieg aufgrund besonderer Leistungen und glücklicher Umstände möglich; die Stellung in der Sozialstruktur bleibt letztlich doch ein quasi ererbtes Schicksal.

Fazit

Das Erziehungssystem ist ein Vehikel für die Reproduktion der Strukturen sozialer Ungleichheit in industriellen Gesellschaften. Die von ihm gesteuerten Sozialisations- und Erziehungsprozesse fügen sich in ihren großen Linien in den zirkelförmigen Verlauf der Sozialisations- und damit der gesellschaftlichen Reproduktionsverhältnisse ein. In den Worten von Rolff:

«Die Sozialisation durch den Beruf prägt in der Regel bei den Mitgliedern der sozialen Unterschicht andere Züge des Sozialcharakters als bei den Mitgliedern der Mittel- und Oberschicht; während der Sozialisation durch die Familie werden normalerweise die jeweils typischen Charakterzüge der Eltern an die Kinder weitervermittelt; die Sozialisation durch die Freundschaftsgruppen der Heranwachsenden vermag die schichtspezifischen Unterschiede nicht aufzuheben. Da die Sozialisation durch die Schule auf die Ausprägungen des Sozialcharakters der Mittel- und Oberschicht besser eingestellt ist als auf die der Unterschicht, haben es Kinder aus der Unterschicht besonders schwer, einen guten Schulerfolg zu erreichen. Sie erlangen häufig nur Qualifikationen für die gleichen niederen Berufspositionen, die ihre Eltern bereits ausübten. Wenn sie in diese Berufspositionen eintreten, ist der Zirkel geschlossen» (Rolff 1967, S. 19).

Der zirkelförmige Verlauf des Sozialisationsprozesses läßt sich auf anschauliche Weise grafisch darstellen (Abbildung 4).

Seinen Beitrag zur Reproduktion und gleichzeitigen Legitimierung der Sozialstruktur und der ihr zugrunde liegenden Sozialordnung kann das Erziehungssystem deshalb so effektiv leisten, weil es die sozialen Schichten, die es von Privilegien weitgehend abschneidet, daran hindert, die Prinzipien zu erkennen und anzufechten, aufgrund deren es sie ausschließt. Diejenigen sozialen Gruppen und Schichten, die durch objektive Faktoren am ehesten an der Entfaltung ihrer Begabungen und Leistungen gehindert sind, werden auf mehr oder weniger sanfte Art aus den aussichtsreichen Ausbildungsgängen eliminiert. Über den Schein der objektiven Beurteilung subjektiv erbrachter Leistungen und der diesen Leistungen angeblich angemessenen organisatorischen Prozedierung der Schüler und Studenten innerhalb der Erziehungseinrichtungen wird soziales Schicksal, das durch den Erfolg oder

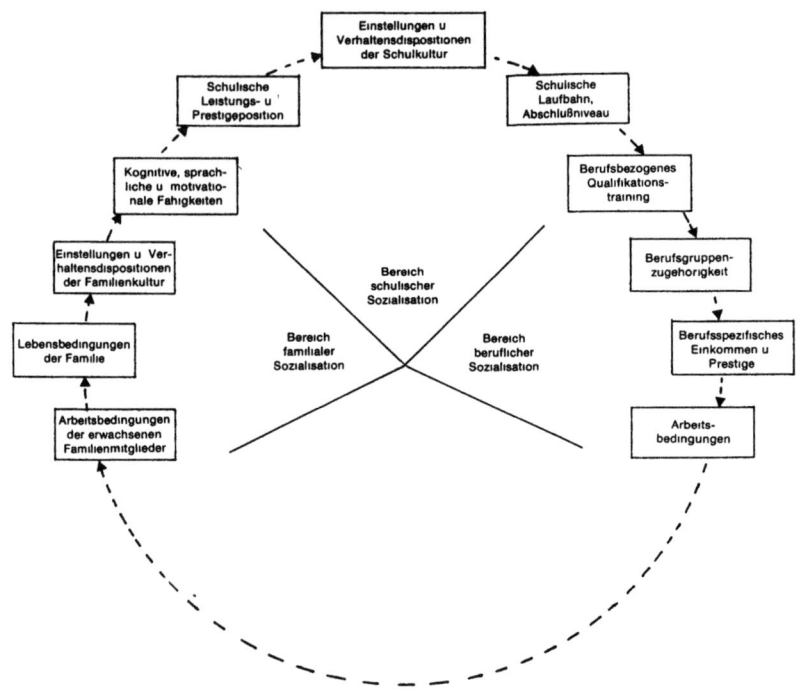

Abbildung 4: Der zirkuläre Verlauf des Sozialisationsprozesses. Stellenwert der schulischen Sozialisation und Erziehung als Vehikel der Reproduktion der Sozialstruktur (nach Hurrelmann 1971 a, S. 229).

Mißerfolg im Erziehungssystem entscheidend determiniert wird, in freie Berufung und persönliches Verdienst umgedeutet und den einzelnen suggeriert, «daß sie ihr Schicksal, das durch die soziale Notwendigkeit längst über sie verhängt war, selbst gewählt oder verdient haben» (Bourdieu/Passeron 1974, S. 155).

Das Erziehungssystem erfüllt die Funktion der Reproduktion der Sozialstruktur letztlich paradoxerweise nicht, obwohl, sondern weil es sich in unseren Gesellschaften in dem beschriebenen Zustand der relativen Autonomie gegenüber anderen wichtigen gesellschaftlichen Teilsystemen befindet. Diese Autonomie setzt das Erziehungssystem instand, scheinbar nur seinen eigenen Regeln, seinen nach neutralen und objektiven Kriterien und eigengesetzlichen Maßstäben gestalteten Sozialisations- und Selektionsaufgaben nachzukommen und zugleich doch in effektiver und nachhaltiger Weise flexibel den äußeren Ansprüchen zu gehorchen:

«Gerade weil das Bildungswesen die besondere Fähigkeit besitzt, sich selbst autonom zu setzen und sich, indem es die Vorstellung von seiner Neutralität verbreitet, Legitimität zu verschaffen, ist es in der Lage, den Beitrag, den es zur Reproduktion der bestehenden kulturellen Ordnung leistet, zu tarnen» (Bourdieu/Passeron 1974, S. 146).

Einer genaueren Analyse der «eigengesetzlichen» Regeln und Maßstäbe der Erziehungseinrichtungen wenden sich die nächsten beiden Kapitel zu, die nacheinander organisationstheoretische und interaktionstheoretische Dimensionen ansprechen.

3 Organisationstheoretische Analyse des Erziehungssystems

Auf der gesellschaftstheoretischen Ebene der Analyse interessierte das Erziehungssystem als ein Teilsystem der Gesellschaft in seinen gesamtgesellschaftlichen Funktionen, seinen Interdependenzen mit anderen wichtigen Teilsystemen und seiner Bedeutung für die Struktur der Klassen und Schichten. In diesem und dem nächsten Kapitel sollen die sozialen Strukturen und Prozesse innerhalb des Erziehungssystems selbst im Vordergrund stehen. Wie andere gesellschaftliche Teilsysteme setzt sich das, was wir abstrakt als Erziehungssystem bezeichnen, realiter aus formal organisierten Handlungsabläufen und ihren verschiedenen Querverbindungen innerhalb zeitlich, räumlich und sachlich identifizierbarer sozialer Systeme zusammen. Wie das politische System auf dieser organisationstheoretischen Ebene der soziologischen Analyse aus Parteien, Verbänden und Behörden, das ökonomische System aus Industriebetrieben und Dienstleistungsinstitutionen besteht, so das Erziehungssystem aus Schulen, Hochschulen und ähnlichen Einrichtungen. Fast alle diese Einrichtungen sind in industriellen Gesellschaften nach dem Muster formaler sozialer Organisationen strukturiert.

Dieses Muster der Binnendifferenzierung gesellschaftlicher Teilsysteme hat sich in Industriegesellschaften weitgehend durchgesetzt, um die jeweiligen Systemleistungen zu erbringen. In modernen Gesellschaften verläuft ein bisher nicht gekannter hoher Anteil des sozialen und interaktiven Handelns innerhalb von Organisationen oder in enger Berührung mit ihnen. Organisationen haben sich zu Aktionszentren industrieller Gesellschaften entwickelt. Jedes Gesellschaftsmitglied kommt mehr oder weniger häufig in ihren Einflußbereich; ihre Regeln und Anforderungen bestimmen zum großen Teil sein Verhalten, gleich ob es der Organisation als Mitglied oder als Kunde oder Klient gegenübertritt. Das gilt auch für Schulen und Hochschulen als organisatorische Untereinheiten des Erziehungssystems.

Eine organisationstheoretische Analyse des Erziehungssystems ist unumgänglich, um Prozesse der Sozialisation und Erziehung in unseren Gesellschaften annähernd vollständig beschreiben und erklären zu können. Welche Gesichtspunkte bei einer solchen Analyse im Vordergrund stehen sollten, wird in den folgenden Kapiteln skizziert. Ich konzentriere mich dabei auf schulische Organisationseinheiten und begnüge mich mit wenigen Querverbindungen zum Hochschulbereich.

3.1 Schulen und Hochschulen als spezielle Dienstleistungsorganisationen

Die klassische Organisationssoziologie versteht unter Organisationen alle die sozialen Gebilde, die bewußt an einem Ziel orientiert sind, dabei geplant arbeitsteilig gegliedert sind und ihre Aktivität auf Dauer eingerichtet haben. Man geht also von einem zweckgerichteten Sozialgebilde aus, das man sich im Anschluß an Max Weber als eine Variante des hierarchisch-monokratischen Typs der Bürokratie vorstellen kann:

«Als eine historisch entwickelte Struktur manifestiert die bürokratische Organisation gesellschaftliche Ungleichheiten, Abhängigkeits- und Unterordnungsbeziehungen, kurz: bestimmte gesellschaftliche Machtverhältnisse; sie setzt sie voraus, bildet sie nach und verstärkt sie. Die bürokratische Organisation ist ein Herrschaftsmittel, das zuerst im gesellschaftlichen Herrschaftsapparat selbst, der Verwaltung, entstand . . . und dann von der Industrie und anderen Arten von Betrieben übernommen wurde» (Mayntz 1968, S. 13).

Zu dieser anderen Art von Betrieben gehören inzwischen auch Schulen und Hochschulen. Seit der Zeit der Einführung der allgemeinen Schulpflicht in der zweiten Hälfte des 18. Jahrhunderts haben Modelle aus der öffentlichen Verwaltung (und übrigens auch solche aus dem militärischen Bereich) für die Organisation von Massenlernprozessen Pate gestanden: Schulen werden nach streng formalisierten Regeln verwaltet, Schulklassen wie Rekrutenjahrgänge nach dem Alter als übersichtlichstem Gruppierungskriterium zusammengestellt, ein Lehrer wird als formaler Gruppenführer mit weitreichenden Autoritäts- und Anordnungsbefugnissen dieser Schülergruppierung gegenübergestellt (Fend 1971, S. 217). Auch Hochschulen sind – zumindest in Deutschland – durch eine hierarchisch-autoritäre Struktur gekennzeichnet, die sich nicht durch die Eigenanforderungen des Lehr- und Forschungsbetriebs, sondern durch die Fremdbestimmung durch die allgemeine Herrschaftsorganisation der Gesellschaft erklären läßt.[1] Die traditionelle deutsche Universität ist um einen staatskapitalistisch verfaßten Forschungsbetrieb herum aufgebaut: Relativ mächtige Institutsdirektoren können mit den vom Staat bereitgestellten Finanzmitteln monokratisch-unternehmerisch wirtschaften, die abhängig Beschäftigten sind ihren Anordnungen unterworfen und für die weitere Laufbahn auf ihre Unterstützung

---

1 Diese traditionellen Strukturprinzipien und die historisch fest verankerte und juristisch abgesicherte wissenschaftspolitische Autonomie des Hochschulbereichs bremsen allerdings zugleich eine nach modernen Kriterien verfahrende Durchbürokratisierung. Die organisatorische Struktur der Hochschulen hat man deshalb polemisch als eine «komplizierte ‹Gemengelage› von punktuell hochgradig rationalisierten Stabsfunktionen für Dienstleistungssysteme und nach traditionellen Bürokratievorstellungen eigentlich irrationalen Palavern in wechselnden Ausschüssen und Konferenzen» bezeichnet (Nitsch 1967, S. 25).

angewiesen (Weber 1964, S. 1047; vgl. statistische Unterlagen bei von Ferber 1956).

Die Metaorganisation des Massenlernprozesses wurde ebenfalls im Anschluß an Modelle der allgemeinen Verwaltung strukturiert, ohne die Sonderprobleme gebührend zu berücksichtigen, die sich für die Institutionalisierung von Erziehungs- und Lernprozessen ergeben. Im Verlauf des 19. Jahrhunderts haben sich Schul- und Bildungsverwaltungen zumeist als Fachverwaltungen mit einem hohen Anteil wissenschaftlich ausgebildeter Beamter (fast nur Juristen und Pädagogen) etabliert. Ihr Gerüst bilden wie in anderen Zweigen der Staatsverwaltung «die Prinzipien der festen behördlichen Zuständigkeitsordnung von Verwaltungsinstanzen und der befehlsgeleiteten Hierarchie innerhalb der Instanzen», so daß sich das Bild einer formal rationalen Schulverwaltungsbürokratie ergibt, «die sich am Bestehenden orientiert, an vorgegebene Regeln hält und auf bewährten Sachverstand setzt» (Deutscher Bildungsrat 1974 b, S. 27). Die Grobgliederung der Arbeitsbereiche der Schulverwaltung ist dabei traditionell durch die Trennung von äußeren und inneren Schulangelegenheiten bestimmt: Die Schulunterhaltung obliegt bestimmten Schulträgern (heute in der Regel den Gemeinden), die staatliche Zentralgewalt (heute in der BRD durch die Bundesländer ausgeübt) hat die Kompetenz für Schulorganisation, Bildungsziele, Lehrpläne, Stundentafeln, Ausbildung und Anstellung der Lehrer usw.

Dieses Modell der Schulverwaltung herrscht in seinen wesentlichen strukturellen Merkmalen praktisch seit dem 19. Jahrhundert vor, obwohl sich der Charakter staatlicher Tätigkeiten im allgemeinen und im Bereich der Vermittlung von Erziehungsprozessen im besonderen seit dieser Zeit stark verändert hat (vgl. Kapitel 2.1). Moderne Verfassungen konstituieren den Staat als einen Leistungsstaat, der über seine Ordnungsaufgaben hinaus unmittelbar oder mittelbar für einzelne oder Gruppen von Bürgern Aufgaben wahrnimmt, die letztlich allesamt auf die Erfüllung von Grundrechten abzielen. Doch diese Maximen haben erst in wenigen Ansätzen ihren Niederschlag in der faktischen Struktur der staatlichen Verwaltung gefunden. Auch und gerade die Schulverwaltung hat sich noch kaum aus ihren überkommenen administrativen Strukturen befreit und als eine moderne ziel- und programmorientierte leistungsstaatliche Teilverwaltung etabliert, die ihren veränderten Aufgaben gerecht würde. Für die Hochschulverwaltung gilt grundsätzlich dasselbe, doch wurde sie erst in den letzten Jahrzehnten im Zug der gewandelten Staatsfunktionen ausgebaut und dabei teilweise nach neueren Kriterien konzipiert.

Der Dienstleistungscharakter von Erziehungseinrichtungen
Welche Merkmale sind es, die im einzelnen Schulen und Hochschulen als formale soziale Organisationen charakterisieren? Die soeben geschilderten organisatorischen Basisstrukturen dieser Einrichtungen haben sich seit

ihrer erstmaligen Etablierung nicht grundsätzlich gewandelt, doch sind durch die veränderten Funktionsanforderungen und die komplexer gewordenen Bezüge zu anderen sozialen Systemen Differenzierungen und Verfeinerungen eingetreten. Von Feldhoff werden vier charakteristische Elemente für moderne schulische Organisationsstrukturen genannt:

«a) Die arbeitsteilige Funktionsgliederung, die Lern-, Lehr-, Beratungs- und Verwaltungsaufgaben den Inhabern spezifischer Positionen zuweist;
b) Der Amtscharakter der Lehr- und Verwaltungsrollen. Dazu gehören: Die Rekrutierung auf der Basis von Kompetenz und Bewährung, das gesetzlich geregelte Anstellungsverhältnis, die funktional spezifische Leistungserwartung und der universalistisch orientierte, prinzipiell affektiv neutrale Umgang mit den jeweiligen Adressaten der Leistung;
c) Die hierarchische Ordnung der Ämter, mit der eine Autoritätsstruktur auf der Basis gesetzlich definierter und begrenzter Amtsvollmacht, ein formeller Entscheidungsmodus und vorgezeichnete Kommunikationslinien verbunden sind;
d) Die Regelhaftigkeit der Handlungsvollzüge, die durch spezifizierte Ziel- und Durchführungsbestimmungen dienstlicher Maßnahmen der willkürlichen Amtsausübung Grenzen setzt» (Feldhoff 1974 a, S. 248).

Diese Merkmale, die in abgeschwächter Form auch für Hochschulen gelten, rücken die Schule zunächst einmal in eine Reihe mit anderen Organisationen. Konstitutives soziologisches Charakteristikum für Organisationen ist die Einrichtung von Ämtern (Positionen, Stellen), die unabhängig vom Wechsel des Personals ihre Identität als Einzelrollen behalten, die es erlauben, zwischen rollen- und personbezogenen Erwartungen und Anforderungen zu unterscheiden, und die in festgelegten arbeitsteiligen Bezügen miteinander stehen. Diese Bezüge sind fast ausschließlich hierarchischer Natur. Das gilt auch für die Schule – allerdings mit einer signifikanten Abweichung von den klassischen Organisationstypen wie Verwaltungsbehörde und Industriebetrieb. Denn nur innerhalb der Gruppe der professionalisierten Mitglieder der Organisation Schule (einschließlich der Schulverwaltung) existiert eine durchgehende Hierarchie derart, daß die unterste Mitgliedergruppe, die Lehrer, aufgabenbezogene Handlungen nach Anweisung der jeweils übergeordneten Mitgliedergruppe (Rektor, Schulrat, Ministerialbeamter, Minister) auszuführen hat. Die Beziehungen zwischen der untersten professionalisierten Mitgliedergruppe «Lehrer» und den Schülern sind zwar grundsätzlich ebenfalls hierarchischer Natur, doch von anderer Qualität als die soeben angesprochenen. In der direkten Kommunikation zwischen Lehrern und Schülern, zwischen dem relativ mächtigen Sozialisierer und Erzieher und dem vergleichsweise schwachen Sozialisanden, vollzieht sich die eigentliche Zieltätigkeit der Organisation Schule, die Vorbereitung des Schülers auf gesellschaftliche Verhaltensanforderungen und der Aufbau seiner persönlichen und sozialen Identität. Diese Tätigkeit kann nicht in einer einseitigen Befehls–Gehorsams-Hierarchie erfüllt werden, sondern muß zumindest ansatzweise immer ein reziproker kommunikativer und interaktiver Prozeß sein, auch wenn die formale Machtposition des Schülers dabei sehr schwach ist.

Diese Überlegungen, die analog auch für Hochschulen gelten, sprechen dafür, diese Einrichtungen trotz der erwähnten Parallelen nicht einfach mit den klassischen hierarchisch-monokratischen Organisationstypen gleichzusetzen, sondern sie zum Typ solcher Organisationen zu rechnen, die man als Dienstleistungseinrichtungen bezeichnet hat. Wie andere typische Dienstleistungsorganisationen erreichen Schulen und Hochschulen ihren Erfolg durch die Arbeit an der Person ihrer «Kunden» und «Klienten» (Luhmann 1969, S. 403). Ähnlich wie in anderen Einrichtungen der physischen, psychischen und sozialen Rehabilitation und Resozialisierung (Krankenhäusern, Heilanstalten, Gefängnissen usw.) wirken sie auf bestimmte Personengruppen ein, die zu diesem Zweck in die Organisation aufgenommen werden. Im Fall der Schule ist diese Aufnahme sogar gesetzlich geregelt, indem für die Klienten, die Schüler, eine Schulpflicht von 9 oder 10 Lebensjahren besteht. Wie in anderen Dienstleistungseinrichtungen werden die spezifischen organisierten Handlungen zur Erfüllung des Organisationszwecks von mehr oder weniger professionalisiertem Personal durchgeführt. Nur dieses Personal läßt sich im engeren Sinne als Mitglied der Organisation bezeichnen. In Erziehungseinrichtungen unterscheidet es sich nicht nur wie in anderen Dienstleistungsorganisationen durch seinen Ausbildungshintergrund und den strukturell vorgezeichneten Kompetenzspielraum von den Klienten, sondern auch durch den für diese Einrichtungen konstitutiven Generationsunterschied. Insofern bestehen zwischen den in den Organisationen Schule und Hochschule handelnden und für diese charakteristischen Gruppen noch größere Unterschiede als in anderen Dienstleistungseinrichtungen (Mayntz 1963, S. 90f., Peter 1973).

Für den hier geschilderten Organisationstyp, dem Schulen und Hochschulen zuzurechnen sind, ist die in der klassischen Organisationssoziologie vorherrschende ausschließliche Definition der Organisation durch ihre Zielorientierung und die Ableitung der formalen Organisationsstruktur aus dieser Ziel- und Zweckorientierung nur teilweise zutreffend. In einer Verwaltungsbehörde oder einem Industriebetrieb ist eine klare Definition und vor allem eine unzweideutige Operationalisierung des Organisationsziels (z. B. über die Zahl der produzierten Verordnungen oder Waren) und eine darauf zugeschnittene Binnenstruktur der Weisungs- und Kompetenzbefugnisse weitgehend realisierbar. Bei Organisationen vom Typ der Dienstleistungseinrichtungen besteht ein sehr viel weiterer Spielraum für Zieldefinitionen und -operationalisierungen, weshalb die organisatorische Binnenstruktur weit weniger determiniert ist. Diese Aussage mag für Krankenhäuser und Gefängnisse noch eingeschränkt werden, für Schulen und Hochschulen trifft sie aber voll zu.

Ich habe die Zweckdefinition für Schulen oben abstrakt als «Einwirkung auf die Schüler» im Sinne einer Veränderung ihrer Wissens- und Einstellungsmerkmale und Unterstützung ihrer persönlichen Entwicklungsprozesse charakterisiert. Eine solche Definition ist natürlich zu ungenau, als daß sie Operationalisierungen, geschweige denn Ableitungen für die organisatorische Binnenstruktur zuließe. Dasselbe gilt aber auch für die inhaltlichen Füllungen dieser abstrakten Zweckbestimmung, wie sie etwa in der Bundesrepublik von den einzelnen Schulgesetzen der Bundesländer vorgenommen werden. Im allgemeinen werden dort die Ziele aus umgreifenden sittlichen, sozialen und weltanschaulichen Normen abgeleitet. Sie sind durch einen hohen Allgemeinheitsgrad gekennzeichnet und gewähren aus diesem Grund kaum die Möglichkeit, das Maß ihrer praktischen Verwirklichung zu überprüfen. Als Beispiel sei die Zielbestimmung für die Schulen im Gesetz zur Ordnung des Schulwesens im Land Nordrhein-Westfalen zitiert:

«Ehrfurcht vor Gott, Achtung vor der Würde des Menschen und Bereitschaft zum sozialen Handeln zu wecken ist vornehmstes Ziel der Erziehung. Die Jugend soll erzogen werden im Geiste der Menschlichkeit, der Demokratie und der Freiheit, zur Duldsamkeit und zur Achtung vor der Überzeugung des anderen, in Liebe zu Volk und Heimat, zu Völkergemeinschaft und Friedensgesinnung. Die Schule hat die Aufgabe, die Jugend auf der Grundlage des abendländischen Kulturgutes und deutschen Bildungserbes in lebendiger Beziehung zu der wirtschaftlichen und sozialen Wirklichkeit sittlich, geistig und körperlich zu bilden und ihr das für Leben und Arbeit erforderliche Wissen und Können zu vermitteln» (zitiert nach Fernau 1973, S. 42).

Diese Definition allgemeiner Erziehungsziele als einer gesellschaftlichen Zweckbestimmung der Schule läßt breite Interpretationsmargen offen und kann in vielfältiger Weise in schulische Organisationsstrukturen transponiert werden. Die an ein ethisches und intellektuelles Vollkommenheitsideal gebundenen Zielvorstellungen sind kaum in ein eindeutiges Verhältnis zur schulischen Realität zu bringen; sie werden aus diesem Grund nicht zu effektiven Steuerungsgrößen für das Verhalten der Lehrer und Schüler und entwickeln sich allenfalls zu einem unbewältigbaren pädagogischen Überich. Die Distanz zu den realen Handlungsbedingungen in der Organisation Schule führt in der pädagogischen Praxis meist dazu, daß der genannte Zielkatalog je nach den konkret wirksamen Einflüssen von außen und den je etablierten Handlungsroutinen von innen her ausgehöhlt und eingeengt wird. Lehrer und Schüler gewinnen ihre handlungswirksamen Zielvorstellungen in Reaktion auf unmittelbar auf sie einwirkende Einflüsse und in einem entscheidenden Maße auch direkt aus der jeweiligen Praxis der Interaktion in der Schule. Auch die konkreten Maßstäbe für Erfolg oder Mißerfolg der Einwirkung auf die Schüler leiten sich im Bewußtsein von Lehrern und Schülern aus den spezifischen Handlungsbezügen der alltäglichen Interaktion ab. Auf diese Weise gerät, wie noch ausführlich zu zeigen sein wird, faktisch das Teilziel «Vermittlung des für Leben und Arbeit erforderlichen Wissens und Könnens», also der Aufbau kognitiver Leistungsstrukturen, in den Vordergrund des Zielkatalogs, oft von allen anderen Teilzielen isoliert und als einzig ernst zu nehmendes Ziel verabsolutiert.

Da sich Erziehungseinrichtungen als spezielle Dienstleistungsorganisationen nicht allein durch die abstrakte Existenz von Zielorientierungen charakterisieren lassen, müssen zusätzliche Merkmale berücksichtigt werden, die diese Zielorientierungen in der alltäglichen Organisationspraxis faktisch konstituieren und unter konkreten Handlungsbedingungen ausgestalten. Systemtheoretische Ansätze haben diese Perspektive ins Spiel gebracht. Dienstleistungsorganisationen sind in dieser Sichtweise mehr noch als andere Organisationstypen nicht einfach durch das Vorhandensein von Zielen definiert, sondern durch die zielkonforme Festlegung von Mitgliedschafts- oder Klientenverhältnissen und die Verpflichtung der Mitglieder und Klienten auf zielkonforme Erwartungen, die sich mit wandelnden Umweltanforderungen ändern können. Schulen und Hochschulen regeln nach diesem Verständnis ihr Umweltverhältnis und bestimmen ihre organisatorische Identität, indem sie eine bewußte Verpflichtung ihrer Mitglieder und Klienten auf bestimmte, ausdrücklich herausgehobene und bewußtseinsfähige Erwartungen vornehmen. Diese Erwartungen beziehen sich auf die Anerkennung der Organisationsziele und auf die Respektierung der entsprechenden dienstlichen Kompetenzen anderer Rollenträger im System sowie die Akzeptierung der vorgegebenen formalen Entscheidungsstrukturen (vgl. in diesem Sinne im Anschluß an Luhmann 1964: Feldhoff 1974 a, S. 251 ff.).

Die Mitgliedschafts- und Klientenbedingungen werden z. B. in der Schule vor allem durch die Eintrittsrituale demonstrativ hervorgehoben. Der Eintritt in die Schule ist sowohl für die Lehrer als auch für die Schüler in der Regel eine sehr förmliche und (zumindest der Intention nach) feierliche Angelegenheit. Die Lehrer müssen einen Eid oder ein Gelöbnis ablegen, in denen die Mitgliedschaftsbedingungen mehr oder weniger allgemein angesprochen werden. Den Schülern sollen durch feste, rituell ablaufende Handlungsmuster in den ersten Tagen des Schulbesuchs der Stellenwert der Zugehörigkeit zur Schule und die veränderten besonderen Anforderungen klargemacht werden, denen sie sich fortan gegenübersehen. Im schulischen Alltag werden die jeweiligen Mitglieds- oder Klientenrollen allgemein durch eine Generalisierung bestimmter Verhaltenserwartungen und insbesondere durch deren regelmäßig wiederholte Symbolisierung in expressiven (Schulfeste, Feiern usw.) oder leistungsbezogenen Interaktionsmustern (Klassenarbeiten, Prüfungen usw.) verdeutlicht. Durch die Generalisierung von Verhaltenserwartungen (in allgemeinster Form ausgedrückt: Lehrer lehrt, Schüler lernt), die in diesen Interaktionsmustern symbolisch unterstrichen und bekräftigt werden, wird die Abstimmung des sozialen Verhaltens der in der Organisation Schule Handelnden gewissermaßen vorprogrammiert: Schon vor Aufnahme der Interaktion ist hiermit festgelegt, was vom anderen erwartet werden kann und was nicht, was innerhalb der Toleranzgrenzen des Systems liegt und was diese Grenzen sprengen würde. Die generalisierten Verhaltenserwartungen, die sich an alle Interaktionspartner im schulischen System richten, erlauben es, konkrete Personen mit ganz unterschiedlichen persönlichen Merkmalen und Eigenschaften auf die gleichen formalisierten Rollenerwartungen (primär: «Lehrer» und «Schüler») hin anzusprechen, da eben diese Erwartungen Bestandteil der Mitgliedschaftsbedingungen im organisierten Sozialsystem Schule sind.

Mittels solcher Mechanismen, die weiter unten noch ausführlicher analysiert werden, gelingt es den Organisationen Schule und Hochschule, die spezifischen Umweltanforderungen, die sich an sie stellen, mehr oder weniger erfolgreich zu bewältigen. Wie diese Anforderungen global aussehen, wurde bereits in Kapitel 2 dieser Arbeit unter den Stichworten «Sicherung normativer Loyalität», «Bereitstellung angemessener Qualifikationen» und «Reproduktion der Sozialstruktur» dargestellt. Je komplexer diese Anforderungen an die organisatorischen Untereinheiten des Erziehungssystems werden, desto komplexer müssen auch die organisatorischen Binnenstrukturen und die in ihnen eingefangenen Sozialisations- und Erziehungsprozesse in Schulen und Hochschulen werden. Es stellt sich allerdings die Frage, ob die spezifische Natur der sozialen Aufgaben von Erziehungsorganisationen einer nach den vorherrschenden Kriterien verfahrenden Organisierung nach bürokratischen Standards nicht gewisse Widerstände entgegenstellt. Der Erfolg von Schulen und Hochschulen hängt, wie Luhmann (1969, S. 403) betont, vom Kooperationswillen der Klienten ab. «Diese Kooperation kann nicht befohlen, die erfolgsnotwendigen Mittel können von der Organisation nicht bereitgestellt werden. Der Erfolg muß in elementarer Interaktion von Angesicht zu Angesicht erwirkt werden.» Unter solchen Bedingungen sind einer – gemessen an den Außenanforderungen an Schulen und Hochschulen sicherlich funktionalen – schematischen Formalisierung und Routinisierung der Sozialisations- und Erziehungsprozesse und ihrer Normierung nach festliegenden politischen, ökonomischen und kulturellen Standards Grenzen gesetzt. Schulen und Hochschulen haben eben nicht nur die Aufgabe, gleichförmige Outputs zu produzieren und große Schüler- und Studentenmassen über lange Zeiträume hinweg nach formalen Standards «prozedieren» zu lassen, sondern sie müssen gleichzeitig auch die spezifisch personorientierten und kaum normierbaren und standardisierbaren Aspekte ihres Dienstes am Klienten wahrnehmen.

Dieser spezifische Charakter der Aufgabenstruktur von Erziehungseinrichtungen hat bislang keine angemessene Entsprechung in der Organisationsstruktur von Schulen und Hochschulen gefunden. Die Organisationsstruktur stellt sich als doppelschichtig und heterogen dar, da sie die beiden genannten unterschiedlichen Aufgabenbereiche vergeblich miteinander zu integrieren versucht; sie ist formal fast ausschließlich auf die Außenanforderungen zugeschnitten, muß faktisch aber immer wieder konkrete Lösungen für die im engeren Sinne pädagogisch-interaktiven Anforderungen bereithalten. Realsoziologische Analysen von Erziehungseinrichtungen zeigen deshalb ein unkoordiniertes Nebeneinander legalistisch-administrativer und pädagogisch-sachlicher Dimensionen und Aspekte der Organisationsstruktur (Bidwell 1965, Fend 1971, Boocock 1974). Dominant sind dabei unzweifelhaft die ersteren, die ja faktisch eine Transposition der Außenanforderungen in die binnenorganisatorischen Strukturen von Schulen und Hochschulen darstellen und die formalen Rahmenbedingungen für Massenlernprozesse sichern, indem der Einsatz finanzieller und personeller Ressourcen geregelt, Arbeitseinteilung und Arbeitskontrolle festgelegt und standardisierte Leistungs- und Qualifikationsmaßstäbe für Schüler, Studenten und Lehrer entwickelt werden. Die professionelle und sachliche Dimension der Organisation der eigentlichen pädagogischen Sozialisations- und Erziehungsprozesse gerät gegenüber den Vorgaben legalistisch-administrativer Organisierung regelmäßig in die Defensive, sie kann ihre Eigenansprüche nur in dem Maße durchsetzen, wie mehr oder wenig zufällig Freiräume der durch die Außenanforderungen gesetzten Strukturen entstehen, und wird im übrigen durch die sachfremden sekundären Standards überformt und umfunktioniert.

Heterogenität der Organisationsstruktur am Beispiel der Lehrerrolle
Die Heterogenität der Organisationsstruktur von Erziehungseinrichtungen und die Folgen, die sich daraus für Form und Inhalt von Sozialisations- und Erziehungsprozessen ergeben, sollen etwas ausführlicher am Beispiel der Lehrerrolle erörtert werden. Diese Basisrolle aller professionalisierten Rollen muß als die zentrale Mitgliedsrolle des schulischen Sozialsystems angesehen werden. Die Rolleninhaber sind den für die Organisation Schule typischen diskrepanten Funktionsbestimmungen und den aus ihnen resultierenden Erwartungen und Verhaltensanforderungen in aller Schärfe ausgesetzt. Der Lehrer hat einerseits einen «pädagogischen Auftrag» gegenüber jedem einzelnen Schüler: Er soll diesen in seinen psychisch und sozial determinierten Lern- und Entwicklungsprozessen unterstützen und muß zu diesem Zweck weitgehend elementare, stark affektiv getönte Interaktionserwartungen befriedigen. Andererseits hat jeder Lehrer einen dienstlichen und öffentlichen Auftrag: Er ist der Gesellschaft für festgelegte und grundsätzlich kontrollierbare Aufgabenbereiche verantwortlich und hat zu diesem Zweck den Anforderungen an einen Staatsbeamten zu genügen und sich in das administrative System der Verwaltung und Kontrolle seines Aufgabenbereichs zu fügen.

Der Lehrer ist Inhaber der untersten professionalisierten Position in der Hierarchie der Schulorganisation. In den meisten Ländern ist der Lehrer durch seinen Beamtenstatus weisungsgebunden an die in der Schulhierarchie über ihm stehenden Instanzen. Diese Stellung garantiert und stabilisiert seine institutionelle Position, sie determiniert aber auch in einem beträchtlichen Ausmaß den Spielraum für private und berufliche Interaktions- und Verhaltensformen. Denn die Bestimmungen der Beamtengesetze umfassen strenggenommen alle wesentlichen Dimensionen der Lebensbedingungen und des Lebensstils. Jeder Lehrer leistet – zumindest in der Bundesrepublik – einen Eid auf die Wahrung der freiheitlich-demokratischen Grundordnung, wie sie durch die Verfassung festgelegt wird; er ist als Beamter in der vollen Wahrnehmung seiner Grundrechte gehindert, da seine Koalitions- und Meinungsfreiheit graduell eingeschränkt sind; er hat Gehorsamspflicht gegenüber Anweisungen seiner Vorgesetzten und ist einem Disziplinarrecht unterworfen, das unabhängig von der öffentlichen staatlichen Strafgerichtsbarkeit fungiert und Verhaltensanforderungen an einen «untadeligen Lebenswandel» stellt, die weit über den beruflichen Bereich hinausgehen; er unterliegt schließlich einer Residenzpflicht.

Selbstverständlich wird der Lehrer nicht tagtäglich mit den ihm geltenden Beamtengesetzen konkret konfrontiert – das ist nur in wenigen Stationen seiner beruflichen Laufbahn der Fall. Dennoch bewirken die wenigen konkreten Ausfüllungen der legalistisch-administrativen Dimension der schulischen Organisation einen Disziplinierungs- und Konformitätsdruck, der individuell kaum zu durchbrechen ist:

«Diese Formierung geschieht für die von ihr Betroffenen meist unbewußt, und zwar mittels eines für sie selbst nur selten durchschaubaren, jedoch permanent wirkenden Anpassungszwanges. Um die von der Institution geforderte Ausrichtung des Beamten zu erreichen, bedarf es nicht notwendig und ausschließlich unmittelbarer, etwa direkt in die Arbeit des Beamten eingreifender Maßnahmen, wie zum Beispiel der Tadel, der Drohungen und ähnlicher Mittel, sie wird vielmehr durch die bürokratische Situation selbst . . . hergestellt» (Peter 1973, S. 90 f.).

Wie in der Verwaltungsbürokratie kommt es auch im schulischen Bereich zu exemplarischen Eingriffen normsetzender oder -bekräftigender Art der übergeordneten Instanzen, um jeden einzelnen Lehrer auf die Weite bzw. Enge seines Autonomiespielraums aufmerksam zu machen. Unter den spezifischen Verwaltungsbedingungen für das Schulwesen ist die Steuerungs- und Kontrollmöglichkeit der übergeordneten Instanzen deshalb relativ groß, weil wegen der unzureichend ausgearbeiteten und lückenhaften Struktur des Schulrechts der Handlungsspielraum des Lehrers rechtlich nicht genügend klar und präzise ausformuliert ist und ständig durch Interpretationen und Entscheidungen der vorgesetzten Dienstbehörden ergänzt werden kann oder muß (Thomas 1967). Rechtliche Unsicherheiten und Unklarheiten bestehen vor allem im Bereich der Beziehungen zwischen Lehrern und Eltern, sie tangieren in ihren Auswirkungen aber sämtliche berufliche Handlungen des Lehrers: Es ist unklar, wie weit der Erziehungsauftrag des Lehrers gegenüber dem Schüler reicht und wie die Aufsichtspflicht gestaltet werden soll, und es ist umstritten, wie groß die Autonomie der Lehrer zur Vergabe von Abschlußzertifikaten ist, d. h. also, wie groß die Rechte der Eltern sind, gegen bestimmte Urteile und Entscheidungen des Lehrers anzugehen. Durch Rechtsprechung der Verwaltungsgerichte sind in den letzten Jahrzehnten einige Rechtsmaßstäbe in diesen Bereichen gesetzt worden, doch bleiben sie lückenhaft und nicht selten in sich widersprüchlich. Die Tatsache der in unseren Gesellschaften weit fortgeschrittenen Verschiebung von Erziehungsfunktionen an gesellschaftlich organisierte Instanzen auf Kosten der Sozialisationsinstanz «Familie» hat in Rechtsetzung und Rechtsprechung noch keinen angemessenen Ausdruck gefunden; die Erkenntnis, daß die Schule eine monopolartige Instanz für Erziehungsbeeinflussungen und insbesondere auch für die Vergabe von Berechtigungen für schulisches und berufliches Fortkommen geworden ist, hat sich noch nicht angemessen niedergeschlagen. Hieraus resultiert nicht nur eine Rechts-, sondern eine ganz allgemeine Verhaltensunsicherheit der Lehrer, die den erwähnten permanenten Anpassungszwang und die Angewiesenheit auf die übergeordneten Stellen und Behörden zwangsläufig vergrößert.

Die den Lehrern gegenüber anderen Verwaltungsbeamten zaghaft eingeräumten Rechte der pädagogischen Freiheit und der Teilmitbestimmung («Konferenzrecht») können aus den genannten Gründen bisher nicht voll ausgeschöpft werden. Die pädagogische Freiheit engt sich in der schulischen Alltagspraxis oft auf eine Freiheit in der Wahl der Methoden bei vorgegebenen Zielen und Rahmenbedingungen des Handelns ein (Heckel/Seipp 1965, S. 161). Das Konferenzrecht muß so lange wirkungslos bleiben, wie die Schule als unterste Instanz einer Verwaltungsbürokratie rangiert; es wird oft denaturiert zur Institutionalisierung der Aneignung und Interpretation jeweiliger Verwaltungsvorschriften zum Zweck einer reibungslosen Durchführung (Lange-Garritsen 1972, S. 18). Die Anwendung des klassischen Bürokratiemodells führt darüber hinaus zu Isolierung und Kontaktarmut der Lehrerkollegen untereinander, was eine sinnvoll aufeinander bezogene sachliche Kommunikation verhindert, die direkte berufliche Probleme zum Thema hätte. Es kommt vielmehr in der Regel zu emotionalisierten Kontakten, die als Ausgleich zur beruflichen Belastung empfunden werden und bestenfalls Folgeprobleme der eigentlichen Unterrichtstätigkeit zum Gegenstand nehmen: Man schimpft über die als mangelhaft empfundene Motivation der Schüler, klatscht über abwesende Kollegen und Vorgesetzte usw. Sowohl die informalen Kommunikationen zwischen den Kollegen wie die formalen Kommunikationen in den Konferenzen sind deshalb weit davon entfernt, den Charakter von Beziehungen zwischen gleichberechtigten und autonom handelnden Experten anzunehmen, die sich in fachlichen und beruflichen Problemen konsultieren und beraten.

Der Aufbau der legalistisch-administrativen Dimension der schulischen Organisationsstruktur folgt, wie die bisherigen Ausführungen zeigen sollten, weitgehend den Kriterien und Maßstäben der allgemeinen Verwaltungsbürokratie und vernachlässigt den spezifischen Dienstleistungscharakter der Schule. Die Kooperation der professionalen Rollenträger untereinander und ihre Beziehungen mit den Klienten werden durch festgelegte Kombinationen der Arbeitsgänge und durch Erlasse und Anweisungen formal vorweg geregelt. Konflikte sind nicht vorgesehen; treten sie auf, werden sie intern, und zwar dem hierarchischen Instanzenzug folgend, durch die Schulbürokratie geregelt. Auf neue Probleme und veränderte Umweltbedingungen für die Organisation Schule reagiert das System mit der Verordnung veränderter Verhaltensweisen; diese Weisungen und Anordnungen treffen oft zu spät ein, sind zuwenig transparent und verständlich, berücksichtigen nicht ausreichend die tatsächliche Arbeits- und Problemsituation vor Ort, ersticken auf diese Weise Ansätze zu einer engagierten Mitarbeit der Lehrer und verhindern eine Rückkopplung ihrer Informationen und Erfahrungen an die anordnende Instanz.

Die Lehrer müssen sich unter diesen Bedingungen als Objekte von Veränderungen fühlen, was dazu führen kann, daß sie sich grundsätzlich gegen jede Art von Reform aussprechen (Combe 1971, S. 139). Die wiederholte Erfahrung einer Diskrepanz zwischen Verhaltensvorschriften und konkreter Handlungssituation kann zur Resignation und zur passiven Anpassung führen (Beispiele bei Lange-Garritsen 1972, S. 61 f.). Häufig ist dann zu beobachten, wie die bürokratischen Mittel zur Durchsetzung bestimmter Ziele sich immer unangefochtener verselbständigen, wie der Spielraum für pädagogisch-sachliche Problemlösungen eingeengt und entsprechend motivierte Initiativen blockiert werden. Die Lehrer sind geneigt, sich hinter ihrer institutionell abgesicherten Autorität gegenüber den Schülern zu verstekken, also eine betont rigide Rollendefinition für sich verbindlich zu machen und demonstrativ Zuflucht zu den formalisiert bereitstehenden Handlungsmustern und Entscheidungsmodellen zu nehmen, ohne auf die spezifischen Bedingungen einzelner kommunikativer Situationen und auf die erkennbaren Bedürfnisse der Schüler einzugehen. Sie praktizieren gewissermaßen einen Dienst nach Vorschrift, indem sie sich in den heiklen, auslegungsfähigen beruflichen Entscheidungssituationen (Strafen, Zensurengebung, Versetzung, Empfehlungen für weiterführende Schulen usw.), die für die schulische Karriere des Schülers und seinen gesamten weiteren Lebensweg von großer Bedeutung sein können, so eng wie möglich an alte Traditionen und an die Vorgaben von oben anlehnen.

Obwohl einige Freiräume von direkter innerorganisatorischer und öffentlicher Kontrolle existieren (insbesondere in der direkten Kommunikation zwischen Lehrern und Schülern im Klassenzimmer) kommt es aus den verschiedenen genannten Gründen nur zu einer unzureichenden und verzerrten Entfaltung der im ursprünglichen Sinne pädagogisch-sachlichen Dimensionen der Lehrer-Schüler-Interaktion. In der öffentlichen Einschätzung des Lehrerberufs, die von den Lehrern selbst sehr sensibel wahrgenommen wird, schlägt sich dieser Sachverhalt übrigens recht signifikant nieder: Untersuchungen zeigen immer wieder eine eigenartig diskrepante öffentliche Einschätzung der Lehrerrolle. Bei einer gewissermaßen pflichtgemäßen oberflächlichen Hochachtung dieses Berufs ist auf unbewußt-irrationalen Dimensionen der Einschätzung ein bemerkenswert niedriges Sozialprestige der Lehrerrolle zu beobachten. Die Diskrepanz wird von den Lehrern selbst in dem subjektiven Gefühl einer krassen Unterbewertung ihrer Rolle gegenüber einer von ihnen selbst für angemessen gehaltenen Bewertung wahrgenommen und führt zu einer Status- und Verhaltensunsicherheit in öffentlichen Situationen (Kratzsch u. a. 1967, Schefer 1969, Hurrelmann 1971 b). Neben den diskutierten mangelnden Möglichkeiten für den Aufbau einer pädagogisch-professionell gestützten Autorität könnte hierfür allerdings auch die strukturell verankerte generelle gesellschaftliche Wertstruktur unserer Gesellschaften verantwortlich sein:

Die spezifischen pädagogischen Arbeitsvollzüge des Lehrers entsprechen ja weder den Vorstellungen einer auf materielle Leistungen hin orientierten und in ökonomischem Konkurrenzdenken befangenen Öffentlichkeit, noch werden sie wie die anderer grundsätzlich vergleichbarer, aber voll professionalisierter Beamtenberufe (Krankenhausärzte, Richter usw.) auf der Dimension gesellschaftlicher Machtausübung hoch eingeschätzt. An jene Berufe ist hochbewertete ökonomische oder soziale Macht delegiert, während die Macht des Lehrers als eine über solche Personen, die nicht als voll gleichberechtigte Wirtschafts- und Rechtssubjekte gelten (nämlich Kinder und Jugendliche), im öffentlichen Bewußtsein nicht ernst genommen wird. «Die Macht des Lehrers wird verübelt, weil sie die wirkliche Macht nur parodiert, die bewundert wird» (Adorno 1970, S. 78). Der Lehrer kommuniziert bei der Ausübung seines Berufs eben nicht mit konkurrenzfähigen erwachsenen Gesellschaftsmitgliedern, sondern mit Kindern und Jugendlichen, die die in jeder Beziehung schwächste soziale Gruppe der Gesellschaft bilden. Selbst wenn er seine tatsächliche Autoritätsposition gegenüber dem Schüler voll ausspielt – er tut dies in einem Raum, der nach öffentlicher Meinung von der harten gesellschaftlichen Realität abgekapselt ist und eigenen Gesetzen gehorcht, in einem abgeschirmten «Mikrokosmos von Realität», bezogen auf relativ weltfremde Wissens- und Meinungselemente. Er ist als ein Mittler angesehen, der nur rezeptiv Aufgenommenes wiedergibt und weitergibt, selbst aber nicht aktiv produktiv tätig ist.[2]

Organisationsstrukturell vorgezeichnete Interaktionsmuster
Die Erörterung einiger Probleme der Lehrerrolle hat exemplarisch gezeigt, welche Handlungsspielräume die spezifische organisatorische Struktur der Erziehungseinrichtung Schule für die wichtigsten Organisationsmitglieder

2 In diesem Punkt besteht übrigens ein signifikanter Unterschied zum Hochschullehrer, dem in der öffentlichen Einschätzung bei vergleichsweise ähnlich gelagerten Prestigebedingungen die aktive forscherische Beschäftigung hoch angerechnet wird. Nicht von ungefähr liegt auch bei großen Teilen der Lehrerschaft, zumal derer an Gymnasien, eine – für das berufliche Selbstwertgefühl verhängnisvolle – Identifikation mit der Rolle eines wissenschaftlichen Forschers und fachwissenschaftlichen Experten vor (Kob 1959) – eine Identifizierung, die eine positiv bewertete Selbstdefinition als Fachmann für die Vermittlung von Lern- und Entwicklungsprozessen auf fatale Weise verhindert.

offenläßt und welche Interaktionsmuster sie vorzeichnet. Dieser Gedankengang soll jetzt weiter verfolgt werden. Der schulische Alltag setzt sich ja – wie erwähnt – für Lehrer *und* Schüler aus einer Abfolge sozialer Interaktionsmuster zusammen, die allesamt durch die hier beschriebenen organisatorischen Rahmenbedingungen mehr oder weniger determiniert sind. Diese Interaktionssequenzen laufen – wie alles alltägliche Verhalten in den verschiedensten sozialen Situationen – in der Regel halbbewußt-ritualisiert ab und folgen nach festem Erwartungsschema aufeinander.

Für den außenstehenden Betrachter ebenso wie für die im schulischen System Handelnden lassen sich dabei herausgehobene Interaktionssequenzen erkennen, die im Bewußtsein der Beteiligten und im Bewußtsein der an der Schule interessierten gesellschaftlichen Gruppen eine besondere symbolische Bedeutung haben: Die schon erwähnten Eintritts- und Austrittsfeiern sind hier zu nennen, ferner verschiedene schulische Feste (z. B. Sportfeste, Weihnachtsfeste) und vor allem die vielen wiederkehrenden Leistungskontrollen (Klassenarbeiten, Tests) und Übergangs- und Abschlußprüfungen. Diese routinisiert ablaufenden herausgehobenen Interaktionsmuster – Wellendorf (1973) nennt sie «Rituale»[3] – verweisen in eindeutiger Art auf die faktisch geltende und ausschlaggebende Zielstruktur für die Schule. Der Stellenwert, den individuelle Handlungen und gemeinsame Interaktionen von Lehrern und Schülern im System der Schule haben, wird in solchen routinisierten rituellen Interaktionssequenzen verdeutlicht, der Zusammenhang zwischen einzelnen Aktivitäten der Interaktionspartner und dem Interaktionssystem als Ganzem wird dargestellt, allen Beteiligten wird mit den Mitteln symbolischer Repräsentation nahegebracht, unter welchen Bedingungen sie im schulischen Sozialsystem zu handeln, welche Werte sie zu akzeptieren und welchen Herrschaftsstrukturen sie sich anzupassen haben (Wellendorf 1973, S. 67).

Die Mehrzahl der schulischen Rituale und die bedeutendsten unter ihnen variieren das Thema Leistung, das damit faktisch zum dominanten Ziel aus dem diffusen Katalog offizieller Zwecksetzungen der Schule wird. Im schulischen Alltag geraten die hehren ethischen und moralischen Zielvorstellungen, wie sie in den zitierten Schulgesetzen formuliert sind, weit in den Hintergrund. Im Vordergrund der organisatorisch gestützten und durch rituelle Interaktionsmuster symbolisierten formalen schulischen Aktivitäten steht der Aufbau kognitiver Lernstrukturen und Wissenselemente und parallel dazu die Vermittlung der entsprechenden Verhaltensdisposition, in

---

3 «Schulische Rituale sind institutionalisierte Interpretationsmuster der sozialen Identitäten aller Beteiligten im Kontext von Szenen und bieten als solche den einzelnen im szenischen Arrangement der Schule institutionell akzeptable Formen gemeinsamen Fühlens, einheitlicher Motivation und übereinstimmenden Agierens – kurz: sie bieten eine allgemeine Interpretation dessen, was die Individuen in der Schule sind und sein können. Damit legen sie die soziale Identität der Interaktionspartner fest» (Wellendorf 1973, S. 101).

diesem spezifischen Leistungsbereich eine ständige Verbesserung und Vervollkommnung des eigenen Niveaus zu erstreben.

Die intensive und teilweise verkrampfte Orientierung der Lehrer an diesem Leistungssyndrom kommt nicht zuletzt dadurch zustande, daß sie von der untergründigen Erwartung ausgehen, auf diese Weise einen Teil ihrer Rollenproblematik abbauen zu können: Zum einen suggeriert eine starke Leistungsbezogenheit des Unterrichts eine direkte Relevanz für außer- und nachschulische Verhaltensbereiche, also ein partielles Entrinnen aus der gettohaften Realitätssituation der Schule; der Lehrer kann sich in der Vorstellung wiegen, ebenso wie in den gesellschaftlichen «Ernstbereichen» in leistungsbezogen strukturierte Arbeitsprozesse eingespannt zu sein. Zum zweiten verringert die Einengung des Zielkatalogs für pädagogische Vermittlungsprozesse auf kognitive Leistungsdimensionen die Unsicherheit der Bewertungs- und Beurteilungsstandards, denn in diesen Bereichen kann auf quantitative und (zumindest scheinbar) sogar objektivierbare Kriterien zurückgegriffen werden, die dem Lehrer weitgehend bereitgestellt werden. Er kann sich in diesem Fall auf die Logik seines Meßinstruments (Zahl der richtigen Antworten, Zahl der Testpunkte usw.) berufen, die auf einer bestimmten, von ihm nicht zu verantwortenden und nicht zu interpretierenden Definition dessen beruht, was unter der spezifischen Leistung in dem jeweiligen Fachgebiet verstanden werden soll. Er kann sich somit in dem Glauben wissen, einer klar abgegrenzten Definition seines pädagogischen Aufgabenbereichs gegenüberzustehen, die heikle, strittige und auslegungsfähige Komponenten ausklammert, wie sie im Bereich nichtkognitiver, normativer und moralischer Dimensionen des Lernprozesses unvermeidlich sind.

Die Erwartung, mit einer Orientierung an einer solcherart engen Leistungsbezogenheit des Unterrichts der Statusproblematik des Berufs zu entrinnen, wirkt in dieser Weise als ein Mechanismus zur Verstärkung leistungsbezogener Orientierungen der Lehrer. Auf seiten der Schüler und Eltern wird diese Orientierung durch die zumindest in der Bundesrepublik weitverbreitete Voreinstellung unterstützt, die Schule habe mit «Bildung» wenig zu tun (Dahrendorf 1965 c, S. 341 ff.). Sie wird als eine Art Hilfsaggregat der Familie angesehen, um die notwendigen Voraussetzungen für die Erhaltung oder Verbesserung der beruflich-ökonomischen Lebenschancen sicherzustellen, und hat sich folglich ausschließlich auf den Bereich der Vermittlung von Wissen und Kenntnissen an die neue Generation zu beschränken. Da auch die Interessen der auf die schulische Bildung und Ausbildung angewiesenen großen gesellschaftlichen Sektoren, allen voran die des Beschäftigungssystems, primär auf eine leistungsbezogene Orientierung der Unterrichtsprozesse bei gleichzeitiger Vermittlung einer möglichst hohen Leistungsmotivation gerichtet sind, ist der große Stellenwert von schulischen Alltagsritualen, die auf der Leistungsdimension und dem Leistungsprinzip aufbauen, in der Organisation Schule vielfach abgesichert.

Er ist zudem durch den Zuschnitt der Gesamtstrukturen der Schul- und Unterrichtsorganisation weitgehend vorgezeichnet, denn diese stellen primär darauf ab, vom ersten Schuljahr an eine Sortierung und Kategorisierung der Schüler nach ihrem jeweiligen Leistungsniveau (bzw. dem, was dafür gehalten wird) vorzunehmen. Im westdeutschen Schulwesen fallen – wie in Kapitel 2.1 erörtert – nach wie vor bis zum Ende der vierten Klasse der Grundschule die wichtigsten Vorentscheidungen für die späteren schulischen und damit zu einem großen Teil auch beruflichen und ökonomisch-sozialen Laufbahnen. Die Unterrichtsorganisation, gekennzeichnet durch starre Einteilungen in Jahrgangs- und Klassenverbände und undifferenzierte Verfahren der Vor- und Rückstufung zwischen diesen Verbänden nach dem Kriterium des durchschnittlichen Leistungsniveaus, gestattet es kaum, in flexibler und gezielter Weise auf die unterschiedlichen individuellen Lernvoraussetzungen und Begabungsprofile, geschweige denn auf die Interessen und Neigungen der Schüler einzugehen (siehe Abschnitt 3.2). Die schulischen Unterrichtsprozesse stellen die verschiedenen Voraussetzungen, mit denen die Schüler in diesen Sozialisationsbereich eintreten, nicht in Frage, sondern nehmen sie als gegeben hin. Schüler, die mit guten Voraussetzungen für schulrelevante Leistungsfähigkeit in die Schule kommen, verlassen sie auch mit guten Voraussetzungen für berufliche und allgemeine Sozialchancen. Die Unterrichtsprozesse wirken nicht korrigierend auf diese Zusammenhänge ein, sondern nehmen sie im wesentlichen auf und führen sie fort. Auf diese Weise leistet die Schule ihren Beitrag zum oben (Abschnitt 2.3) so genannten zirkelförmigen Verlauf des Sozialisationsprozesses:

«Sie ist eine gesellschaftliche Anstalt für das Registrieren und Sortieren von Begabungstypen nach ihren künftigen Sozialchancen, wobei allerdings diese Registratur nach Kriterien vor sich geht, die wissenschaftlichen Erkenntnissen von der Entstehung und Entwicklung der Lernvoraussetzungen und Lernbedingungen Hohn spricht. De facto perpetuiert die Schule durch die in ihr ablaufenden Selektions- und Sozialisationsprozesse die Struktur gesellschaftlicher Privilegien, die sie vorfindet» (Hurrelmann 1971 a, S. 227).

Die ritualisierten Interaktionsmuster auf der Basis des Leistungsprinzips und die in ihnen zum Ausdruck kommenden Wertvorstellungen und Bedeutungsstrukturierungen sorgen gewissermaßen für die Feinprogrammierung dieser leistungsbezogenen Selektionsprozesse. Wer nach dem Durchlaufen eines schulkongruenten familialen Sozialisationsprozesses mit günstigen Voraussetzungen in den Sozialisationsbereich der Schule eintritt, kann eine Fülle von Gratifikationen auf sich ziehen, die das schulische Sozialsystem für solche Fälle bereitstellt (gute Zensuren, gutes Ansehen bei Lehrern und Mitschülern, Bestätigungen für das Selbstwertgefühl usw.). Die Rituale auf der Basis des Leistungsprinzips bilden zusammen eine geschlossene Kette sozialer Interpretationsfiguren, die zur Ausprägung von objektivierbaren Karrieremustern der Schüler im Verlaufe des schulischen Verweilprozesses führen (Cicourel/Kitsuse 1974). Diese Karrieremuster – die Abfolge der

Jahrgänge und Schulstufen, die Einmündung in bestimmte Schulzweige, das Durchlaufen von Abschlußprüfungen usw. – werden maßgeblich durch die beschriebenen organisationsstrukturell vorgezeichneten, leistungsbezogenen, ritualisierten Interaktionsmuster gesteuert.

Diese Interaktionsmuster – das Abfragen von Unterrichtsstoff, die Durchführung von Klassenarbeiten, das Abhalten von Prüfungen usw. – haben aber nicht nur die Funktion, Wissen und Fertigkeiten zu überprüfen und die Grundlage für die weitere organisatorische Einstufung und das «Proceeding» des Schülers abzugeben, sondern sie demonstrieren gleichzeitig, für das inner- und außerschulische Publikum sichtbar und nachvollziehbar, daß alle Beteiligten die präskriptive Norm des Leistungsprinzips für sich akzeptieren, d. h. für die Interpretation ihrer sozialen Identität übernehmen und ihren organisatorischen Status als Resultat des Ausmaßes der Erfüllung dieser Norm verstehen (Wellendorf 1973, S. 113). Die Schüler müssen z. B. durch die ihnen auferlegte Teilnahme an Prüfungsritualen öffentlich (etwa in Anwesenheit des Schulrats als Vertreter von Schulbehörden oder von Repräsentanten aus dem Bereich des Beschäftigungssystems) darstellen, daß sie prinzipiell bereit sind, die in der Schule verlangten Leistungen zu erbringen, und daß sie die normativen und motivationalen Orientierungen besitzen, die den auf Leistung abzielenden schulischen Aktivitäten zugrunde liegen. Die Prüfungsrituale bekräftigen auf diese Weise nachdrücklich die Mitgliedschafts- bzw. Klientenbedingungen für die Schule als Organisation. Sie gelten unbeschadet der Tatsache, daß in der Schule in einem hohen Maße solche Leistungen abgefordert werden, die keine unmittelbare motivationale Befriedigung für den Schüler mit sich bringen und seinen Bedürfnissen nicht entsprechen. Durch die Prüfungsrituale und die anderen auf Leistungserbringung bezogenen Interaktionsmuster werden die Schüler aber zur Erbringung von Leistungen unabhängig von ihren Bedürfnisstrukturen und Interessenpräferenzen angehalten. Die leistungsbezogenen Rituale stellen in diesem Sinne – wie übrigens die affektiv und emotional begründeten Rituale auch, denen allerdings nicht so große Bedeutung beizumessen ist – eine «homogene Motivation» (Luhmann 1964, S. 42) der im organisierten Sozialsystem Schule Handelnden sicher. Divergierende persönliche Motive der Interaktionspartner geraten gegenüber dieser homogenen Motivation, die sich am dominanten Systemziel festmacht, so in den Hintergrund, werden so auf sekundäre Sinnbezüge abgeleitet, daß sie für die gesellschaftlich vorgegebenen Zielstrukturen ebenso ungefährlich bleiben wie für die Macht- und Herrschaftsstrukturen des bestehenden schulischen Systems.

Leistungsrituale betonen durch ihren Geltungsanspruch und durch ihre spezifische Ausgestaltung demonstrativ die Übereinstimmung zwischen Wertstrukturen und Zielvorstellungen in Schule und Gesellschaft. Wie schon erwähnt, werden vor allem von den Lehrern spezifische Leistungsanforderungen der Schule als beispiel- und modellhaft für außerschulische Lebensbereiche dargestellt. Vor allem durch Verweise auf die Steuerungs-

und Gratifikationsprinzipien im gesellschaftlich hochgeschätzten Beschäftigungssystem werden die leistungsbezogenen Interaktionsmuster in der Schule gerechtfertigt, wird das Prinzip Leistung in seiner je geltenden Form als ein universal geltendes Prinzip mit gleichsam objektivem und zwingendem Charakter interpretiert. Den schulischen Unterrichts- und Lernaktivitäten soll auf diese Weise ein genereller und absoluter Sinn verliehen werden, indem sie auf ein allgemeines Prinzip der Steuerung von Arbeitsprozessen und Gratifikation von Arbeitsleistungen verweisen.

Bei genauerem Hinsehen erweist sich dieser Versuch der Konstruktion einer Übereinstimmung zwischen Schule und Gesellschaft als sehr brüchig. Ganz abgesehen von der Tatsache, daß das Leistungsprinzip als Verteilungsprinzip für materielle und immaterielle Gratifikationen auch im vielberufenen Beschäftigungssystem zumindest in dieser Funktion kaum in reiner Form vorzufinden ist und überdies noch an Bedeutung abnimmt (vgl. Abschnitt 2.2), sind auch die grundlegenden Voraussetzungen für den Stellenwert dieses Prinzips in Schul- und Arbeitsorganisation unterschiedlich: Im Gegensatz zur Arbeitsorganisation sind in der Schule die Ressourcen an Gratifikationen, die die Individuen für ihre individuelle Leistungserbringung erhalten, prinzipiell unbegrenzt, sie hängen nicht von der Wertschöpfung ab, die durch die Gesamtheit der Arbeitsleistungen zustande kommt. Die Schule vergibt im wesentlichen nur symbolische Gratifikationen, vor allem formalisierte Einzelbeurteilungen (Zensuren), deren Vorrat allenfalls künstlich durch von außen gesetzte Verteilungsmodelle, etwa die Normalverteilung, eingeschränkt werden kann. Wie Wellendorf betont,

«... unterscheidet sich das Verteilungsmodell der Schule von dem der Arbeitsorganisation zwar der Form nach (die Einkommen werden nicht nach der Gaußschen Normalverteilung verteilt), wichtig ist jedoch die symbolische Darstellung einer zentralen Prämisse für die Verteilung des Sozialproduktes in schulischen Leistungsritualen: Daß die Ressourcen für Gratifikationen prinzipiell begrenzt seien ... Erst auf der Basis ... der Fiktion der Knappheit symbolischer Gratifikationen kann die Gaußsche Normalverteilung von Zensuren den Individuen in der Schule den Eindruck vermitteln, sie würden ‹gerecht› behandelt» (Wellendorf 1973, S. 125).

Trotz gegenteiliger Darstellungen beruht demnach der angeblich paradigmatische Charakter schulischer Wert- und Interaktionsstrukturen auf einer wohlgenährten Fiktion, die für den Schutz der innerschulischen Strukturen und Prozesse vor Anfechtungen ihrer Legitimität unabdingbar ist. Gleichwohl gestattet der unterschiedliche Stellenwert des Leistungsprinzips innerhalb und außerhalb der Schule Verhaltens- und Darstellungsspielräume der in der Schule Handelnden, die in anderen Organisationen wahrscheinlich in diesem Ausmaß nicht bestehen. Der Lehrer hat trotz allem noch die Möglichkeit, Inhalte und Methoden seiner Unterrichtstätigkeit zu variieren und auf diese Weise den Eindruck zu vermitteln, flexibel sowohl auf sich ändernde Bedürfnisse der Schüler als auch auf wechselnde Außenanforderungen an die Schule einzugehen. Für die Schüler besteht die Möglichkeit, sich ohne allzu gravierende Folgen für begrenzte Zeit und in marginalen Bereichen des schulischen Interaktionssystems den angemuteten Verhaltensanforderungen zu entziehen und eigene Bedürfnisse und Affekte in ihr soziales Handeln einfließen zu lassen.[4]

Fazit

Die knappe Analyse des Istzustandes der Organisationsstrukturen von Erziehungseinrichtungen, die sich überwiegend am Beispiel der Schule orientierte, hat klargemacht, in wie geringem Maße der spezifische soziale Dienstleistungscharakter von Einrichtungen des Erziehungssystems bislang in eine angemessene organisatorische Verfassung gebracht worden ist. Schulorganisation und -verwaltung sind nach Modellen konstruiert, die den besonderen sachlich-pädagogischen Anforderungen gesellschaftlich organisierter Sozialisations- und Erziehungsprozesse nicht entsprechen. Die Folge ist, daß die Eigendynamik pädagogisch-interaktiver Beziehungen zwischen Lehrern und Schülern sich kaum entfalten kann und permanent durch eine nach außengesetzten Anforderungen konzipierte repressive monokratisch-bürokratische Struktur überlagert wird. Diese Organisationsstruktur zeichnet letztlich solche Interaktions- und Kommunikationsmuster in der Schule vor, die dominant auf dem Topos eines sehr eng definierten Leistungsverständnisses aufbauen und nur marginale Spielräume für das kultivierte Ausleben eigener Bedürfnisse und Affekte der im System Handelnden gestatten.

3.2 Der ambivalente Charakter organisationsstruktureller Reformen im Bildungswesen

Aus den voranstehenden Überlegungen leitet sich unmittelbar die Forderung ab, die bestehende schulische Organisationsstruktur so zu reformieren, daß sie dem spezifischen Dienstleistungscharakter der Schule gerecht werden kann, daß also professionell-sachliche und nicht legalistisch-administrative Anforderungen dominant verankert werden. Das kann nicht geschehen, indem man vom idealistisch-pädagogischen Modell einer entbürokratisier-

---

4 Diese Chancen sind allerdings bei expressiven Ritualen wie etwa Schulfesten, Feiern usw. wesentlich größer als bei Leistungsritualen. Bei ersteren ist die Ferne zu gesellschaftlichen Realitätsansprüchen für alle Beteiligten ziemlich deutlich, der Schüler wird nicht vollständig durch die schulische Handlungssituation okkupiert und zur (freiwilligen oder unfreiwilligen) Identifizierung mit ihr gezwungen. Das gilt aber für die Leistungsrituale, deren Zwängen sich der Schüler während ihres Ablaufs kaum entziehen kann. Es ergeben sich allenfalls vor und nach Ablauf der Klassenarbeit, der Prüfung usw. einige Möglichkeiten, sich um der individuellen Identitätsbalance willen von diesen Zwängen zu distanzieren, indem die Bedeutung einer spezifischen Klassenarbeit heruntergespielt wird, über die Situation während einer Prüfung gelacht wird usw. (Wellendorf 1973, S. 149 ff.).

ten Erziehungsstätte ausgeht, das seit Ivan Illich (1970) wiederaufgelebt ist. Die Stabilisierung der sozialen Grundstruktur eines derart komplexen sozialen Gebildes wie einer modernen Schule oder Hochschule ist ohne den Rückgriff auf die Prinzipien formaler Organisation – in diesem Fall: des Typs spezifischer Dienstleistungen – nicht denkbar:

«Es ist ebenso verhängnisvoll, den organisatorisch-verwaltungsmäßigen Charakter des Schulwesens im Namen einer idealistisch verstandenen Pädagogik zu verdrängen, wie umgekehrt die Schulorganisation dem Prinzip der technischen oder ökonomischen Rationalität unterordnen zu wollen. Die Leistungen der Schulen stellen zweifellos Dienstleistungen sui generis dar, deren spezifische Eigenarten noch kaum analysiert sind. Es ist zu vermuten, daß die immanente Rationalität des pädagogischen Tuns bisher noch nicht auf ihren Begriff gebracht ist, gerade weil der ihr innewohnende organisatorische Aspekt in der Pädagogik zu wenig reflektiert wird» (Kaufmann 1968, S. 33).

Die schulische Organisationsstruktur muß um die personale Interaktion zwischen Lehrer und Schüler einerseits und Schüler und Schüler andererseits herum aufgebaut sein. Erstere ist mehr oder weniger stark pädagogisch intendiert und insofern ungleichgewichtig und labil. Sie müßte idealerweise im organisatorischen Arrangement so eingefangen werden können, daß an die spezifischen Lernvoraussetzungen und Lernbedürfnisse jedes einzelnen Schülers mit angemessenen didaktischen und methodischen Vorkehrungen angeknüpft werden kann, daß also Lernprozesse der Schüler stimuliert und initiiert und Lernausfälle jeweils spontan und flexibel korrigiert werden, daß Handlungsimpulse und Verhaltenserwartungen von Lehrern und Schülern einen Spielraum für spontane Äußerungen behalten und Inhalte und Themen des Unterrichts auf die persönlichen und sozialen Erfahrungen von Lehrern und Schülern eingehen.

Eine Konstitution von Organisationsstrukturen mit diesem Ziel, die Eigendynamik der pädagogisch-interaktiven Prozesse voll in den Vordergrund zu rücken, ist nur unter Berücksichtigung selbstregulativer Mechanismen denkbar. Die Eigengesetzlichkeit der Interaktions- und Kommunikationsprozesse zwischen Schülern und Lehrern und der Schüler untereinander kann nur entfaltet werden, wenn die sich zwischen diesen Partnern autonom und spontan entwickelnden sozialen Interaktionsstandards von den übergeordneten Steuerungsinstanzen als Informationen verarbeitet und respektiert und nicht wie bisher als disponible und manipulierbare Steuerungsgrößen behandelt werden. Die Steuerungsleistungen der jeweils übergeordneten Instanzen (des Rektors, des Schulrats, der Ministerialen usw.) werden dadurch nicht überflüssig; sie haben unter Respektierung der Eigenanforderungen der im schulischen System ablaufenden Interaktionsprozesse nach wie vor die Aufgabe, den gesamtorganisatorischen Ablauf zu sichern, also dafür zu sorgen, daß die Schule die erwarteten Funktionen für ihre soziale Umwelt erfüllt und die gesellschaftlich erforderlichen Sozialisations- und Qualifikationsleistungen erbringt. Sie sollen das aber nicht wie bisher über zentralistisch-dirigistische Maßnahmen tun, sondern über die Setzung von Rahmendaten für innerschulisches Handeln, die aus dem Versuch entstehen, die Eigenanforderungen des Systems mit den Außenanforderungen so zu vermitteln, daß die pädagogisch-sachlich bestimmten Unterrichtsprozesse soweit wie möglich von einer Funktionalisierung durch Außenanforderungen abgeschirmt werden.

Überlegungen dieser Art haben in der bildungspolitischen Diskussion in den letzten Jahren stark an Boden gewonnen. In der Bundesrepublik ist das ein Verdienst des Deutschen Bildungsrates, der in verschiedenen seiner Gutachten immer wieder auf den engen Zusammenhang von inhaltlicher und organisatorischer Reform im Bildungswesen hingewiesen hat. Die Grundtendenz der Empfehlungen zur Reform von Organisation und Verwaltung im Bildungswesen ist eindeutig: Verstärkte Selbständigkeit der Schulen, verstärkte Partizipation von Lehrern, Schülern und Eltern. Ausgangspunkt der spezifischen Empfehlungen zur Reform der Organisationsstruktur ist folgende zentrale These, die mit den soeben vorgestellten Gedanken übereinstimmt:

«Jede staatliche Verwaltung steht vor der Schwierigkeit, daß so komplexe soziale Systeme wie die Schule nicht mehr ausschließlich zentral verwaltet werden können. Wenn die immer differenzierter werdende Wirklichkeit in der Schule bewältigt werden soll, müssen die Schulen in der Lage sein, selbst flexibel und situationsgerecht zu handeln und zu entscheiden. Das gilt insbesondere für die Organisation von Lernprozessen. Lernprozesse lassen sich nicht allein von außen steuern; Lernen erfordert eigene Anstrengungen von Lehrenden und Lernenden, die persönliche Identifikation mit dem Ziel des Lernens und eine innengeleitete Motivation. Es geht deshalb in der Schule immer um die Frage, wie allgemeine, gesellschaftlich vorgegebene Ziele mit den konkreten Interessen, Bedürfnissen und Möglichkeiten der Lehrenden und Lernenden vermittelt werden können». (Deutscher Bildungsrat 1973, S. 15).

Der Bildungsrat bekräftigt ferner, daß eine zentralisierte und autoritär-hierarchisch strukturierte Bildungsverwaltung nicht in der Lage sein kann, solche Aufgaben zu bewältigen. Sie kann nicht in dem notwendigen Maße Informationen von den unteren Ebenen der Organisation aufnehmen, um flexibel und sachgerecht zu entscheiden und situationsangemessene Handlungsimpulse zu geben. Viele Probleme lassen sich nur lösen, wenn die Kenntnis der besonderen Hintergründe und alltäglichen Erfahrungen dabei zur Geltung kommt, die nur von den in direkter pädagogischer Interaktion begriffenen Personen eingebracht werden kann. Deshalb müssen eigenverantwortliche Gestaltungsspielräume auf der unteren Ebene der Organisation gewährt werden. Für den Bildungsrat äußert sich das vor allem in einer relativen Selbständigkeit der Lehrer und der einzelnen Schule bei der Festlegung der Ziele und Inhalte des Unterrichts, der Grundlagen der Unterrichtsorganisation, der Auswahl von Unterrichtsmethoden, der Zulassung von Medien, der Festlegung der Erfolgskontrolle sowie bei der Entscheidung über Personal- und Finanzfragen. Das Gremium macht konkrete Vorschläge zur Organisation der Mitbestimmung in der Schule, insbesondere der Regelung der Schülervertretung, der Elternbeteiligung und der Leitung der Schule. Oberhalb der Ebene der einzelnen Bildungseinrichtungen wird eine Umgestaltung der Verwaltung nach dem Modell der «Ziel- und Programmorientierung» empfohlen. Hierdurch soll gewährleistet werden, daß die Bildungsverwaltungen nach rationalen Kriterien aktiv und gestaltend Planungsprozesse vorbereiten, einleiten, durchführen und auswerten können und nicht mehr nur überwiegend passiv auf je sich ergebende Umweltanforderungen reagieren (Deutscher Bildungsrat 1974 b).

Durch das Einräumen größerer Selbständigkeit bei Verstärkung der Partizipation aller Beteiligten im Schulsystem und gleichzeitiger Umgestaltung der Arbeits- und Kooperationsformen der übergreifenden Bildungsverwaltung soll also die Fremdbestimmung schulischer Unterrichtsprozesse zugunsten materieller Gestaltungsräume der einzelnen Schule in Form einer vergrößerten Selbststeuerung zurückgedrängt werden. Inwieweit es in der Realität über die Veränderung der formalen Organisationsstrukturen der Schulen hinaus auch zu einer inhaltlichen Veränderung und damit zu einer progressiven und nicht nur reaktiven Reform kommt, bleibt eine empirisch zu beantwortende Frage. Anhaltspunkte für eine Antwort können aus einer Analyse der Gesamtschulreform in der Bundesrepublik gewonnen werden. Wie oben in Abschnitt 2.1 dargestellt wurde, stellt diese Reform das am weitesten entfaltete Muster organisatorischer Schulreformen in der Bundesrepublik dar, entstanden aus dem Versuch staatlicher Bildungspolitik, ein Mindestmaß an gestalterisch-vorgreifender Planung unter gleichzeitiger Berücksichtigung politischer Zielvorstellungen und sozialstruktureller Trendanalysen und der Interessen mächtiger gesellschaftlicher Gruppen und Teilsysteme zu verwirklichen. Angesichts dieser Ausgangslage der Gesamtschulreformkonzeption – und das gilt im übrigen analog auch für Gesamthochschulen – liegt der Verdacht nahe, daß der Anspruch wirklich durchgreifender inhaltlicher Reformen hinter der Fassade reiner Formveränderungen nicht realisiert werden kann. Die bisherigen Analysen der Gesamtschule zeigen allerdings, daß dieser Verdacht nur teilweise zutrifft.

Gesamtschulen als fortgeschrittenste organisatorische Formen allgemeinbildender Erziehungseinrichtungen in Industriegesellschaften lassen sich nahezu vollständig mittels der begrifflichen Konzeptionen fassen, die in modernen Organisationsanalysen angewandt werden. Die Terminologie der System- oder der Systemzielmodelle, wie sie z. B. die Arbeiten von Luhmann (1964) und Naschold (1969) kennzeichnet, läßt sich in Planungsempfehlungen von Gutachtergremien (etwa dem Gesamtschulgutachten des Deutschen Bildungsrates 1969) oder Planungsvorlagen von Ministerialbürokratien (etwa den «Arbeitspapieren für die Praxis» des Hessischen Kultusministers) wiederfinden. Als Zielvorstellung wird in allen Fällen die Verbindung von Effizienz- und Demokratisierungsstrategien angegeben. Die Gesamtschule wird als eine Umsetzung sowohl von Erkenntnissen der Verbesserung der Leistungsfähigkeit moderner Organisationen gegenüber ihrer sozialen Umwelt als auch von fundamentaldemokratischen Zielnormen einer partizipatorischen Demokratie verstanden. Die strategische Konsequenz eines solchen Ansatzes zielt ausdrücklich auf eine Steigerung organisationsinterner Demokratie bei gleichzeitiger Steigerung der extern verwertbaren Organisationsleistungen.

Unter den sozialen Mechanismen, die die Organisationsforschung zur Erreichung dieser Zielkombination entwickelt hat, lassen sich einige auch auf die Gesamtschule übertragen. Insbesondere ist an die wachsende Ausdifferenzierung organisatorischer Untereinheiten mit eigenen Steuerungs- und Enscheidungsleistungen und an institutionalisierte Verfahren der Partizipation der Organisationsmitglieder und -klienten bei Innovationsentscheidungen zu denken (Spahn/Christian 1974). Eine genauere Analyse dieser Mechanismen zeigt beispielhaft die Offenheit und Ambivalenz der Veränderung der Formseite der Organisation «Schule» für die Veränderung der inhaltlichen Prozesse.

Reform der Unterrichtsorganisation in Gesamtschulen
Die Subsystembildung in Gestalt der Ausdifferenzierung organisatorischer Untereinheiten wie Schulstufen, Fachbereiche, Klassenstufen, Lerngruppeneinheiten usw. konstituiert die Gesamtschule als eine Dienstleistungsorganisation mit wesentlich größerer innerer Komplexität als herkömmliche Schulen. In jedem der Subsysteme werden, abstrakt betrachtet, Regelungsprozesse autonom in Verbindung mit anderen Subsystemen und nach Maßgabe der von der Organisationsspitze eingegebenen Sollwerte vorgenommen. Die so gesteigerte Eigenkomplexität setzt die Gesamtschulorganisation besser als traditionelle Schulorganisationen in die Lage, auf die komplexer gewordenen Außenanforderungen einzugehen – bei gleichzeitig möglicher intensiverer Berücksichtigung der oben ausgegrenzten pädagogisch-sachlichen Dimensionen der schulischen Sozialisations- und Erziehungsprozesse. Wie offen und ambivalent die so gesteigerte organisationsstrukturelle Eigenkomplexität der Schulorganisation nun allerdings für konkrete inhaltliche Gestaltungen der faktisch ablaufenden Erziehungsprozesse ist, soll exemplarisch an der Reform der Unterrichtsorganisation gezeigt werden.

In den letzten Jahrzehnten sind zahlreiche Aktionsprogramme entwickelt worden, um an die Stelle der traditionellen Klassenverbandseinteilung eine differenzierte und flexible Lerngruppeneinteilung zu setzen, die auf die Lernvoraussetzungen und Lernbedürfnisse der einzelnen Schüler einzugehen gestattet. In herkömmlichen Schulorganisationen werden unterschiedliche Lernvoraussetzungen und Lernbedürfnisse dem Schüler ja praktisch zugeschrieben, indem äußere Merkmale wie Alter, Geschlecht und Konfession als Kriterien für die Zuweisung zu organisatorisch abgegrenzten Lerngruppen (Klassenverbänden) dienen. Durch eine Differenzierung der Unterrichtsorganisation sollen nun an die Stelle dieser zugeschriebenen Merkmale solche treten, die vom Schüler aktiv erworben wurden, also die tatsächlich in den einzelnen Fächern gezeigten schulischen Lernleistungen und lernbezogenen Verhaltensweisen. Sie sollen zum Kriterium für die Zusammenstellung von möglichst homogenen Lerngruppen werden.

Wird mit diesem Modell ernst gemacht, kommt es zu einer gegenüber den herkömmlichen Strukturen weitgefächerten Differenzierung der Unterrichtsorganisation. Die kollektive Einstufung der Schüler nach sekundären Kriterien weicht jetzt einer Einstufung, die potentiell auf die tatsächlich lernrelevanten Verhaltensmerkmale einzelner Schüler oder kleinerer Schülergruppen eingeht. In der Praxis der meisten Schulen hat sich jedoch eine ganz bestimmte Spielart der differenzierten Unterrichtsorganisation (kurz: «Unterrichtsdifferenzierung») durchgesetzt, die den traditionellen Klassenverband in einigen zentralen Fächern zugunsten solcher Lerngruppen auflöst, die nach dem fachspezifischen Leistungs*niveau* der einzelnen Schüler zusammengesetzt werden. Jeder Schüler kann in verschiedenen Fächern verschiedener dieser Leistungsniveaukurse angehören; bei Veränderungen seines Leistungsniveaus im jeweiligen Fach kann er in den niveauhöheren bzw. niveauniedrigeren Kurs umgestuft werden.

Die Argumente, die für dieses Modell der Unterrichtsorganisation nach Leistungsniveaukursen angeführt werden, lassen sich im Anschluß an Heckhausen (1968) und das Gutachten des Deutschen Bildungsrates (1969, S. 35 ff.) wie folgt zusammenfassen:

a) Leistungsniveaukurse entsprechen besser als die herkömmliche Unterrichtsorganisation nach leistungsheterogenen Klassenverbänden der Forderung nach Chancengleichheit. Eine Zusammenfassung der Schüler mit jeweils fachspezifisch relativ homogenem Leistungsstand ermöglicht eine Anpassung der Ziele, Inhalte und Methoden des Unterrichts an die je nach Leistungsniveau unterschiedlichen Lernvoraussetzungen und Lernverhaltensweisen. Unterschiedliche Begabungs- und Leistungsausprägungen der Schüler können deshalb besser berücksichtigt werden, der Lehrer muß sich nicht mehr länger an einem fiktiven Leistungsdurchschnitt des Klassenverbandes orientieren.

b) Leistungsniveaukurse schränken die Variationsbreite der Unterrichtsanforderungen ein. Dadurch kann es zu einer optimalen «Passung» zwischen dem Informationsangebot durch die Lehrer und dem erreichten sachstrukturellen Entwicklungsstand der Schüler in einem bestimmten Sachgebiet des Unterrichts kommen. Eng damit zusammen hängt der nun mögliche Aufbau eines angemessen dosierten Schwierigkeitsgrades, der die Aufmerksamkeit aller Schüler anregt und aufrechterhält und ihre Lernmotivation steigert.

c) Leistungsniveaukurse bilden einen neuen relativen Bezugspunkt für das Setzen eines Erfolgsmaßstabes für jeden einzelnen Schüler. Die Schüler können ihre Leistungsfähigkeit und die tatsächlich erbrachten Leistungen nun mit etwa gleichstarken Schülern vergleichen und brauchen sich nicht mehr an den jeweiligen Spitzenlernern der Klasse zu messen. Dadurch können Frustrationserlebnisse und Störungen des Selbstwertgefühls vermieden oder zumindest vermindert werden.

Das Modell der homogenen Leistungsniveaukurse wird zudem implizit oder explizit als eine konsequente Umsetzung und Operationalisierung des als gerecht empfundenen Leistungsprinzips als Kriterium der Statusverteilung in der Schule angesehen. Es unterstreicht ja tatsächlich die Bedeutung individuell erbrachter Leistung als Kriterium für die symbolischen

Belohnungen des schulischen Systems; denn nicht nur die Zensuren, sondern auch der für alle Mitschüler erkennbare öffentliche leistungshierarchische Status eines Schülers bestimmen sich jetzt nach diesem Prinzip. Gleichzeitig wird unterstellt, mit der konsequenten Anwendung dieses Prinzips auch in der Feinstruktur der Unterrichtsorganisation, die über das in den herkömmlichen Klassenverbänden vorherrschende Maß noch hinausgeht, würde dem Postulat gleicher Bildungs- und Lernchancen besser entsprochen als bisher, wobei zudem noch eine gewisse Humanisierung des Lernprozesses einsetze, indem Überforderungen und Fehleinschätzungen, die zu Frustrationen führen müssen, strukturell verhindert würden.

Dieses kompakte Bündel von Argumenten hat seinen Eindruck in der schulpolitischen Debatte der letzten Jahre nicht verfehlt. Hier wird unterstellt, ein Maximum an Zielen mit einem Minimum an Mitteln erreichen zu können – mit Mitteln, die sich praktisch allein auf den Bereich technisch-organisatorischer Variablen beschränken: auf eine organisatorische Umgliederung der Lerngruppen statt wie bisher nach Alter, Geschlecht usw. nun nach Leistungsniveau. In anderen Worten, von einer Veränderung der Formseite der Unterrichtsorganisation schließt man direkt auf einschneidende Veränderungen inhaltlicher Unterrichtsprozesse. Eine schnell administrierbare Schulreform wird hier also suggeriert, gewissermaßen schnell schulorganisatorischer Geniestreich mit weitreichenden positiven Folgen.

Die wirklichen Folgen oder Nebenfolgen der Veränderung der Unterrichtsorganisation nach diesem Modell lassen sich wissenschaftlich fundiert nur schwer abschätzen. Die aus dem Ausland vorliegenden Befunde warnen vor einer organisatorisch-technischen Schlagseite bei der Realisierung dieser Maßnahmen (Yates 1972). Jüngere Untersuchungen, die sich auf den westdeutschen Schulbereich erstrecken (Hurrelmann 1971a, Teschner 1971, Bernhardt u. a. 1974), kommen noch zu widersprüchlichen Resultaten. Zumindest der Tendenz nach zeichnen sich aber empirisch nachweisbar bei der Einführung der Leistungsniveaukurse folgende negative Konsequenzen ab:

1. Die meßbaren Steigerungen des Leistungsniveaus in einem bestimmten Zeitraum sind in den oberen Leistungskursen größer als bei der vergleichbaren Schülergruppe im herkömmlichen Klassenverband. Für die Kinder in den mittleren und unteren Leistungsgruppen ergeben sich aus der Unterrichtsdifferenzierung nach dem Leistungsniveau hingegen kaum Vorteile für die Leistungsentwicklung, gelegentlich werden sogar Benachteiligungen für die Kinder in den unteren Kursen festgestellt.

2. In der Praxis der Unterrichtsorganisation ist die Möglichkeit eines ständigen Auf- und Abstufens zwischen den Kursen eines Fachs in Antwort auf Veränderungen des leistungsmäßigen Entwicklungsstandes der Schüler schwer zu realisieren. Die Folge ist die faktische Festlegung eines Schülers auf eine spezifische Niveauebene im jeweiligen Unterrichtsfach.

3. Durch die klare organisatorische Segmentierung der Schüler nach ihrem jeweiligen Leistungsniveau und die soeben geschilderte partielle Festlegung auf dieses Niveau kann

eine Fixierung der Leistungsentwicklungserwartungen für die Schüler einer Niveaugruppe durch die Lehrer eintreten. Diese Erwartungsfixierung kann über die Steuerung des Stimulierungsreichtums des Lehrerverhaltens das Anspruchsniveau und das Selbstbild der Schüler im Sinne einer sich selbst erfüllenden Prophezeiung beeinflussen.

4. Die soziale, insbesondere schichtspezifische Selektion der Schüler wird durch die Leistungsniveaudifferenzierung nur unwesentlich berührt. Nach wie vor korrelieren soziale Herkunft und Leistungsniveau, in diesem Falle derart, daß sich in der leistungshierarchischen Stufengliederung der Kurse das gesellschaftliche Privilegiensystem nach sozioökonomischer Schichtzugehörigkeit reproduziert.

5. Die Zuweisung zu den Leistungskursen kommt auch insofern einer formalisierten sozialen Selektion gleich, als in den niveauniedrigsten Gruppen Schüler mit überdurchschnittlich niedrigem informellem Einfluß- und Prestigestatus in der Überzahl sind. Darüber hinaus ist festzustellen, daß bei Lehrern und bei Schülern generell eine negative Einschätzung der Wertigkeit des Unterrichts in den unteren Leistungskursen eintritt. Es finden sich klar ausgeprägte negative Einstellungsstereotype gegenüber den Schülern in den unteren Kursen, während umgekehrt die Schüler in den oberen Kursen durchweg mit positiv gefärbtem Vorurteil wahrgenommen werden.

6. Der permanente Wechsel der sozialen Bezugsgruppen von einem Fach zum anderen blockiert die Entwicklung fester sozialer Beziehungen und Verhaltenserwartungen. Die Folge können Angst- und Aggressionsreaktionen sein, wenn dem einzelnen Schüler eine dauerhafte Strukturierung des sozialen Erfahrungs- und Kontaktraums versagt bleibt, keine Entwicklung sozialer Normen aus den gegenseitigen interaktiven Prozessen heraus möglich ist und der Aufbau langfristiger sozialer Anerkennungsstrategien behindert wird. In dieses Vakuum können praktisch nur die durch die organisatorischen Vorgaben gesetzten Standards und Maßstäbe vorrücken, die sich überwiegend am Leistungsprinzip als Strukturierungsprinzip sozialer Interaktionen in der Schule orientieren.

Zusätzlich zu diesen empirisch nachweisbaren Gefahren ist ein Bedenken grundsätzlicher Natur vorzubringen, das sich erfahrungswissenschaftlich-methodisch schwer fassen läßt: Mit der ausschließlichen Festlegung auf das Kriterium des Leistungsniveaus als Ausgangskriterium für die Differenzierung von Unterrichtsprozessen bekennt sich die bisher vorherrschende Spielart der Reform der Unterrichtsorganisation zur individuell erbrachten Leistung als dominantem und zentralem Ordnungs- und Zuweisungskriterium für schulischen Status. Damit wird das schon bisher geltende Prinzip der Selektion und Privilegierung innerhalb und außerhalb der Schule gestützt, Leistungs- und Aufstiegsorientierungen werden noch nachhaltiger und demonstrativer als bisher in die Unterrichtsorganisation inkorporiert, die Schüler werden bewußt oder unbewußt zu Konkurrenten um die begehrten privilegierten Plätze in den oberen Leistungskursen. Wird die Einschätzung des Leistungsniveaus durch die Lehrer zum vorrangigen Kriterium nicht nur (wie im herkömmlichen Klassenverband) für die Festlegung eines nichtformalisierten Leistungsstatus, sondern für die Zuweisung zu einer organisatorisch abgesetzten formalen Einheit des Unterrichtsverbandes, dann werden außerdem allen Beteiligten im schulischen Interaktionsprozeß die Leistungstypisierungen der Lehrer besonders bewußt und nachhaltig eingeprägt. Da sie sich auf das Leistungsprinzip berufen und formal an ihm orientiert sind, erscheinen sie den betroffenen Schülern und auch ihren Eltern zumeist als sachlich voll gerechtfertigt und legitim. Zudem kommen sie bei allen Beteiligten im schulischen Interaktionsprozeß den tiefsitzenden Bedürfnissen nach, Sicherheit im Umgang miteinander dadurch zu gewinnen, daß man weiß, wer in bezug auf die zentrale Leistungsdimension zu welcher Qualitätskategorie von Schülern zählt (Hurrelmann 1971 a, S. 92 ff.).

Eine überwiegend organisatorisch verstandene Umgruppierung der Unterrichtsverbände in Leistungsniveaukurse reproduziert also nach diesen Unterlagen und Erkenntnissen im Gewand einer differenzierteren organisatorischen Feinstruktur der Unterrichtsprozesse die überkommenen sozialen und pädagogischen Probleme. Sie baut die Dominanz des Selektionsprinzips in der Unterrichtsorganisation der Schulen nicht ab und birgt in ihrem Ansatz ein Fehlverständnis von Differenzierung als einem Vorgang der Klassifikation und Sortierung von Schülern nach Leistungs- und Begabungstypen. Die hier skizzierte Form der Veränderung der Unterrichtsorganisation betrifft daher nur Oberflächenstrukturen, nicht aber die grundlegenden Steuerungsmechanismen der Unterrichtsprozesse an den Schulen.

Die Implikationen dieses Modells hätten allerdings schon aus dem wichtigsten und für den Entscheidungsprozeß der Planer der Kultusbürokratien ausschlaggebenden Gutachten zu dieser Frage von Heckhausen abgelesen werden können. Heckhausen spricht sich engagiert für die Leistungsniveaudifferenzierung aus, da sie zwei wesentliche Vorteile bringe: Neben der verbesserten Möglichkeit der Anpassung des Lehrangebots an die Lernvoraussetzungen der Schüler, die zu einer Verbesserung der Chancengleichheit führe, mache sie eine effektivere Einübung in die gesellschaftliche Realität der Ungleichheit möglich. Letzteres wird von ihm in der These formuliert, es sei der «gute Sinn früher Gruppierungen», den Schüler noch in der Schule darauf vorzubereiten, als Erwachsener in eine «ihm adäquate Subgruppe hineinbugsiert» zu werden (Heckhausen 1968, S. 218). In diesen Empfehlungen wird also praktisch behauptet, Leistungsdifferenzierung entspreche gleichzeitig dem Förderungs- und dem Selektionsprinzip. Diese Überlegungen sind von den Kultusbürokratien und Planungsstäben dankbar aufgenommen worden, weil sie die Ermöglichung einer Reform suggerierten, die den Forderungen aller schulpolitischen Lager gerecht zu werden vermöchte.

Hinter der Argumentation von Heckhausen steht im übrigen auch – wie bei vielen anderen Ansätzen der Reform der Unterrichtsorganisation – ein rein formales Konzept der Chancengleichheit, das Überlegungen über die inhaltlichen Implikationen eines solchen Reformziels ausblendet. Chancengleichheit wird hier oft als eine allen gemeinsame Basis verstanden, an die jeder herangeführt werden solle, um von hier aus dann an einem sozialdarwinistischen Ausleseprozeß teilnehmen zu können. Am Beispiel des hier diskutierten Modells der Reform der Unterrichtsorganisation kann man ablesen, wie das Prinzip der Chancengleichheit umgesetzt wird zu einem Prinzip der formalen Gleichheit der Startchancen, auf die sich ein rigoroser Konkurrenzkampf um soziale Privilegien und sozialen Status aufbaut. Die inhaltliche Idee der Chancengleichheit wird unterlaufen: die Idee nämlich, daß für jeden Schüler die gleiche Chance besteht, seine eigenen Fähigkeiten und Fertigkeiten zu entdecken und zu entfalten, seine eigene Persönlichkeit und Identität ohne Behinderungen zu entwickeln und eine kritische Mündigkeit zu erreichen. Hierin steckt kein absoluter Verzicht auf das Wettbewerbs- oder das Leistungsprinzip; doch in diesem Verständnis von Chancengleichheit wird dem Schüler kein fremdbestimmtes Leistungsziel vorgegeben, sondern es wird ihm soweit Förderung und Hilfestellung zuteil, daß er im Idealfall sein eigenes Leistungsziel definieren und erreichen kann.

Nun ist die Unterrichtsorganisation der meisten Schulen, auch der Gesamtschulen, nur in einer Reihe von Fächern, wenn auch in den am höchsten bewerteten und im Fächerkanon zentralsten, durch eine Unterrichtsdifferenzierung nach Leistungskursen gekennzeichnet. Der Rest des Unterrichts läuft in normalen Klassenverbänden oder in den bereits erwähnten Wahlfächern ab. Vor allem an den Unterricht in normalen Klassenverbänden, den Kernunterricht, der sich zum Teil im Fach Deutsch und überwiegend in den sozialkundlichen Fächern findet, werden Erwartungen hinsichtlich spezifischer *sozialer* Lernziele an die Schüler definiert. Diese sozialen Lernziele sollen ein Gegengewicht gegen die leistungsbezogenen und leistungsbetonten kognitiven Lernziele in den Kursfächern darstellen. Der Deutsche Bildungsrat (1969, 1970) schlägt ein Kern-Kurs-System für die Gesamtschulen vor, mit der doppelten Zielsetzung der sozialen Integration und der Leistungsdifferenzierung, die in einem wechselseitigen Ergänzungs- und Begründungsverhältnis gesehen werden. Im Prinzip der Integration ist dabei zentral das Prinzip der «sozialen Koedukation» enthalten. Man verspricht sich von der Umsetzung dieses Prinzips, daß das längere, gemeinsame Lernen von Schülern, die aus verschiedenen sozialen Schichten kommen und unterschiedliche Begabungen und Interessen entwickeln, zahlreichere und differenziertere Kontakte zwischen ihnen ermöglicht und dadurch vorhandene soziale Sperren und Vorurteile zwischen den sozialen Gruppen abgebaut werden können (Klafki 1970, S. 207).

Diese Vermutung ist insofern eine Illusion, als allein die organisatorische Zusammenführung der Schüler als solcher nicht zu sozial integrierenden Erziehungswirkungen führen kann. Es müssen gemeinsame Erfahrungen und direkte soziale Kontakte ermöglicht werden und rationale Klärungen und Verarbeitungen dieser Erfahrungen und Beziehungen eingeleitet werden, wenn man mit dem Gedanken der sozialen Koedukation ernst machen will. Sonst kann eine fatale Ideologie der Einebnung von Klassengegensätzen durch schulische Einflüsse entstehen, die eine Art Pazifizierungsstrategie für das politische System werden kann und letztlich systemstabilisierende Verhaltensweisen für entstehende Konfliktpotentiale entwickeln helfen könnte. In neueren Konzeptionen taucht aus diesen Überlegungen heraus der Begriff der sozialen Integration nicht mehr auf, sondern wird als eine ideologisch anfällige Metapher abgelehnt, der ein entpolitisierter Gemeinsamkeitsbegriff zugrunde liegt, der der Gedankenwelt harmonisierender Partnerschaftsvorstellungen entlehnt ist.

Unabhängig davon, ob der Kernunterricht intentional nach solchen sozialromantischen oder pazifizierenden Zielvorstellungen ausgerichtet ist oder sich etwa an progressiven Zielvorstellungen wie der produktiven Verarbeitung von Konflikten, dem Abbau elitärer Denk- und Verhaltensmuster, der Einübung demokratischen Verhaltens und solidarischen Lernens orientiert, ist die Komplexität der Unterrichtsorganisation beim Kern-Kurs-System ein zentraler Faktor mit problematischen Effekten für den Sozialisationsprozeß der Schüler. Denn nicht nur die spezifischen Sozialisationsfunktionen des Kern- oder Kursunterrichts sind von Bedeutung, sondern auch die Wechselwirkungen zwischen diesen Organisationsformen. Dieser Problematik wird in der Untersuchung von Bernhardt u. a. (1974) nachgegangen. Das nachweisliche Übergewicht der Fachleistungskurse sowohl im Bewußtsein von Lehrern und Schülern als auch objektiv für die entscheidenden Steuerungsprozesse der Unterrichtsabläufe hat nach diesen Erhebungen Einwirkungen auf die Einstellungen und Verhaltensweisen der Schüler, die eine Realisierung der an den Kernunterricht gebundenen Ziele in Frage stellen. Faktisch wird in den Schulen dem Kernunterricht eine gewisse Ausgleichsfunktion gegenüber dem Kursunterricht übertragen: Die dem Leistungskurssystem innewohnende Tendenz, den Konkurrenzdruck zu verschärfen und neue Kriterien für Leistungs- und Sozialgruppierungen bereitzustellen, soll durch die integrierte Struktur der Kerngruppe überwunden werden. Dieses Ziel kann aber nicht erreicht werden, wenn wie bisher die Schülerbeurteilung im Kernunterricht als Qualifikationskriterium eine wesentlich geringere Bedeutung hat als die im Kursunterricht. Die Chancen für Lernansätze, die sich aus der sozialen Heterogenität der Kerngruppe ergeben, sinken aus diesen Gründen unabhängig von allen gezielten und beabsichtigten inhaltlichen Bemühungen der Gestaltung des Unterrichts in den Kerngruppen.

In Schulen mit Kern-Kurs-System zeigt sich demnach die Spannung zwischen dem Prinzip der sozialen Integration und der Leistungsdifferenzierung, der Förderung und der Selektion, der Solidarität und der Konkurrenz fast in derselben Weise wie in allen anderen Schulen, mit der Ausnahme, daß sich diese Widersprüche in formalisierter Form in der unterrichtsorganisatorischen Struktur niederschlagen. Die geschilderten formal-strukturellen Reformen der Unterrichtsorganisation haben – obwohl das u. a. ihre erklärte Zielsetzung war – recht ambivalente Auswirkungen auf die inhaltlichen pädagogisch-sachlichen Dimensionen des Unterrichtsgeschehens gehabt. Allerdings schöpfen sie auch die Variationsbreite unterrichtsorganisatorischer Reformen in dem hier diskutierten Bereich nicht vollständig aus. An den wenigen Schulen, die alternative Modelle der Differenzierung von Unterrichtsprozessen erproben, die sich durch die Verwirklichung von weniger rigiden und perfektionistischen Organisationsprinzipien auszeichnen, kommt es nach den vorliegenden Beobachtungen auch zu weniger ambivalenten inhaltlichen Resultaten. Ich denke dabei an Spielarten der sogenannten inneren Differenzierung feststehender Unterrichtsverbände in meist heterogen zusammengesetzte Kleingruppen. Innerhalb einzelner Unterrichtsverbände werden hier also nach verschiedenen Kriterien die jeweiligen Lerngruppen konstituiert, die je nach pädagogisch-didaktischen Gesichtspunkten unterschiedlich lange bestehen bleiben können. Kriterien der Gruppenbildung können sein: Fachleistungsprofil, Leistungsniveau, Lernverhaltensweisen, soziale Herkunft, gruppendynamisches Verhalten, Kontakt- und Kooperationswünsche, Interessen und Neigungen der Schüler u. a., oder mehrere dieser Kriterien in Kombination miteinander. Diese verschiedenen Kriterien sollten im Idealfall abwechselnd und jeweils nur für begrenzte Zeit eingesetzt werden, wobei ein einzelnes Kriterium möglichst nur für einen überschaubaren Zeitraum dominant sein sollte.

Die erwähnten Gefahren und Nachteile der differenzierten Unterrichtsorganisation nach dem homogenen Leistungsniveaumodell können durch dieses alternative Verfahren selbstverständlich nicht automatisch vermieden werden. Ein Kardinalfehler wird jedoch mit Sicherheit ausgeschaltet: die über einen sehr langen Zeitraum sich erstreckende verfestigende Segmentierung der unterrichtsorganisatorischen Gruppierungseinheiten nach einem einzigen dominanten Kriterium. Die Spielarten der inneren Differenzierung stellen demgegenüber sicher, daß Klassifikationen von Schülern nach wechselnden Kriterien in flexibler Weise vorgenommen werden können, ohne an unüberwindliche strukturelle organisatorische Barrieren zu stoßen. Außerdem kann zumindest potentiell die Fixierung der Unterrichtsprozesse auf das Leistungsprinzip zugunsten anderer Prinzipien aufgebrochen werden. Auch ist dieses Modell praktisch auf alle Unterrichtsfächer anzuwenden, teilt also den Fächerkanon nicht nach problematischen Kriterien in zwei Bereiche ein. Allerdings stellt die innere Differenzierung an didaktisches Geschick und pädagogisches Engagement der Lehrer zumindest so lange hohe Anforderungen, wie noch nicht geeignete Medien zur Unterstützung zur Verfügung stehen.

An einigen der bestehenden Gesamtschulen wird nach einem spezifischen Verfahren der inneren Differenzierung vorgegangen, meist nach dem Modell der sogenannten flexiblen Differenzierung oder einer eng verwandten Konzeption der sogenannten didaktischen Differenzierung. Bei diesen Modellen wird im Rahmen einer größeren Stammgruppe (bis zu 100 Schülern) für einzelne Unterrichtsphasen eine Unterteilung in kleine Lerngruppen unterschiedlicher Zeitdauer und unterschiedlicher Größe und Zusammensetzung vorgenommen. Als Gruppierungskriterium wird in der Regel das fachspezifische «Leistungsprofil» der Schüler gewählt. Zu seiner Erhebung werden informelle Tests und die wenigen bisher vorliegenden abgesicherten diagnostischen Tests eingesetzt. In der Regel wird ein besonderes Augenmerk auf die kurzfristige Förderung leistungsschwacher Schüler in kleinen Gruppen gelegt. Diese Gruppierungen werden meist nur dort vorgenommen, wo es um das gezielte Training spezieller Fähigkeiten und Kenntnisse geht, für deren Erwerb oder Steigerung die Interaktion mit den Mitschülern eine verhältnismäßig geringe Bedeutung hat. Dabei wird versucht, die Zeitspanne für die Trainingskurse so kurz wie möglich zu bemessen, damit sich die negativen Effekte der Fixierung der Urteile und der Statuszuweisungen möglichst nicht einstellen. Dieses Modell stellt eine Annäherung an die ideale Konzeption innerer Differenzierung dar (Bechert 1971).

Die Schwierigkeiten aller Modelle der inneren Differenzierung des Unterrichts liegen auf der Hand: Das Verfahren ist sehr voraussetzungsvoll – soll es funktionieren, muß möglichst eine operationale Definition der Lernziele und die entsprechende Entwicklung von Unterrichtseinheiten erfolgen, die Diagnose von Lernvoraussetzungen und die Konstruktion von lernzielorientierten Sondierungsverfahren vorgenommen und auf dieser Basis der alternative Einsatz von Lernsequenzen geregelt werden. Das sind Aufgaben, die im Augenblick nur unzureichend erfüllt werden können. Die Folge in der Schulpraxis ist, daß es trotz aller Bemühungen in Ansätzen doch zur organisatorischen Verfestigung der Gruppenstrukturen und zu ähnlichen Fixierungsprozessen wie bei der Leistungsniveaudifferenzierung kommt. Wird darüber hinaus die Stammgruppe zu groß gewählt (z. B. über 50 Schüler), entstehen Schwierigkeiten im sozialen Kontaktbereich der Schüler untereinander. Die Lern- und Bezugsgruppen sind dann zu unübersichtlich und wechseln zu häufig, so daß interpersonale Kontinuität und der Aufbau kooperativer Lernformen verhindert werden und soziale Desorientierung und Verunsicherung der Schüler eintreten können.

Doch grundsätzlich sind bei diesen flexibel konzipierten Modellen die Fehler wesentlich besser zu vermeiden, die für die stark organisatorisch fixierten Modelle der Leistungsniveaudifferenzierung kennzeichnend sind. Wenn darauf geachtet wird, daß die Kriterien der Gruppenbildung wirklich vielfältig sind und vom Leistungsprofil über gruppendynamische Gesichtspunkte bis zu den Interessen der Schüler reichen, und wenn außerdem die einzelnen Gruppierungsphasen von Unterrichtseinheit zu Unterrichtseinheit abwechseln, können die meisten erwähnten Nachteile aufgefangen werden. Das wird in dem Maße leichter, wie man sich wieder an die klassischen Formen der inneren Differenzierung durch Bildung relativ überdauernder Kleingruppen annähert (Hurrelmann 1971 a, S. 235 ff.). Die Entwicklung einer emotional stabilen, angstfreien und aggressionsarmen Persönlichkeit läßt sich unterrichtsorganisatorisch nur unterstützen, wenn das Individuum sich in einem konstanten sozialen Gefüge bewegt, in dem es sein eigenes Verhalten erproben und überprüfen kann. Nur in diesem Kontext können stabile Verhaltenserwartungen entwickelt und eine zuverlässige Einschätzung der Wirkungen des eigenen Verhaltens ermöglicht werden. In diesem Rahmen kann der Schüler lernen, konfliktlösende Handlungsstrategien zu entwickeln, indem er mit seinen Gruppenpartnern im kooperativen Prozeß bei der Ausgestaltung gemeinsam geteilter sozialer Normen mitwirkt. Zudem kann auf diese Weise die einseitig individualistisch orientierte Konkurrenzorientierung im Schulbereich abgebaut werden, indem z. B. die Wettbewerbssituation auf eine Ebene der einzelnen Lerngruppen untereinander übertragen wird, was für die Interaktionsprozesse innerhalb der einzelnen Lerngruppen ein Eingehen auf die Interessen und Fähigkeiten der Mitschüler und ein Erkennen ihrer Fähigkeiten im Blick auf das Erreichen der Gruppenziele voraussetzt.

Die Einrichtung konstanter Kleingruppen läßt es ohne weiteres zu, aus mehreren Kleingruppen in flexibler Weise bestimmte Schüler mit speziellen Lerndefiziten in besonderen Gruppen zusammenzufassen. Doch sollten solche Maßnahmen zeitlich begrenzt sein und für keinen Schüler zu einer Dauereinrichtung werden. Außerdem sollten Vorkehrungen getroffen werden, daß für einzelne Unterrichtsphasen die Kleingruppen im Gesamtverband der Klasse, der «Stammgruppe», aufgehen. Solche Variationen der gruppendynamischen Komponenten des Unterrichtsgeschehens sind notwendig, denn Verfestigungen der heterogenen Kleingruppen (z. B. durch die Entwicklung eines starren Gruppengefühls, das die Gruppen voneinander abkapselt) müssen vermieden werden. Außerdem darf die Gefahr nicht übersehen werden, daß sich innerhalb der Kleingruppe unerwünschte Kommunikationsstrukturen verhärten, indem sich einige Mitglieder der Kommunikation entziehen, Untergruppen entstehen, die Diskussion sich zentralisiert, alle Aufmerksamkeit sich auf eine zentrale Schülerpersönlichkeit richtet usw. In diesen Punkten ist eine ständige Beobachtung und ein kontrollierendes Eingreifen durch den Lehrer unumgänglich.

Obwohl die Modelle der inneren Differenzierung der Unterrichtsorganisation die erwähnten Vorteile haben und zu einer Konzentration auf curriculare und didaktische Dimensionen des Unterrichtsgeschehens anregen und nicht wie die Modelle der Leistungsniveaudifferenzierung suggerieren, diese Komponenten seien durch organisatorisch-technische Vorkehrungen bereits implizit mitgelöst, setzen sie sich in der Praxis nur schwer durch. Es ist gerade diese Suggestion der Niveaukursmodelle, die ihnen in den bestehenden Gesamtschulen (und zunehmend auch anderen Schultypen) eine nahezu unangefochtene Verbreitung gesichert hat (vgl. «Gesamtschulinformationen» 4/73). Demgegenüber erweisen sich die verschiedenen Spielarten der inneren Kleingruppendifferenzierung als relativ anspruchs- und voraussetzungsvoll; sie lassen sich zudem nicht ohne weiteres für konkurrenzorientierte und leistungsfixierte Ansprüche funktionalisieren – ihre «akademischen» Vorzüge erweisen sich unter den konkreten bildungspolitischen Handlungsbedingungen also als Realisierungshemmnis. Von der grundlegenden Idee der Differenzierung unterrichtsorganisatorischer Strukturen mit dem Ziel einer Passung von Lernvoraussetzungen und Unterrichtsgestaltung setzen sich in dieser Weise aus den verschiedensten Gründen nur solche konkreten Spielarten maßgeblich durch, die in direkte Beziehung zu den gesellschafts- und sozialstrukturell bedingten Außenanforderungen an das Schulsystem gebracht werden können. Der durchaus existierende Gestaltungsspielraum für solche Modelle, die sich primär an den pädagogisch-sachlichen Dimensionen von Unterrichtsprozessen orientieren, wird hingegen nur in wenigen Schulen genutzt.[5]

---

5 Er bleibt ohnehin so lange auf einige wenige Schuljahre der Sekundarstufe I beschränkt, wie auch die Gesamtschule mindestens ab 9. Schuljahr wie bisher auf die

Reform der Entscheidungsstrukturen

Als ein zweiter signifikanter Bereich organisationsstruktureller Reformen, der neben der Ausdifferenzierung organisatorischer Untereinheiten insbesondere auch für Gesamtschulen charakteristisch ist, wurde oben die Etablierung institutioneller Verfahren der Partizipation von Organisationsmitgliedern und Klienten bei Innovationsentscheidungen genannt. Auch diese Reform spielt sich auf der formal-organisatorischen Ebene ab und wirft die Frage auf, welche inhaltlich-politischen Implikationen und Freiheitsspielräume sie aufweist. Ich möchte mich auf das Problem der Partizipation von Organisations*mitgliedern*, also Lehrern, beschränken.

Die Institutionalisierung von Partizipationsverfahren korrespondiert mit den oben unterbreiteten Befunden der Organisationsforschung, die auf die Unangemessenheit hierarchisch gegliederter und weisungsorientierter Verwaltungsstrukturen im Bereich der Steuerung von Unterrichts- und Erziehungsprozessen hindeuten. Partizipationsmöglichkeiten haben sich in erster Linie bei allen Veränderungs- und Innovationscharakter tragenden Entscheidungen als notwendig erwiesen. Denn die Änderungen der Schulstrukturen (in inhaltlicher und formaler Hinsicht) in Reaktion auf gewandelte Umweltanforderungen können nur dann wirkungsvoll sein, wenn alle betroffenen Lehrer an der Entwicklung neuer Lehrpläne, Verfahrensregeln, Hilfsinstrumente usw. beteiligt werden. Liegt diese Beteiligung nicht vor, werden Indifferenz, mangelndes Verständnis, widerwillige Mitarbeit oder sogar Widerstände gegen Veränderungen jeglicher Art auftreten, was es unmöglich machen kann, notwendige Innovationen in die tägliche Praxis umzusetzen. Gelingende Partizipation ist in diesem Sinne eine Vorbedingung für die in modernen Schulorganisationen an Bedeutung zunehmende Motivierung der Organisationsmitglieder und gleichzeitig für die Verflechtung und Koordination aller Arbeitsvollzüge (Spahn/Christian 1974).

Über die via Partizipation zustande kommende inhaltliche Gestalt der Innovationsentscheidung ist damit selbstverständlich noch nichts gesagt. Das pädagogische und bildungspolitische Bewußtsein der Partizipierenden bestimmt letztlich über die Richtung dieser Entscheidungen. In der bisher

---

traditionellen unterschiedlich qualifizierenden Schulabschlüsse hinarbeiten muß. Spätestens ab der zweiten Hälfte des 8. Schuljahrs stehen sie unter diesen Bedingungen unter dem Druck, Unterrichtsdifferenzierung zur Laufbahndifferenzierung umzufunktionalisieren. Die Prozesse der Unterrichtsorganisation geraten in den Sog dieser Außenanforderungen. Das gilt sowohl für die Differenzierung in den Fächern des Pflichtbereichs als auch für die Differenzierung nach Wahlfächern. Letztere fixieren übrigens besonders stark das Laufbahnprofil des Schülers: Eine freie und bestimmte Wahl der Schulfächer wird unmöglich, wenn Abschlußvorschriften, Leistungsbeurteilungskriterien und Organisationsformen rigide Maßstäbe setzen. Auch hier besteht die Gefahr, die herkömmlichen Schultypen in der Gesamtschule zu reproduzieren, indem z. B. schichtspezifische Präferenzen für bestimmte Fächerwahlen sich in der Organisationsstruktur des Unterrichts niederschlagen.

vorherrschenden partizipationsfeindlichen Schule hat sich ein solches Bewußtsein kaum ausbilden können, so daß der Aufbau einer Partizipationsfähigkeit als ein zentraler vorgelagerter Lernprozeß politischer Sozialisation in die Organisation Schule mit hineingespiegelt werden muß. Doch der Aufbau von Partizipationsstrukturen, sofern sie wirklich die Einbeziehung grundlegender Aktivitäten der Basis sichern und erst recht, sofern sie durch Basisaktivitäten durchgesetzt worden sind, ist ein Beispiel für die Dialektik von Form–Inhalt-Beziehungen. Denn in der Form der Partizipation steckt immanent demokratische Rationalität – eine Rationalität, die man nicht kurzschlüssig daran messen darf, ob sie etwa vorübergehend konservativen inhaltlichen Entscheidungen Vorschub leistet. Eher als bei der Subsystembildung kann man aus diesen Überlegungen heraus deshalb am Beispiel der Institutionalisierung von Partizipation zeigen, wie sehr bloße Formveränderungen der Organisation Schule potentiell demokratisch-progressive inhaltliche Auswirkungen in sich tragen. Gleichzeitig werden wir aber darauf aufmerksam gemacht, wie sehr die langfristige Richtung der inhaltlichen Auswirkungen vom Bewußtsein der in der Organisation Handelnden abhängig, also nicht einfach organisierbar ist.

Diese Überlegungen weisen auf die Schlüsselrolle hin, die einer fortschreitenden Professionalisierung der Lehrer zukommt, also einer expertenwürdigen Ausbildung bei gleichzeitigem expertenfähigem beruflichem Einsatz. Eine recht verstandene Professionalisierung ist eine der Voraussetzungen für das Zurückdrängen der Organisationsformen der Verwaltungsbürokratie zugunsten selbstverantwortlicher, sachangemessener und kooperativer Unterrichts- und Interaktionsprozesse in der Schule. Die Erkenntnis, daß das Personal auf der untersten Ebene den vollen Einblick und Überblick über die den pädagogischen Prozeß konstituierenden Probleme hat, kann erst wirksam in Realität übersetzt werden, wenn dieses Personal auch tatsächlich die objektiven qualifikatorischen und subjektiven bewußtseinsmäßigen Voraussetzungen erfüllen kann, um die ihm zukommende Expertenrolle wahrzunehmen (Fürstenau 1969 b; Hurrelmann 1971 b). Erst unter diesen Umständen kann es zu einer autonomen Berufsausübung kommen, die sich nicht an außengesetzten Weisungen und Erfolgsstandards orientiert, sondern durch selbstgesetzte Ziele und Normen geleitet ist, die sich an der pädagogischen Aufgabe der Unterstützung und Förderung von Lern- und Entwicklungsprozessen der Schüler messen. Das entscheidende Korrektiv für die Arbeit jedes einzelnen Lehrers wäre dann im weitesten Sinne die Verpflichtung auf den Zweck der Organisation Schule, die vom einzelnen Lehrer nach Maßgabe seiner eigenen professionellen Standards in konkrete Präferenzen und Entscheidungen umgesetzt werden kann – Standards, die in Auseinandersetzung mit den Kollegen und unter deren ständiger Kontrolle entwickelt werden.

Nur wenn diese Voraussetzungen wenigstens zu einem Teil erfüllt sind, so lehrt die Beobachtung der Gesamtschulreformen, ist die Bereitschaft der

Lehrer gegeben, neue Kompetenzen auch wirklich wahrzunehmen. Beteiligung an der Entwicklung und Erprobung von neuen Lehrplänen, Mitwirkung bei der Entscheidung über Strukturen und Formen der Unterrichtsorganisation, Mitbestimmung bei der Auswahl neuer Kollegen und technischer Mitarbeiter, Experimente mit neuen Verfahren der Konstituierung von Leistungsgremien und der Auswahl der Inhaber von Leitungspositionen in der Schule – das alles sind Aufgaben, die ceteris paribus den Katalog von Verpflichtungen des einzelnen Lehrers immens erhöhen und zu Überforderungen führen müssen. Überforderungen durch neue Verpflichtungen aber wirken sich über kurz oder lang objektiv reformfeindlich aus, wenn sie nicht begleitet sind durch eine von jedem Lehrer spürbare praktizierfähige Kompetenzerweiterung und Statusaufwertung. Diese Entwicklung eines neuen Bewußtseins der Lehrer, das kein ideelles Überbauphänomen, sondern sachlich fundiert sein soll, ist nur in einem langwierigen Reformprozeß voranzutreiben.

Der oben diskutierte prekäre Charakter der Lehrerrolle, insbesondere die Spannung von affektiven und affektiv-neutralen Anforderungen im Umgang mit den Schülern, ist meines Erachtens nicht – wie vielfach behauptet – ein entscheidendes Hindernis für eine richtig verstandene Professionalisierung dieser Berufsgruppe. Die veränderten Organisationsstrukturen und Handlungsbedingungen, wie sie exemplarisch an Gesamtschulen aufgezeigt wurden, könnten diese rolleninterne Diskrepanz mindern, wenn sie sich auf die Selbstidentifikation des Lehrers mit seinen beruflichen Aufgaben auswirken würden. Gestiegene Kompetenzen und vergrößerte Möglichkeiten, den Interaktionsspielraum mit den Schülern nach eigenen Vorstellungen zu gestalten, könnten das Bewußtsein der Lehrer für die Tatsache schärfen, daß sie wie andere professionalisierte Berufsrollenträger auch «Arbeit am lebendigen Menschen» verrichten – eine Arbeit, die gerade wegen ihrer Komplexität und Differenziertheit potentiell gesellschaftlich hoch geschätzt wird, wie das Beispiel anderer Berufe zeigt.

Ähnlich dem Arzt oder Psychologen hilft auch der Lehrer anderen Menschen, ihre volle psychische und soziale Unversehrtheit und Identität herzustellen bzw. wiederherzustellen; ähnlich diesen muß er dabei sehr weit auf affektive Persönlichkeitsdimensionen eingehen und Rücksicht nehmen, ähnlich diesen gleichzeitig eine schützende Distanz vor einem Übermaß an Identifizierung aufbauen. Warum sollte der Lehrer, der in dieser Weise analog anderen Berufen aufgrund wissenschaftlich abgesicherter Erkenntnisse «am Menschen» arbeitet – in diesem Falle: Lern- und Entwicklungsprozesse unterstützt und Prozesse der Selbstfindung und Selbstbestimmung einleiten hilft –, nicht auch in entsprechender Weise ein professionalisiertes Rollenbild aufbauen·können? Mir scheint, hier hat ein Übermaß pädagogisch-philologischer Idealisierung der Lehreraufgaben bisher den Weg zu einer realistischen Sicht der Berufsaufgaben des Lehrers verstellt und die Berufsrolle so verklärt, daß Parallelen zu anderen Tätigkeitsfeldern übersehen wurden, in denen die Professionalisierung der «Arbeit am Menschen» durchaus gelungen ist.

Verstärkte Partizipation auf der Basis einer gelingenden und bewußt vorangetriebenen Professionalisierung der Lehrerrolle würde sich auf Form und Inhalt der oben dargestellten alltagsweltlichen Routinen und ritualisierten Interaktionsmuster zwischen Lehrern und Schülern befreiend auswirken. Das krampfhafte Festhalten der Lehrer an einem abstrahierten Leistungsbegriff könnte bei beruflich selbstsicher gewordenen Lehrern der Aneignung einer breiteren und gleichzeitig konkreter auf Persönlichkeits- und Begabungsprofile der Schüler abstellenden Konzeption von Leistung weichen. Die vielfach auch in der allgemeinen Pädagogik angeprangerte Tendenz, «daß man über die abgeforderte Leistung, gleich welcher Art, die Person, die sie leistet, nicht mehr genügend berücksichtigt, und den einzelnen nur noch von dem objektiven, überindividuellen Leistungssoll aus und dem Grad seiner Annäherung an dieses bewertet» (Furck 1961, S. 9), könnte auf diese Weise abgeschwächt werden.

Denn ein Lehrer mit fundierter wissenschaftlicher Ausbildung, der einen Kompetenzspielraum für die Ausgestaltung seiner Beziehungen zum Schüler und seiner sonstigen beruflichen Verhaltensweisen hat, muß als seine primäre Aufgabe ansehen, jeden Schüler an seinen eigenen Fähigkeiten und an seinen eigenen Maßstäben für die Entwicklung dieser Fähigkeiten zu beurteilen. Er wird dabei nicht umhinkönnen, die unmittelbaren Interessen und Verhaltenserwartungen der Schüler mit seinen eigenen wie den von der Schulorganisation und Schulverwaltung vorgegebenen in einen offenen Abklärungsprozeß einzubringen. Hierdurch werden von außen kommende Verhaltens- und Leistungsanforderungen (im kognitiven *und* nichtkognitiven sozialen Bereich), die den Handlungsspielraum der in der Schule Interagierenden begrenzen, für Lehrer und Schüler transparent, bewußtseinsfähig und potentiell auch beeinflußbar. Diese Anforderungen werden nun einem Begründungs- und Legitimierungszwang gegenüber den Interessen und Bedürfnissen der Schüler und Lehrer unterworfen, der ihren Geltungsanspruch relativieren und in der Regel auch eingrenzen wird.

Eine solche Relativierung der Leistungsanforderungen bei gleichzeitiger Humanisierung des Leistungsbegriffs stößt notwendigerweise auch auf eine Infragestellung des Leistungsprinzips als eines vorgeblich allein rationalen und legitimen Prinzips der Statusverteilung in Schule und Gesellschaft. In dem Maße, wie im Zug der kritischen Diskussion von Leistungsanforderungen klar wird, wie wenig das Leistungsprinzip in der heutigen industriellen und bürokratischen Arbeitswelt tatsächlich das garantiert, was die Schüler im schulischen Sozialisationsprozeß akzeptieren lernen sollen, muß ein Legitimitätsvakuum für das bisher vorherrschende abstrakte und konkurrenzorientierte Leistungsprinzip entstehen. Das um so mehr, als sich bei den Schülern die Erfahrung durchsetzt, daß ihr Leistungsniveau und die damit verbundenen leistungsorientierten Verhaltensweisen wie Fleiß, Gewissenhaftigkeit, Unterwerfung unter schulische Zwänge usw. nicht automatisch Voraussetzungen für den späteren beruflichen und sozialen Erfolg sind: dann nämlich, wenn Schüler trotz subjektiver Höchstleistungen etwa als Hauptschulabsolventen nur bestimmte berufliche Aufstiegsmöglichkeiten oder als Abiturienten nur begrenzte Garantie für eine privilegierende Hochschulausbildung erhalten.

Fazit

Die Diskussion in diesem Kapitel hat einige Ansätze organisationsstruktureller Reformen im Schulwesen aufgezeigt, die trotz der ständig präsenten Gefahr einer Funktionalisierung solcher Maßnahmen für politische, ökonomische und kulturelle Außenanforderungen geeignet zu sein scheinen, auf organisatorischer Ebene die Entfaltung der pädagogisch-sachlichen Eigendynamik von Erziehungseinrichtungen voranzutreiben und abzusichern. Die in Kapitel 2 diagnostizierte relative gesellschaftliche Autonomie des Erziehungssystems könnte mittels solcher Mechanismen organisationsstruktureller Reform konkret in eine relative Selbständigkeit der einzelnen Erziehungseinrichtungen und in eine autonom gesteuerte Erfüllung der speziellen gesellschaftlichen Dienstleistungsaufträge von Schulen und Hochschulen umgesetzt werden.

Es ist nun noch genauer zu klären, welche Implikationen und Auswirkungen diese Maßnahmen für konkrete interaktive Dimension gesellschaftlich organisierter Sozialisations- und Erziehungsprozesse haben. Dieser Frage wendet sich das nächste Kapitel zu.

«Und er hatte eine kleine . . .

... kurzbeinige junge Bulldogge, wenn man die ansah, schien sie einem keinen Cent wert ... Aber sobald man Geld auf sie setzte, wurde sie ein anderer Hund; der Unterkiefer schob sich vor wie das Vorderdeck von 'nem Dampfer, und die Zähne entblößten sich und flackerten wild auf wie die Kesselfeuer. Und ein Hund konnte ihn anfahren und ihm zusetzen, ihn beißen und zwei-, dreimal über die Schulter werfen, und Andrew Jackson – so hieß der junge Köter nämlich –, Andrew Jackson tat immer nur so, als lasse er sich alles gefallen und habe nichts anderes erwartet, und die Einsätze auf den Gegner wurden dauernd verdoppelt und verdoppelt, bis alles Geld angelegt war; und nun plötzlich packte er den anderen Hund genau am Hintergelenk und biß sich fest – nicht tief, verstehen Sie, er schnappte nur zu und hängte sich daran, bis sie das Handtuch warfen, und wenn's ein Jahr dauerte. Smiley hat mit dem Köter jede Wette gewonnen, bis er sich einmal einen Hund vorknöpfte, der keine Hinterbeine mehr hatte, weil er damit in die Kreissäge geraten war ...»

Und so kam der wettsüchtige Jim Smiley in Mark Twains «Springfrosch von Calaveras» schließlich auf den Hund. Wetten ist eine spannende Art, Geld zu vermehren, aber eine ebenso unsichere. Das Glück der Wetter ist wetterwendisch. Sicherer ist Geld in Pfandbriefen und Kommunalobligationen angelegt. Wetten?

4 Interaktionstheoretische Analyse des Erziehungssystems

Sozialisations- und Erziehungsprozesse konstituieren sich – analytisch gesehen – aus Interaktionsvorgängen zwischen jeweils zumindest zwei Partnern. Diese Partner treten nicht voraussetzungslos in die Interaktion ein, sondern als Träger bestimmter gesellschaftlicher und organisatorischer Rollen; ihre Interaktionen sind durch Bedingungen vorgezeichnet, die in den vorangegangenen Kapiteln dieser Arbeit dargestellt wurden. In diesem Kapitel soll nun interessieren, welche Strukturen und Prozesse der Interaktion unter den gegebenen Bedingungen in organisierten Sozialisationseinrichtungen ablaufen und welche Auswirkungen sie für die Entwicklung der Einstellungen und Verhaltensdispositionen der in diesen Sozialsystemen interagierenden Individuen haben.

Sozialisations- und Erziehungsprozesse sind Interaktionsprozesse, sofern in ihnen das Handeln von Einzelpersonen sinnhaft aufeinander bezogen ist. Das heißt: Sofern eine wechselseitige Beeinflussung der Einstellungen, Erwartungen und Wahrnehmungen vorliegt, eine Beeinflussung, die über die Vermittlung symbolischer Medien verbaler und nichtverbaler Art zustande kommt. In jeder Interaktion kommt es zu einem Abstimmungsprozeß dieser Einstellungen, Erwartungen und Wahrnehmungen, der das in sozialen Situationen ablaufende faktische Verhalten der Partner festlegt. Dieser Abstimmungsprozeß findet in der Regel nur in wenigen Bereichen auf der Bewußtseinsebene statt; in lange eingespielten und auf Dauer gestellten interaktiven Beziehungen läuft er mehr oder weniger halbbewußt und routiniert ab. Das gilt insbesondere für den größten Teil der interaktiven Beziehungen in solchen formal organisierten und gesellschaftlich kontrollierten Einrichtungen wie Schulen und Hochschulen, zumal hier für alle Interaktionspartner öffentlich bekannte Maßstäbe für normales Verhalten gelten.

Die Besonderheit der interaktiven Beziehungen in Erziehungsorganisationen ergibt sich aus dem im vorigen Kapitel erörterten speziellen Dienstleistungscharakter von Schulen und Hochschulen. Diese Einrichtungen haben den Auftrag einer gezielten Einwirkung auf den Aufbau der Persönlichkeitsstrukturen der heranwachsenden Generation – Persönlichkeitsstrukturen, die sich durch normative Einstellungen und qualifikatorische Verhaltensdispositionen auszeichnen sollen, die den dominierenden gesellschaftlichen Erwartungen möglichst kongruent sind. Aus dieser Vorgabe resultiert eine bereits durch die organisatorische Struktur der Erziehungseinrichtungen vorprogrammierte Informations- und Machtüberlegenheit des Interaktionspartners «Lehrer» und «Hochschullehrer». Die Implikationen und Konsequenzen dieser in spezifischer Weise systematisch ungleichgewichtigen Interaktionsstrukturen in Erziehungseinrichtungen und ihre inhaltliche Thematik sollen im Vordergrund der folgenden Erörterungen stehen.

4.1 Interaktionsstrukturen in Schulen und Hochschulen

Wenn das Kind in den Sozialisationsbereich der Schule eintritt, dann sind wichtige Phasen des Aufbaus der Persönlichkeitsstruktur bereits ganz oder teilweise abgeschlossen: Die «Soziabilisierung» (Claessens 1962), die emotionale Aufschließung des Kleinkindes und die Vermittlung allgemeinster Kategorien des Weltverständnisses, ist im normal verlaufenden familialen Sozialisationsprozeß praktisch absolviert; die Enkulturation im Sinne einer auf der Soziabilisierung aufbauenden Verinnerlichung grundlegender Werte und Normen und der Übertragung gelernter und geteilter Vorstellungs- und Verhaltensmuster ist sehr weit fortgeschritten; die Bedürfnis- und Affektdispositionen sind auf die in der Familie und ihrem sozialen Umfeld jeweils spezifischen grundlegenden Entfaltungsmöglichkeiten vorläufig eingestellt; die kognitiv-sprachlichen und die motivationalen Fähigkeiten sind in wesentlichen Ansätzen ausgebildet; die Grundqualifikationen des Rollenhandelns und die Grundstrukturen der Ich-Identität sind in wichtigen Dimensionen bereits vorgezeichnet.

Die Schule muß auf diesen Sozialisationsleistungen der Familie aufbauen. Ihr interaktionsstruktureller Zuschnitt weist zwar einige Parallelen zu dem der Familie auf, unterscheidet sich jedoch in wesentlichen Punkten. Die Familie ist ein relativ rollenarmes Kleingebilde mit affektiv und partikularistisch gefärbten interaktiven Beziehungen (Neidhardt 1966). Die Schule kennt zwar in Ansätzen ebenfalls solche Beziehungsqualitäten, wie die Diskussion in Abschnitt 3.1 gezeigt hat, doch im Vergleich zur Familie ist sie wesentlich durch affektiv-neutrale und universalistische Interaktionsdimensionen gekennzeichnet. Sie spricht den Schüler nicht als eine Gesamtpersönlichkeit, sondern bevorzugt in der begrenzten und spezifischen Rolle als Klient der Organisation an; sie hat es mit einer großen Anzahl von Kindern mit verschiedenen Sozialisationsprofilen zu tun und kann nur in begrenztem Maße auf individuelle Verhaltenseigenarten der Kinder eingehen. Sie ist grundsätzlich den in den meisten gesellschaftlichen Interaktionsbereichen vorherrschenden Verhaltensstandards und Orientierungsalternativen kongruenter als die Familie und aus diesem Grunde die geeignete Instanz zur Fortsetzung des familialen Sozialisationsprozesses. Die Tatsache, daß sie in vielerlei Hinsicht noch familienähnliche Komponenten kennt (z. B. die Zuordnung eines erwachsenen Erziehers zu heranwachsenden Kindern und Jugendlichen) erleichtert für die Sozialisanden den Übergang von der familialen in die schulische Sozialisationssphäre (Parsons 1973).

Die Anpassung an die Schulkultur ist ein sehr komplexer Akkulturationsprozeß. Die Schüler müssen die Schülerrolle erlernen, indem sie sich an die neue soziale Umwelt anpassen, auf die Vielzahl von Interaktionspartnern einstellen und an die expliziten oder indirekt nahegelegten Verhaltensmuster im Bereich der Schule gewöhnen. Je ähnlicher die Beziehungen und Kontakte des Elternhauses denen zwischen Lehrern und Schülern sind, desto leichter ist grundsätzlich die Umstellung für die Kinder. Doch für alle Kinder, gleich aus welchen Elternhäusern sie kommen, gilt, daß eine größere Disziplinierung, eine größere affektive Zurückhaltung, weniger persönlich-individualistische und spontane Ausdrucksmöglichkeiten und weniger direkte Interaktionshäufigkeiten existieren als in der Familie. Die interaktiven Beziehungen sind durch noch geringere Reziprozität gekennzeichnet als in der Familie; die Schüler treten in einen weitgehend vorstrukturierten und fest normierten sozialen Bezugsrahmen ein und haben wenige Möglichkeiten zur Abstimmung und zum Aushandeln von Rollenerwartungen, insbesondere dann, wenn es um Verhaltensbereiche geht, die sich auf zentrale Dimensionen der offiziellen schulischen Kultur beziehen.

Die Aufnahme des Schulbesuchs ist für ein Kind das sichtbare Zeichen, eine neue Phase im Prozeß des Aufwachsens erreicht zu haben. Die Schule wird für das heranwachsende Kind von nun an zu einem sozialen Treffpunkt von gewaltiger Bedeutung für die Strukturierung seiner sozialen Kontakte, insbesondere deren zu Gleichaltrigen, und in besonders intensiver Weise auch für die Strukturierung der Persönlichkeitsmerkmale. Die Unterschiede zwischen den Interaktionssystemen von Familie und Schule sind für die Probleme der Entwicklung einer eigenen persönlichen Identität des Schülers von besonderer Bedeutung. In den schulischen Interaktionsprozessen werden Erfahrungen erneut aktualisiert, die die Interaktionspartner in familiären Bereichen zu einem früheren Zeitpunkt ihrer Lebensgeschichte gemacht haben. Schüler (und auch Lehrer) gehen ja nicht nur als Träger begrenzter und fest definierter Rollen in die Schule, sondern sie bringen die Gesamtheit ihrer persönlichen Erfahrungen, insbesondere die, die sie als Kinder und Heranwachsende in ihren Herkunftsfamilien gewonnen haben, mit ein. Die Interaktionspartner wiederholen in einem gewissen Sinne ihre alten persönlichen Konflikte mitsamt den mehr oder weniger gelungenen Lösungsversuchen im Interaktionsbereich der Schule:

«Insofern die Schule sich als Interaktionssystem in wichtigen Punkten von der Familie unterscheidet, muß sie notwendigerweise die in den familiären Interaktionsprozessen erreichte Identitätsbalance der Kinder in Frage stellen. Die neuen und anderen Aufgaben, mit denen sie die Kinder als Schüler konfrontiert, problematisieren die in den primären Sozialisationsprozessen entwickelte Identitätsbalance. Deren Reorganisation auf einem der lebensgeschichtlichen Entwicklung entsprechenden ‹höheren Niveau› setzt voraus, daß es dem Individuum gelingt, eine Balance zwischen den neuen Identitätsentwürfen, die ihm in dem szenischen Arrangement der Schule angetragen werden, und seinen in den familiären Szenen interpretierten Triebimpulsen, Bedürfnissen und Affekten und damit eine relative Kontinuität der in unterschiedlichen lebensgeschichtlichen Szenen gemachten Erfahrungen herzustellen. Das Individuum kann die Krise seiner Ich-Struktur nur lösen, wenn es in den gegenwärtigen Interaktionsprozessen seine persönliche Identität mit darstellen kann, d. h. von ihm nicht verlangt wird, seine Vergangenheit hinter sich zu lassen» (Wellendorf 1973, S. 49).

Für den schulischen Interaktionsbereich stellen die Handlungsimpulse, die aus der zurückliegenden Lebensgeschichte der Interaktionspartner stammen, so lange kein besonderes Problem dar, als sie das für die Schüler und Lehrer typische Rollenhandeln nicht sichtbar und wahrnehmbar tangieren. Sind aber die Spielräume für die Ausgestaltung der interaktiven und der Rollenbeziehungen klein und übt die Organisation repressiven Druck auf eng definiertes konformes Verhalten aus, müssen die Möglichkeiten für die Darstellung persönlicher Identität automatisch schwinden. Das gilt, wie weiter unten noch ausführlich zu erörtern, zum Beispiel dann, wenn das schulische Interaktionssystem rigide auf Außenanforderungen nach vordefinierten Standards ausgerichtet ist, was für die Mehrzahl der bestehenden Schulen der Fall ist. Unter solchen Bedingungen müssen Persönlichkeitsäußerungen, die sich aus persönlich-biographischen Konstellationen erklären und durch sie hervorgerufen werden, als für die Interaktionsabläufe in der Schule störend klassifiziert werden, was Versuche initiiert, sie zu unterdrücken und abzuwehren oder – wenn das nicht gelingt – ihre Urheber aus dem Interaktionssystem auszusondern.

Durch das spezifische situative Arrangement der Interaktionsstrukturen in den heute vorherrschenden Schultypen werden für die Schüler nahezu uniforme Bedingungen der Bedürfnisbefriedigung konstruiert, die zu einem hohen Maße dem Rollenträger «Lehrer» zur Disposition und zur Kontrolle unterstellt werden. Wie schon erwähnt, ist es eine Eigenart pädagogischer Interaktionsprozesse, daß einer der Partner die Situation so strukturieren kann, daß seine Chance der Einflußnahme auf den Verlauf der Interaktion größer ist als die des anderen. Dieses Machtübergewicht legitimiert sich dadurch, daß die Schule ja praktisch eine Instanz mit dem gesellschaftlichen Auftrag einer Reproduktion von Persönlichkeitsstrukturen und Sozialcharakteren nach tradierten Vorstellungen und Mustern ist, daß sie also auch Mechanismen entwickeln muß, um die Vielzahl möglicher Spielarten von Mustern der Bedürfnisbefriedigung im Verlauf des Entwicklungsprozesses der Kinder und Jugendlichen auf einige wenige zu reduzieren. Der zentrale Mechanismus ist dabei eben jenes erwähnte Übergewicht des Lehrers im schulischen Erziehungsprozeß (Fürstenau 1969 a, Mollenhauer 1972, S. 120, S. 138).

Der relativ große Spielraum der Kontrolle über die psychisch-sozialen Bedürfnisäußerungen der Schüler wird von den Lehrern vor allem eingesetzt, um über zum Teil grobe, zum Teil diffizile Sanktionen unerwünschte Handlungsimpulse und Affektregungen zu unterdrücken und abzuwehren. Besonders deutlich ist das bei aggressiven und sexuellen Impulsen der Fall, die nach Möglichkeit vollständig aus dem interpersonalen Kommunikationsprozeß in der Schule «exkommuniziert» und nicht mit in die Darstellung von persönlicher Identität einbezogen werden sollen. Das gilt aber auch für spontane Neigungen und Interessen der Schüler im engeren kognitiven Verhaltens- und Lernbereich, die den Rahmen der vorgegebenen Ablaufschemata schulischen Unterrichts sprengen. Diese Impulse und Neigungen werden weitgehend aus dem schulischen Rollenhandeln abgespalten und können allenfalls in verzerrter und verschobener Form zum Ausdruck kommen, auf diese Weise aber eben nicht explizit in die Entfaltung autonomer persönlicher Verhaltensstandards einfließen. Oder sie äußern sich, werden sie zu stark aufgebaut und zurückgehalten, in abrupten Durchbrüchen unkontrollierter Entlastungsreaktionen und in Form von destruktiven oder gar selbstzerstörerischen Aggressionshandlungen.

Die den Schülern anbedungenen institutionalisierten Formen der Abwehr und Verdrängung von Bedürfnissen und Affekten werden von diesen zwar je nach den bereits verinnerlichten Mechanismen der Bewältigung solcher Probleme unterschiedlich verarbeitet und in eigenes Verhalten umgesetzt. In jedem Falle müssen jedoch die im Verlaufe schulischer Interaktionsprozesse aktualisierten und neu auftretenden Anforderungen dieser Art eine entlastete und konzentrierte Teilnahme der Schüler an den formal gesteuerten Lernprozessen in der Schule hemmen oder verhindern. Ganz analog kann man auch für die «mächtigen» schulischen Interaktionspartner, die Lehrer, sagen: Wenn ihnen die schulischen Handlungsanforderungen eine Entfaltung persönlicher Bedürfnisse und Affekte und deren Einbringung in das Rollenhandeln mit Schülern und Kollegen nicht gestatten, leidet ihre Fähigkeit, die pädagogisch-interaktive Situation unverzerrt wahrzunehmen, sich auf die sachlichen Dimensionen der erzieherischen Prozesse zu konzentrieren und sie schöpferisch-einfühlsam auszugestalten (Wellendorf 1973, S. 229). Auch sie werden unter diesen Umständen durch die Bewältigung der Aufrechterhaltung innerer Kontrollen dermaßen okkupiert, daß ihnen eine persönlich gefärbte autonome Rollenausgestaltung versagt bleibt – trotz der interaktionsstrukturellen Vorteile, die sie im schulischen Arrangement objektiv haben.

Interaktionstheoretische Implikation der Leistungsfixierung schulischer Sozialisationsprozesse
Solche Probleme verschärfen sich in dem Maße, wie das sachliche Leitthema aller Sozialisation in heutigen Schulen, Leistung, in einer engen und rigiden Definition in die schulische Kultur Eingang findet. Ein dominant auf individuelle Leistungserbringung nach starr festgelegten Schemata zugeschnittenes Interaktionssystem von solch großer Bedeutung für die psychischen und sozialen Entwicklungsprozesse wie der heute dominierende Schultyp kann die Bedürfnisse der einzelnen Schüler und der Schüler als eines Kollektivs nicht befriedigen. Das liegt nicht an der Leistungsbezogenheit schulischer Sozialisationsprozesse als solcher, sondern hat seine Ursache in der spezifischen Ausgestaltung des Leistungsthemas, wie sie heute vorherrscht. Schöpferisch-produktives Entfalten eigenen Könnens und Wissens gehört sicherlich zu den größten Befriedigungen jedes Menschen, auch der Kinder und Heranwachsenden. Leistung in diesem breiten, anthropologisch fun-

dierten Sinn ist elementarer Bestandteil der menschlichen Selbstentfaltung und Identitätsbildung (Mitscherlich 1973). Für die Variante der Leistungserbringung in organisierten Sozialisationssystemen der Gegenwart gilt das aber eben nicht:

«Die im organisatorischen Rahmen der Schule abverlangten Leistungen sind zumeist zu stark vom Zentrum persönlicher Bedürfnisse abgespalten, sie sind zu künstlich und fremd, sie lassen nur auf ganz schmalen und eingeengten Gleisen eine Entfaltung der Persönlichkeit zu. Sie reichen zudem nicht an den Kern der persönlichen Bedürfnisbefriedigung heran, weil es ihnen in der Regel der sozialen und kommunikativen Komponenten ermangelt ... Das Bedürfnis nach Entfaltung der Persönlichkeit in Kommunikation mit anderen Schülern, das Bedürfnis, nicht nur wegen der ‹vordefinierten› Leistungen, sondern auch und vor allem wegen anderer ‹selbstbestimmter› Leistungen und Fähigkeiten und anderer Dimensionen der eigenen Persönlichkeit vom Interaktionspartner anerkannt und beachtet zu werden: Diese Bedürfnisse werden durch die in unseren Schulen vorherrschende Gestaltung der formellen Unterrichtsprozesse nicht erfüllt oder sogar von einer Erfüllung abgeschnitten» (Brusten/Hurrelmann 1973, S. 16 f.).

In dem Maße, wie Leistung nicht mehr in dem skizzierten Sinne als ein Medium der Selbstfindung und Selbstentfaltung, der Identitätsbildung und -darstellung eingesetzt wird, sondern als zentralen und teilweise noch einzigen Sinn den eines Mediums des Erwerbs und der Legitimierung gesellschaftlicher Gratifikationen bekommt, können die in dieser Weise leistungsfixierten Sozialisations- und Erziehungsprozesse eine freie Entfaltung der psychischen und sozialen Persönlichkeitsentwicklung der Schüler hemmen oder sogar unmöglich machen. In dem Maße, wie der einzelne Schüler schulischen Leistungen keinen elementaren persönlichen Sinn mehr zusprechen kann und Leistungserbringung und deren ständige Steigerung nur noch als in engem Sinne zweckgerichtet auf ein Ziel außerhalb seines situativen Erfahrungshorizonts – also gewissermaßen selbstzweckhaft – empfinden muß, kann es aus diesen Gründen sogar zu Leistungskrisen und Leistungsverfall kommen. Der Kult der mechanisch zu steigernden und möglichst quantifizierbaren Leistung, bewußt oder unbewußt als eine schale Ersatzbefriedigung entlarvt, kann auf diese Weise das Gegenteil seines gewollten Zwecks erreichen.

Diese Überlegungen gelten für Schulen und Hochschulen praktisch in gleicher Weise. Leistungsbezogene Interaktionsprozesse, die ihren subjektiv gemeinten Sinn nicht immer wieder erneut aus der interaktiven Situation selbst beziehen, sondern durch fremdgesetzte Sinngebungen auf der Basis abstrakter und selbstzweckhafter Prinzipien dominiert werden, müssen auf allen Stufen formal organisierter Sozialisation Befriedigungsdefizite hinterlassen. Es sei denn, diese Sinngebungen bezögen sich auf Werte und Standards, die sich inhaltlich an der konkreten utopischen Vision einer humaneren und gerechteren Gesellschaft orientieren und von allen Beteiligten für wünschens- und erstrebenswert gehalten werden. Von solch einer Sinnsetzung sind wir zumindest in westlichen Gesellschaften weit entfernt; es besteht kein Konsens über eine solche Vision. Die Orientierung an im Anschluß an den Ausbildungsprozeß zu erwerbenden materiellen Gratifikationen und Privilegien und an Chancen eines durch Konkurrenzverhalten erreichbaren individuellen sozialen Aufstiegs ist formalistisch und inhaltsleer, ist ebenfalls ein Mechanismus, den man als Ersatzbefriedigung bezeichnen muß.

In der Feinstrukturierung der Interaktionsprozesse in Schule und Hochschule spiegeln sich auf diese Weise in prekärer Form Probleme der Stabilisierung und Legitimierung der Sozial- und Wertstrukturen der Gesamtgesellschaft. Die auf gesellschaftlicher und· organisatorischer Ebene gefundenen Mechanismen zur Lösung dieser Probleme beeinflussen die Formen und Wege von Lösungen auch auf interaktiver Ebene; doch stellen sich auf dieser – wie den anderen beiden analytisch abgrenzbaren Ebenen auch – Sonderbedingungen, die nach eigengesetzlichen Standards angegangen werden müssen. Diese Sonderbedingungen bestehen im interaktiven Bereich in den jeweils spezifischen Bedürfnissen des Schülers, Studenten und Lehrers als eines Interaktionspartners und als eines «psychischen Systems» – Bedürfnissen, die nur zu einem Teil voll manipulierbar und für außerhalb der interaktiven Ebene liegende Anforderungen funktionalisierbar sind, weil sie ihre eigenen Regeln und ihre eigene Dynamik besitzen. Diese Eigengesetzlichkeit interaktiver Beziehungen in Erziehungseinrichtungen läßt es eben z. B. nicht zu, gesellschafts- und organisationsspezifisch durchsetzbare Anforderungen ohne weiteres auch auf der interaktiven Ebene von Sozialisations- und Erziehungsprozessen zu realisieren.

Solche Erkenntnisse werden in der Pädagogik seit langer Zeit unter dem Etikett didaktischer Fragestellungen behandelt. Meist stellt sich dabei die Frage, welche didaktischen Dimensionen des Erziehungsprozesses berücksichtigt werden müssen, wenn ganz bestimmte gesellschaftlich gesetzte Sozialisationsziele, also Einstellungen und Verhaltensdispositionen der Schüler und Studenten, erreicht werden sollen. Beispielsweise stellt sich der Deutsche Bildungsrat in seinem einflußreichen Strukturgutachten die Frage, wie die – implizit akzeptierten und für legitim gehaltenen – gesellschaftlichen Leistungsanforderungen so im schulischen Erziehungsprozeß vermittelt werden könnten, daß soziale und psychische Störungen der Persönlichkeit der Schüler vermieden würden. Man schlägt die Verwirklichung eines pädagogischen – man könnte auch sagen: didaktisch gefilterten – Leistungsprinzips in der Schule vor, das die gewünschte Zielkombination erreichen soll. An der entscheidenden Stelle der Argumentation heißt es:

«Das Leistungsprinzip, wie es im gesellschaftlichen Wettbewerb gilt, kann nicht auf den Bildungsprozeß des Jugendlichen oder gar des Kindes übertragen werden. Der Wettbewerb muß vielmehr in Formen eingeübt werden, die dem Alter entsprechend und frei sind von der Drohung lebenslanger Nachteile oder sozialer Deklassifizierung. Das Kind übersieht noch nicht, zu welchen späten Folgen ein Leistungsmangel führen kann ... Gleichwohl sind von den Lernenden in Schule und Ausbildung Leistungen zu fordern. Die Erfahrung dieser Herausforderung ist unentbehrlich, denn die Forderung von Leistungen steht unter dem pädagogischen Prinzip der individuellen Förderung. Das pädagogische Leistungsprinzip gewährleistet zudem, daß der Lernende am Ende seiner Schul- und Ausbildungszeit den harten gesellschaftlichen Leistungsanforderungen nicht unvorbereitet gegenübersteht» (Deutscher Bildungsrat 1970, S. 35).

Hier zeigt sich sehr deutlich, wie auf die spezifischen (interaktiven) Bedingungen der Sozialisations- und Erziehungsprozesse in der Schule und die Besonderheiten des persönlichen Entwicklungsprozesses von jungen Menschen verwiesen wird, um zu begründen, warum Außenanforderungen zwar grundsätzlich akzeptiert, doch letztlich nur auf dem Wege einer didaktischen Filterung in den Interaktionsbereich der Schule eingelassen werden sollen. Diese didaktische Filterung wird aber lediglich als eine unter den je gegebenen Bedingungen notwendige Strategie der Umsetzung bereits feststehender Anforderungen verstanden; dagegen werden Erkenntnisse didaktischer Art in der vorherrschenden Erziehungswissenschaft nur selten auf die Möglichkeit hin abgefragt, die sie zur Abwehr und «Umbiegung» gesellschaftlicher und organisatorischer Anforderungen an den Interaktionsprozeß in der Schule bieten. So spricht man eben typischerweise z. B. von der angeblich absoluten Notwendigkeit eines wettbewerbsorientierten Leistungsprinzips und kommt zu dem Schluß, in pädagogisch-didaktisch abgeschwächter Form müsse es nolens volens auch in der Schule gelten – ohne die Frage zu stellen, wie ein nach den Erkenntnissen der psychologischen, soziologischen und pädagogischen Grundlagenforschung bestimmbarer Charakter des Leistungsprinzips im schulischen Sozialisations- und Erziehungsprozeß aussehen und gegen den spezifischen Charakter des außerschulischen gesellschaftlichen Leistungsprinzips abgesetzt und eventuell durchgesetzt werden könnte.

Die vage Proklamierung eines «pädagogischen» Leistungsprinzips ist jedenfalls trotz der abstrakten Berücksichtigung einiger Probleme der spezifischen interaktiven Dimension gesellschaftlich organisierter Sozialisationsprozesse nicht geeignet, die Realität leistungsfixierter Erziehungsprozesse in Schulen und Hochschulen effektiv und nachhaltig in Frage zu stellen. Sie lenkt auch von den interaktionstheoretisch problematischen Implikationen dieser engen Leistungsfixierung ab: von den starren Typisierungen und den in sie einfließenden affekt- und vorurteilsbesetzten Stereotypen, die sich um das Leistungsthema ranken.

Wie in allen interaktiven Beziehungen werden auch in Schule und Hochschule soziale Typisierungen vorgenommen. Solche Typisierungen sind für den reibungslosen Ablauf jeder Interaktion zwischen Individuen praktisch unabdingbare Voraussetzung, da sie die potentiell unendliche Anzahl von Wahrnehmungskategorien auf eine zu bewältigende Menge reduzieren. Mit jeder Typisierung (also z. B.: «A ist ein fleißiger Schüler») wird nicht nur eine verallgemeinernde kognitiv-sprachliche Konfiguration bestimmter Merkmale und Eigenschaften vorgenommen, die dem Schüler A zugeschrieben werden, sondern zugleich werden auch affektive Einstellungen und Verhaltensdispositionen mitbezeichnet, die A als Zugehörigen eines bestimmten Schülertyps (vermeintlich) kennzeichnen. Diese Typisierung gestattet es den Interaktionspartnern, dem Schüler A in einer bestimmten Weise interaktiv gegenüberzutreten, die mehr oder weniger schematisch durch die Vorgaben der Typenbezeichnung festgelegt ist und es unnötig macht, die Grundstrukturen der Interaktion mit diesem Schüler in elementarer Weise Schritt um Schritt abzustimmen. In diesem Sinne handelt es sich bei Typisierungen um gerade auch für Prozesse der Massenerziehung interaktionstheoretisch notwendige Vorgänge.

In diese Typisierungen – und auch das ist kein Spezifikum der Interaktion in Erziehungseinrichtungen, sondern gilt generell – können nun mehr oder weniger ausgeprägte Stereotypisierungen einfließen. Unter Stereotypisierungen verstehe ich hier sehr scharf gezeichnete bildhafte Vorstellungen von den spezifischen Eigenschafts- und Verhaltensmerkmalen bestimmter Individuen und sozialer Gruppen, die nur zu einem kleinen Teil persönlicher Erfahrung im direkten Interaktionsprozeß entspringen und zum größten Teil aus verallgemeinerten Erfahrungshülsen bestehen, die ungefragt sozial übertragen werden und in der Regel stark moralisch und affektiv geladen sind. Sie sind in gewissem Sinne Vorurteile, weil sie im einzelnen nicht überprüfte und überprüfbare Urteile über Personen und Gruppen mit speziellen äußeren Merkmalen vorzeichnen. Ein solches Stereotyp im Bereich der Schule ist etwa das, daß Schüler mit schlechten Leistungen immer auch faul seien (Höhn 1967). Wir verfügen noch über keine grundlagentheoretischen und empirisch abgesicherten Erkenntnisse darüber, wie Typisierungen im Bereich von Schule und Hochschule detailliert ablaufen, und wissen auch nicht mit letzter Sicherheit, welche Dimensionen im Typisierungsprozeß im Vordergrund stehen. Auch über die für Sozialisations- und Erziehungsprozesse relevanten Stereotype liegen erst wenige gesicherte Erkenntnisse vor. Es kann aber mit einiger Sicherheit gesagt werden, daß im Interaktionssystem von Schulen und Hochschulen in erster Linie Typisierungen auf der Dimension des vorherrschenden Leistungsverständnisses von zentraler Relevanz sind (Cicourel/Kitsuse 1974). Diese Typisierungen werden von allen im schulischen System Handelnden quasi als der Organisationszweck der Schule angesehen. In diese Leistungsdimension gehen Komponenten der Attraktivität bzw. Abstoßung ein, also Typisierungen nach Beliebtheit und Sympathie, die sich auf mehr oder weniger unkontrollierbare emotionale Einstellungen und Verhaltensdispositionen der Typisierenden gegenüber den Typisierten stützen. Weiterhin ist den schulischen Typisierungen eine Wahrnehmungskategorisierung entlang der Dimension Konformität bzw. Nonkonformität mit allgemeinen sozialen Normen und Verhaltensstandards immanent; auch diese Dimension korreliert mit den beiden anderen

Dimensionen, Leistung und Sympathie, sehr eng (Brusten/Hurrelmann 1973, S. 56ff.).

Die berufsspezifischen Stereotypietendenzen der Lehrer lassen sich mit Hilfe einiger sozialpsychologischer Erhebungsverfahren schon genauer nachweisen. Sie geben ihrerseits natürlich interessanten Aufschluß über einige Aspekte der tatsächlich handlungsrelevanten pädagogischen Alltagstheorie dieser Berufsgruppe. Für die Mehrzahl der Lehrer existieren sehr scharf gezeichnete Vorstellungen von den Schülern, die als besonders leistungsstark, sympathisch und angepaßt bzw. als besonders leistungsschwach, unsympathisch und abweichend eingestuft werden. Letztere werden als faul, unaufmerksam, unordentlich, unruhig und ungehorsam angesehen, sie gelten als unfair, unbeliebt, unfreundlich, unaufrichtig und eingebildet, als geltungsbedürftig, aggressiv und streitsüchtig. Sie werden demnach nicht nur in bezug auf die formalen Verhaltensstandards des schulischen Systems abgewertet, sondern auch im Blick auf solche Eigenschaften, die über die Schülerrolle weit hinausgehen und Aspekte der Gesamtpersönlichkeit des Schülers betreffen. Schüler, die den von den Lehrern vertretenen schulspezifischen Leistungsstandards nicht entsprechen, laufen also Gefahr, in die Rolle eines interaktiv unattraktiven und obendrein störenden Nonkonformen, eines unerwünschten Abweichlers, gedrängt zu werden. Diese Schüler ziehen in den Vorstellungen der Lehrer die Erwartung auf sich, auch in nicht-leistungsbezogenen und über die Schule hinausreichenden Verhaltensdimensionen zumindest potentiell von den jeweils geltenden und für gültig gehaltenen Normen und Standards abzuweichen. Eine Nichtbefolgung der schulischen Normen und Verhaltensstandards schlägt sich in der Sicht der Lehrer also in der Erwartung einer Nichtbefolgung auch der im Schulsystem geltenden, dieses aber übergreifenden allgemeinen gesellschaftlichen Normen und Verhaltensstandards nieder (ebenda, S. 67ff.).

Die Typisierungen und Stereotypisierungen, die Lehrer gegenüber den Schülern im schulischen Interaktionsprozeß vornehmen, sind zwar durchaus normale Erscheinungen jeder Art von interaktiver Beziehung. Doch haben wir es in der Schule, wie bereits betont, mit einer sehr spezifischen Interaktionsstruktur zu tun, im Rahmen derer diese normalen Erscheinungen einen besonderen Stellenwert erhalten. Es handelt sich um die Typisierungen einer interaktionsstrukturell eindeutig überlegenen Gruppe von Rollenträgern, der Lehrer, deren Entstehung und Entwicklung die andere Gruppe, die Schüler, kaum beeinflussen kann, ja über deren Existenz sie sich zum Teil noch nicht einmal im klaren ist. Zudem kann sie sich gegen die bedeutsamen Konsequenzen, die diese Typisierungen in ihrer formalen Erscheinungsform haben, nicht direkt zur Wehr setzen: Die Beurteilung der Leistungen und die Verteilung von Zensuren, die praktisch einer manifesten und formalisierten Typisierung der Schüler gleichkommt, wird auf der Basis relativ undurchschaubarer subjektiver Standards jedes einzelnen Lehrers vorgenommen. Die letztlich ausschlaggebenden Kriterien für die Einstufung nach Leistungsstatus sind den Schülern nur ansatzweise bekannt. Schnell erfahren sie, daß sie am günstigsten abschneiden, wenn sie dem Druck nach Erfüllung vorgegebener Leistungs- und Verhaltensnormen und möglichst auch nach Aufstieg innerhalb der Leistungshierarchie der Schulklasse nachgeben, ohne explizit nach den Maßstäben zu fragen, nach denen der Erfolg dieser Anpassungsbemühungen gemessen wird. Sie internalisieren auf diese Weise sehr nachhaltig eben jenes abstrakte Leistungsprinzip, von dem bereits die Rede war; ein Leistungsprinzip, dessen wirklicher Charakter letztlich darin besteht, Anpassungs- und Disziplinierungsinstrument zu sein.

Die formale Typisierung nach Leistung, die die Lehrer vornehmen, ist in Wahrheit eine Typisierung nach phänomenologischen Erscheinungsformen der Gesamtpersönlichkeit der Schüler. Die Einstufung auf der Leistungsdimension (bzw. auf der Dimension, die im Bewußtsein der Lehrer als Leistungsdimension empfunden wird) ist Auslöser für eine Einstufung nach allgemeinen Aspekten psychisch-affektiver Zu- oder Abneigung und sozialnormativer Konformitäts- oder Nonkonformitätszuschreibung. Allgemeinste Kategorien der Einstellungen und Verhaltensdispositionen werden in die vermeintlich eng nach Leistungsaspekten verfahrende Einstufung aufgenommen – Kategorien, die subjektiver Willkür unterworfen sind und sich jeder exakten Kontrollmöglichkeit entziehen, Kategorien, die bei genauerem Hinsehen anfällig für Diskriminierungen entlang der Dimension Unterschichten- und Mittelschichtenkultur sind.[1] Die Kategorisierung der Schüler nach dem Kriterium der Erfüllung der dominanten (Leistungs-)Anforderungen der formalen Schulkultur kommt deshalb in letzter Konsequenz einer Kategorisierung nach der gesellschaftlichen Herkunft der Schüler und den in dieser Kategorisierung implizierten diffusen Bewertungen gleich – auch das wiederum ein Beispiel für die feinen Mechanismen, mittels deren die Einrichtungen des Erziehungssystems bestehende Sozial- und Wertstrukturen unserer Gesellschaft auf der interaktiven Beziehungsebene der Sozialisations- und Erziehungsprozesse in sich aufnehmen und reproduzieren.

1 Als Beispiel sei nur auf die Erhebungen von Steinkamp (1967) hingewiesen, wonach sich nur 21 % der befragten Lehrer in der Grundschule bei ihren Empfehlungen für den Übergang eines Schülers auf eine weiterführende Schule ausschließlich nach dem Kriterium der individuellen Leistung des Schülers orientieren. Entscheidend für den größten Teil der Lehrer ist die Kombination einer bestimmten Leistungshöhe mit zusätzlichen Qualifikationen des Schülers. Zu diesen wichtigen zusätzlichen Dimensionen gehören an erster Stelle die «Arbeitshaltung» (Fleiß, Ausdauer, Konzentration, Mitarbeit, Leistungswille, Interesse, Gewissenhaftigkeit, Ordnung usw.) und an zweiter Stelle charakterliche Eigenschaften (Ehrlichkeit, Gehorsam, Aufrichtigkeit, Höflichkeit, Wahrhaftigkeit, Disziplin usw.). Weiterhin wurden die Unterstützung durch das Elternhaus und die «intellektuelle Haltung» der Schüler genannt. Bei einer Erhebung der Erziehungsideale der Lehrer wurden in dieser Reihenfolge die Kriterien Arbeitshaltung, Charakter, soziales Verhalten und Intelligenz/Begabung angegeben.

Diese Mechanismen sind nicht zuletzt deshalb so wirkungsvoll, weil es ihnen gelingt, die Prozesse der Selbstdefinition der einzelnen Schüler ebenso zu beeinflussen wie die der Fremddefinition der Schüler untereinander. Es läßt sich eindeutig nachweisen (Hurrelmann 1971 a, S. 197 ff.), daß im Verlauf der sozialen Interaktionen zwischen Lehrern und Schülern die Leistungsbeurteilungen durch die Lehrer und die in ihnen implizierten Einstellungen und Verhaltensdispositionen den Schülern gegenüber auch die kognitiven und affektiven Dimensionen der Selbstdefinition der Schüler beeinflussen. Die Schüler übernehmen tendenziell die Stereotypisierungen, die sich beim Lehrer im Anschluß an eine gute oder schlechte Leistungsposition herausgebildet haben, in das eigene Selbstbild und Selbstwertgefühl. Den schwachen Schülern bleibt in diesem Prozeß nur die Angleichung der Selbstdefinition an die negativ akzentuierte Fremddefinition der signifikanten Bezugspersonen übrig. Eine negativ akzentuierte Einstellung der eigenen Person gegenüber ist aber nicht nur eine ungünstige Voraussetzung für befriedigende Sozialkontakte dieser Schüler, sondern muß auch negativ auf die Leistungsbereitschaft und die weitere Leistungsfähigkeit zurückwirken.

Das gilt um so stärker, als Untersuchungen zu den Funktionen der informalen Schülerkultur in unseren Schulen gezeigt haben, daß sich diese Subkultur innerhalb des schulischen Interaktionsbereichs zwar durch eigene Werte und Verhaltensnormen, Traditionen und Hierarchien auszeichnen kann, eine klare Absetzung von der formalen Schulkultur aber nur in wenigen Ausnahmesituationen auftritt. Eine wirklich nachhaltige Entlastung oder sogar eine Entziehungsmöglichkeit von den Anforderungen der formalen Schulkultur gestattet die informale Schulkultur nicht. Die Mitschüler nehmen sehr genau wahr, wer in den einzelnen Klassenverbänden zu den von den Lehrern gut oder schlecht beurteilten Mitschülern gehört. Diese von den Mitschülern wahrgenommene Position der Schüler auf der Leistungsdimension wird – genau wie bei den Lehrern – zum Kristallisationspunkt für starre Typisierungen und klischeeartige Stereotypisierungen der Schüler untereinander. Die Leistungsposition eines Mitschülers erweist sich als Auslöser für ausgeprägte psychische Präferenzen oder Ablehnungen, die ihm gegenüber entwickelt werden. Die Frustrationen, die aus dem schulischen Leistungsversagen folgen, werden also auf der Ebene der informalen Schulkultur nicht aufgefangen und ausgeglichen, sondern der schulische Leistungsmißerfolg strahlt auf Verhaltensbereiche aus, die die informalen Sozialkontakte der Schüler betreffen. Schüler z. B., die von den Lehrern als leistungsschwach beurteilt werden, erreichen auch bei ihren Mitschülern wenig Einfluß und Beliebtheit und sind teilweise in ihren Klassen völlig isoliert. Die durch den Lehrer vorgenommene Leistungsbeurteilung löst für diese Kinder einen Zirkel aus, der über die Stationen «Frustration durch Leistungsmißerfolg», «mangelndes Ansehen bei Lehrern und Schülern», «Frustration durch Ablehnung bei den Mitschülern», «Entwicklung introvertierter oder aggressiver Verhaltensweisen gegenüber den Mitschülern», «Verstärkung der Ablehnung durch die Mitschüler und Lehrer» letztlich wieder auf die Leistungsbeurteilung zurückwirkt und die Kinder immer weiter in ihre ungünstige Situation verstrickt (Hurrelmann 1971 a, S. 92 ff., S. 146 ff.).

Der Lehrer wirkt, wie diese Erkenntnisse zeigen, mit jeder seiner Erziehungshandlungen auch in die Handlungsabläufe der informalen Ebene der Schulkultur hinein; diese Einwirkung setzt gruppendynamische Prozesse in Gang, die die Voraussetzungen für schulischen Erfolg auch zu den Voraussetzungen für befriedigende Sozialkontakte der Schüler untereinander werden lassen. Die Möglichkeiten eines Schülers, sich von den Normen und Werten der mehr oder weniger repressiven offiziellen Schulkultur zu distanzieren, sind deshalb übrigens nicht für diejenige Gruppe der Schüler am günstigsten, die um ihrer Identitätsbalance willen am ehesten von dieser Möglichkeit Gebrauch machen müßte, sondern umgekehrt haben diejenigen Schüler den größeren Verhaltensspielraum, die ohnehin mit den Normen der Schule am besten zurechtkommen. Die Bewährung eines Schülers im Bereich der formalen Werte und Normen ist deshalb tendenziell zugleich eine gute Voraussetzung, Rollendistanz im Hinblick auf eben diese Werte und Normen allen sichtbar zu demonstrieren. Unaufmerksamkeiten, Protest, sogar Ansätze aggressiven Verhaltens usw. werden grundsätzlich konformen Schülern weit eher verziehen als den weniger angepaßten. So ergeben sich für sie noch relativ günstige Möglichkeiten, schon im schulischen Interaktionskontext ihr Repertoire der Grundqualifikationen des Rollenhandelns aufzubauen.

Demgegenüber müssen wir bei den im schulischen Beurteilungsprozeß benachteiligten Schülern relativ ungünstige Chancen feststellen und insbesondere vermuten, daß die schon in der schulischen Umgebung beobachteten Verhaltensweisen der Resignation, des Rückzugs oder der Aggression den Lehrern und Mitschülern gegenüber auch ihr außer- und nachschulisches Sozialverhalten bestimmen. Die Erfahrung der Frustration durch schulisches Leistungsversagen, die in dem Maße noch stabilisiert wird, wie die schulischen Mißerfolge wiederholt und lang andauernd auftreten, muß schon als einzelner Faktor zu allgemeiner Resignation und weitergehendem Leistungsabfall, zu Gefühlen der Unzulänglichkeit und Entmutigung, zu psychischen Spannungen und Angstgefühlen führen (Höhn 1967). Die in der für den Schüler ungemein wichtigen schulischen Situation wahrgenommene Ablehnung und Inkompetenz sowohl auf der Ebene der formalen als auch der informalen Schulkultur muß es ihm schwermachen, in nachschulischen sozialen Verhaltensbereichen mit seinen erfolgreicheren Mitschülern zu kooperieren oder zu konkurrieren (Witzel 1969). Das einmal gebrochene Vertrauen in die eigene Leistungsfähigkeit und das getrübte Selbstwertgefühl wirken mäßigend oder sogar blockierend auf die tatsächliche Leistungsfähigkeit zurück und erschweren es dem Schüler auch in anderen als in den schulischen Verhaltensbereichen, zu Erfolgserlebnissen zu kommen.

Manifeste und latente Sozialisationseffekte in Schulen und Hochschulen
Alle Schüler müssen die Erfahrung der Typisierung im Zuge der schulischen
Interaktionen und insbesondere die Erfahrung der komplex angelegten Be-
urteilungsprozesse «am eigenen Leibe», als mehr oder weniger beispielhaft
für andere Sozialbereiche aufnehmen. Für sie alle hat die Art und Weise, mit
der sie im schulischen System mit Erfolg oder Mißerfolg auf miteinander
eng verwobenen Dimensionen der Interaktion konfrontiert werden, Folgen
für Einstellungen und Verhaltensdispositionen, die über den Bereich des
schulischen Sozialsystems hinaus von handlungsrelevanter Bedeutung sein
können. Die schultypischen Interaktionsstrukturen und die mit ihnen verknüpften Rollenmuster sowie das spezifische System der Verteilung von
Gratifikationen verstärken bestimmte Einstellungs- und Verhaltensmuster
der Schüler und bestrafen andere, sie führen dazu, spezielle individuelle
kognitive, emotionale und motivationale Reaktionsbildungen auf die situativen schulischen Umwelteinflüsse einzuschleifen. Die Schüler verinnerlichen diejenigen Einstellungs- und Verhaltensmuster, die ihnen im schulischen Sozialsystem (zumindest potentiell) Erfolg und Ansehen bringen, und
gehen bewußt und unbewußt davon aus, diese Muster seien es auch, die in
außerschulischen Sozialsystemen ausschlaggebende Geltung haben.

Gintis (1971) hat nachzuweisen versucht, wie kongruent die kognitiven,
emotionalen und motivationalen Einstellungen und Verhaltensdispositionen in der Schule denen bürokratischer Arbeitsorganisationen schlechthin
sind. Er verweist auf Kategorien wie Anpassungsbereitschaft und Fleiß,
Unterordnung und Autoritätsorientierung, Disziplin und Selbstkontrolle,
die alle den Rollenstrukturen der schulischen Interaktion inkorporiert sind
und im schulischen Sozialisationsprozeß nachhaltig antrainiert werden. Er
betont die paradigmatische Bedeutung der Steuerung der schulischen Erziehungsprozesse durch abstrakte Effizienzkriterien, die – auch das eine Parallele zum bürokratisierten Arbeitsprozeß – unabhängig von den spontanen
Bedürfnissen und aktuellen psychischen Dispositionen des einzelnen ablaufen und wenige Einflußmöglichkeiten, Initiativen und schöpferische Gestaltungsräume offenlassen. Lernaktivitäten werden zudem wie berufliche Ar-
beitsaktivitäten überwiegend durch extrinsische Motivation, durch von außerhalb des eigentlichen Lernprozesses an diesen herangeführte Anreize,
gesteuert. Und schließlich lernen die Schüler schon in der Schule, daß es klar
segmentierte Leistungs- und Prestigehierarchien gibt, denen man im Verlauf eines aus eigenem Antrieb nur partiell beeinflußbaren Prozesses der
Typisierung und Beurteilung durch Vorgesetzte zugewiesen wird, wodurch
ein «Weltbild» konstituiert wird, das schon ähnlich dem der meisten Berufs-
tätigen ist.

Leider ist es bisher noch kaum gelungen, diese pauschalen und sehr
plausiblen Aussagen über einige Ansätze hinaus empirisch zu validieren;
das gelingt auch mit Hilfe der von Gintis gewählten Methode der Sekundäranalyse von Persönlichkeits- und Einstellungstests nur sehr unzurei-

chend. Zudem besteht bei diesem idealtypischen Vorgehen immer die Gefahr, die holzschnittartigen Tendenzaussagen zu verdinglichen und damit unbedacht dem komplexen Charakter schulischer Interaktionen völlig ungerecht zu werden. Bei Gintis äußert sich das in der Neigung, die Schule als eine «totale Institution» nach dem Modell von Gefängnissen und Heilanstalten mißzuverstehen und die Ambivalenz, Heterogenität und Konflikthaftigkeit schulischer Sozialisationsprozesse zu übersehen. Außerdem geraten bei diesem pauschalisierenden Vorgehen die unterschiedlichen Effekte verschiedener Schultypen mit differentiellen Schulklimata aus dem Blickfeld.

Diesem letztgenannten Aspekt wenden sich die Forschungsarbeiten am Bildungsforschungszentrum Konstanz zu. Sie konzentrieren sich u. a. auf die Einschätzung des Lern- und Interaktionsklimas an verschiedenen Schultypen, indem die Wahrnehmung von Leistungsdruck, Disziplin und Einflußmöglichkeiten durch die Schüler erfaßt wird. Hauptschulen erwiesen sich in diesen Erhebungen als sehr konformitätsorientierte Schultypen mit vergleichsweise niedrigem Leistungsdruck, aber starker Betonung von Disziplin; die Einfluß- und Mitbestimmungsmöglichkeiten wurden von den Schülern als durchschnittlich eingestuft. In Realschulen ist demgegenüber bei hohen Disziplinerwartungen auch der Leistungsdruck relativ groß, während Gymnasien auf allen Dimensionen als vergleichsweise liberal und entkrampft eingestuft wurden, nur übertroffen durch Gesamtschulen, in denen zusätzlich überdurchschnittliche Einflußmöglichkeiten gesehen werden (Fend u. a. 1973). Trotz des relativ geringen absoluten Leistungsdrucks, den sie empfinden, sind es gerade die Hauptschüler, die im Unterschied zu allen anderen Schülern eine sehr weitgehende Akzeptierung und Internalisierung der offiziellen Leistungsideologie zeigen: Sie behaupten z. B. am häufigsten, in ihrem eigenen schulischen Arbeitsverhalten den verlangten Standards von Fleiß, Ausdauer und Konzentration zu entsprechen, und streben für ihre spätere berufliche Tätigkeit am häufigsten Ansehen, Sicherheit und hohen Verdienst an – Äußerungen, die mit den tatsächlichen Einstellungen und Verhaltensweisen dieser Schüler nicht unbedingt übereinstimmen müssen, die also deutlich einen kompensierenden Stellenwert haben.

Die in der Schule vermittelten Einstellungen und Verhaltensdispositionen, so zeigt diese Erhebung, sind nicht in uniformer Weise gradlinig auf eine Kongruenz mit den Verhaltensanforderungen im außerschulischen Bereich, insbesondere im Beschäftigungssystem, zugeschnitten. In verschiedenen schulischen Sektionen werden auf sehr diffizile Weise Persönlichkeits- und Charakterstrukturen vorprogrammiert, die in einer zwar funktionalen, aber nicht immer ganz eindeutigen Beziehung zu Erwartungen und Anforderungen in den wahrscheinlichen späteren sozialen und beruflichen Verhaltensbereichen stehen. Dabei deutet sich eine gewisse Konsistenz zwischen niedrigen Qualifikationsniveaus und der Akzentuierung komplementärer konformistischer Wertorientierungen an (Fend

u. a. 1973, S. 902), während für die höher qualifizierenden Schultypen eine größere Betonung des Aufbaus von Mechanismen der Selbststeuerung und Selbstkontrolle des Arbeits- und sonstigen Verhaltens vermutet werden kann, die oft mit einer Akzentuierung vergleichsweise liberaler Wertorientierungen korrespondiert.

Letzteres wird auch von der amerikanischen College-Forschung bestätigt, die sich auf eine Abschätzung der Sozialisationseffekte der Eingangsphase der hochqualifizierten Ausbildungsgänge konzentriert (Feldman/Newcomb 1969). Von besonderer Bedeutung für den Zusammenhang der hier vorgetragenen Überlegungen sind dabei solche inzwischen auch in der BRD angelaufene Untersuchungen, die sich auf manifeste und latente Sozialisationseffekte am Beispiel der Ausbildung der wichtigsten schulischen Mitgliedsgruppe, der Lehrer, konzentrieren. Sie zeigen übereinstimmend, daß nicht nur fachlich-leistungsbezogene kognitive Dimensionen der Einstellungen und Verhaltensweisen der Lehrerstudenten im Zuge der Ausbildung beeinflußt und verändert werden, sondern auch Wertorientierungen, Normvorstellungen und Verhaltensdispositionen ganz allgemeiner Art, und zwar unabhängig davon, ob deren Beeinflussung beabsichtigt war oder nicht (Koch 1972). In der Terminologie der Qualifikationsforschung ausgedrückt (vgl. Abschnitt 2.2.1): Obwohl die formalen Ausbildungsprogramme auf den Aufbau der funktionalen Elemente der Qualifikation künftiger Lehrer abstellen, vermitteln sie in zum Teil nicht weniger intensiver und nachhaltiger Weise auch extrafunktionale Elemente – eine deutliche Analogie zu den Erziehungsprozessen der Schule, die ebenfalls, wie gezeigt wurde, entgegen ihrem vorherrschenden Selbstverständnis über eine Vermittlung bloß kognitiver Leistungsfähigkeiten weit hinausgehen. In Schulen wie in Hochschulen findet diese latente, nämlich ungeplante und weitgehend auch unbeabsichtigte Sozialisation durch die faktisch existierenden Interaktions- und Rollenmuster und die in ihnen implizierten Wert- und Normorientierungen «hindurch» statt, ohne den beteiligten Personen subjektiv bewußt sein zu müssen.[2]

2 Untersuchungen über allgemeinpolitische und berufspolitische Einstellungen und ihre Veränderungen von der schulischen über die Hochschulausbildung bis zum Berufseintritt haben z. B. ergeben, daß die Hochschulausbildung einen eindeutig liberalisierenden Effekt ausübt. In der Konstanzer Untersuchung über Einstellungen von Lehrern konnte nachgezeichnet werden, wie die relativ konservative Haltung der Oberprimaner in politischen und pädagogischen Fragen in den ersten Studienabschnitten durch progressivere und liberalere Einstellungen verdrängt wurde, während gegen Ende der Hochschulausbildung und in der Eingangsphase der Berufspraxis nahezu dasselbe Niveau von Konservativität festgestellt wurde, mit dem diese Personen die Schule verließen. Dieser Befund ist unter der Bezeichnung «Konstanzer Einstellungswanne» bekannt geworden (Cloetta u. a. 1973). Er ist zu einem großen Teil sicherlich auf die soziale und psychische lebensgeschichtliche Situation der zukünftigen Lehrerstudenten zurückzuführen, die in der Studienzeit die Vorteile einer beruflich und familiär praktisch noch ungebundenen Zeit

Es stellt sich natürlich die Frage, ob diese latenten Sozialisationseffekte nicht ins Bewußtsein der Beteiligten gehoben und gesellschaftlich geplanten und öffentlich kontrollierten Steuerungsprozessen unterworfen werden könnten, um das partiell in ihnen angelegte emanzipatorische Potential zu nutzen. Versuche in dieser Richtung werden im Hochschulbereich mit Modellen verstärkter Praxisorientierung von Lehrer- und anderen Studiengängen unternommen. Die Erwartungen an den Reformeffekt solcher Ausbildungsgänge dürfen allerdings nicht zu hoch geschraubt werden; allenfalls kann man eine gesteigerte Fähigkeit der Berufsanfänger antizipieren, im Studium nachhaltig geschulte Einstellungen und Verhaltensdispositionen, Wissensbestände und sachliche Hintergrundkenntnisse zur reflexiven Verarbeitung beruflicher Alltagsprobleme einzusetzen. Ob damit aber z. B. schon eine geringere Anfälligkeit für die am Beispiel der Lehrerrolle diskutierten berufsspezifischen Stereotypietendenzen erreicht werden kann, muß bezweifelt werden.

Darüber hinaus machen es die eingeschliffenen Interaktionsmuster und die ihnen zugrunde liegenden traditionellen Norm- und Wertorientierungen unwahrscheinlich, daß die latenten Sozialisationseffekte sich in der soeben angedeuteten Weise rasch für eine verstärkte kritische Praxisorientierung der Studenten umfunktionalisieren lassen. Haupthindernis sind zum einen die traditionellen Karrieremuster der Hochschullehrer, die wissenschaftlich-theoretische Veröffentlichungen als zentrale Anrechnungseinheit für innerberuflichen Aufstieg anerkennen, praxisbezogene Tätigkeiten und direkte Arbeit in der Praxis aber geringschätzen oder sogar als Hemmnis einstufen. Diese Voraussetzungen machen es so gut wie unmöglich, den intendierten Praxisbezug eines Ausbildungsgangs personell einzulösen. Zum zweiten sind es die überkommenen Bildungsvorstellungen, die im Hochschulbetrieb auch reformierter Fachbereiche und Studiengänge sowohl auf seiten der Lehrenden als auch der Lernenden nach wie vor vorherrschen, die eine konsequente und kritische Praxisorientierung hemmen. Bei Garantie der Vermittlung solider kognitiver Fähigkeiten und Fertigkeiten legen alle am Erziehungsprozeß in dieser ranghöchsten Bildungsinstitution Beteiligten Wert auf eine breit orientierte Einführung in die Denk-, Auffassungs- und Beurteilungsschemata der elitären kulturellen Kreise. Ein entsprechender Sprach- und Verhaltenshabitus wird im Hochschulbetrieb (nicht nur der geisteswissenschaftlichen Fächer) eindeutig be-

---

nutzen können, um Vorstellungen und Weltbilder unbefangen und konsequenzlos artikulieren und an sich selbst erfahrbar machen zu können. Doch zu einem anderen Teil ist es die «freischwebende Intellektuellenkultur» der Hochschulen mit ihrer fehlenden Praxisnähe, die zugleich für den schnellen Liberalisierungsschub wie die mangelnde Festigkeit und Übertragbarkeit der einmal gewonnenen liberalen Einstellungen verantwortlich gemacht werden muß: Denn fehlende Praxisbezüge regen zugleich den Höhenflug der Ideale an, wie sie für einen «Realitätsschock» bei Eintritt in die Berufspraxis sorgen (vgl. Bargel u. a. 1973).

lohnt (Bourdieu/Passeron 1974, S. 143, S. 150ff.). Die Folge ist bekannt: Implizites Ausbildungsziel der Hochschulen ist der «kleine (traditionell theoriefixierte) Hochschullehrer», nicht aber der in konkreten Praxisfeldern berufstätige kritische Fachmann (von Ferber u. a. 1970, S. 126ff.).

Gleichwohl zeigen die Erforschungen latenter Sozialisationseffekte in aller Deutlichkeit, wo die Chancen für eine nachhaltige Beeinflussung der Einstellungen, Verhaltensdispositionen und berufsbezogenen Fertigkeiten für die Absolventen von Schule und Hochschule liegen: Eben nicht nur, wie schon am Beispiel der Ansätze politischer Sozialisation in Abschnitt 2.1.2 erörtert, in einer Beeinflussung der inhaltlich-curricularen Gestaltung der Ausbildungsgänge, sondern ebensosehr auch in einer wesentlich schwierigeren Einflußnahme auf die fest eingefahrenen und zum großen Teil organisatorisch abgestützten und untermauerten Strukturen der interaktiven Beziehungen in den Erziehungseinrichtungen. Diese Einflußnahme muß zugleich so gestaltet sein, daß sie den Entfaltungsspielraum für persönliche Bedürfnisse und Interessen des einzelnen Schülers und Studenten, aber auch des Lehrers und Hochschullehrers, vergrößern hilft. Welchen Prinzipien hierbei gefolgt werden kann, möchte ich im letzten Abschnitt diskutieren.

4.2 Möglichkeiten und Grenzen sozialtherapeutischer Strategien in der Schule

Es sollen zum Schluß einige Überlegungen vorgetragen werden, die am Beispiel der Schule auf Möglichkeiten und Grenzen einer Reform der Interaktionsstrukturen in Erziehungseinrichtungen mit dem Ziel abstellen, die geschilderten Verzerrungen und Verkrampfungen der Interaktionssituation in diesem Sozialsystem abzubauen und die Chancen für eine Entfaltung einer Ich-Identität bei allen Interaktionspartnern zu vergrößern. Diese Überlegungen sind im Zusammenhang mit den in den vorangegangenen Kapiteln vorgenommenen Erörterungen zu allgemein-bildungspolitischen und organisatorischen Reformmaßnahmen zu verstehen. Jene hatten Anhaltspunkte dafür geliefert, daß das schulische Sozialsystem sich unter Wahrung seines spezifischen Dienstleistungscharakters partiell den allgemeinen sachlichen Rahmengesetzlichkeiten organisierter Sozialsysteme angleicht. Für Lehrer und – in begrenztem Maße – auch für Schüler führt das zu der Tendenz, im Rollensystem der Schule immer enger definierte Funktionsrollen zu übernehmen, die ihrer Natur nach einen nur geringen Spielraum für die Einbringung individueller Bedürfnisse und Interessen in die Rollenausübung nach traditionellen Mustern gestatten. Unabhängig davon, ob dieser Prozeß, der hier am Beispiel der zunehmend engen und starren Leistungsbezogenheit der schulischen Erziehungsvorgänge diskutiert wurde, aus universalen gesamtgesellschaftlichen Bewegungsgesetzen heraus unaufhaltsam ist oder nur unter den gegenwärtigen gesellschaftlichen Ordnungsbedingungen vorherrscht, kommt es im schulischen Interaktionsprozeß kurzfristig darauf an, die in ihm enthaltene Rationalität ernst zu nehmen und für die Ausgestaltung der interaktiven Beziehungen in der Schule auszuschöpfen.

Unter den existierenden Bedingungen – das hat die Analyse in Abschnitt 4.1 gezeigt – fließen in die Interaktionsprozesse in der Schule unbefriedigte individuelle Bedürfnisse und Affekte ein, was eine auf die komplexen sachlichen Anforderungen von Sozialisations- und Erziehungsprozessen abstellende Kommunikation nur begrenzt zuläßt. Die Folge sind die für einen pädagogisch gemeinten Verständigungsprozeß fatalen pauschalisierenden Typisierungen und die vorurteilsbesetzten Stereotypisierungen, die die Lehrer-Schüler-Beziehungen ebenso kennzeichnen wie die zwischen den Schülern untereinander. Alle Einstellungen, Verhaltensdispositionen und tatsächlichen Verhaltensweisen eines Schülers oder einer Schülergruppe, die in irgendeiner Weise auffällig sind, weil sie von den relativ eng definierten Standards der dominanten schulischen Kultur abweichen, werden von den Interaktionspartnern als irritierend und verunsichernd wahrgenommen und lösen Reaktionen aus, die auf eine Normalisierung und Nivellierung dieser Erscheinungsformen hinwirken sollen. Was für eine normale Interaktionssituation unproblematisch sein kann, ist aber in der speziellen pädagogischen Situation der Schule unter Umständen für die Entwicklung der Persönlichkeitsstrukturen der Heranwachsenden von verhängnisvoller Bedeutung. Die korrektiven Eingriffe des Lehrers gegenüber als abweichend empfundenen Verhaltensäußerungen einzelner Schüler berücksichtigen in der Regel das Entstehungssyndrom für das Schülerverhalten nicht mit; unter ungünstigen Umständen, die in diesem Fall leider nicht selten sind, kann das Verhalten des Lehrers die abweichenden Verhaltensäußerungen des Schülers nicht beseitigen, sondern vielmehr verstärken und verfestigen.

Bei Verhaltensreaktionen der Lehrer gegenüber Schülern, die sie als potentiell «kriminell gefährdet» einstufen, läßt sich dieser Sachverhalt in besonders krasser Weise illustrieren. Diesen Schülern gegenüber sind die Verhaltensunsicherheiten der Lehrer (und übrigens ebenso der Mitschüler, die auch in diesem Zusammenhang die Typisierungen und damit verbundenen Stereotypisierungen der Lehrer nahezu uneingeschränkt übernehmen) extrem groß, weil ihnen mehr oder weniger bewußt ist, wie wenig sie im Rahmen ihrer gegebenen Handlungsmöglichkeiten bei ihrem momentanen geringen Stand an pädagogisch-therapeutischen Kenntnissen auf die Probleme dieser Schüler eingehen können. Diese Verunsicherung enthält teilweise Komponenten eines Gefühls der Bedrohtheit – vermutlich, weil in den Handlungen dieser Schüler starke Aggressionspotentiale wahrgenommen werden, die in ihren Ursachen in irgendeiner Weise bewußt oder unbewußt als mit den Handlungen des Lehrers zusammenhängend interpretiert werden. Die Folge kann dann sein, daß die Verhaltensweisen eines «kriminell gefährdeten» Schülers teilweise in einer solchen Art charakterisiert und beurteilt werden, daß pädagogisch motivierte Einwirkungen auf die weitere persönliche und soziale Entwicklung dieser Kinder sinnlos erscheinen müssen:

«Die abweichenden und auffälligen Verhaltensweisen dieser Schüler werden von einem Teil der Lehrer unmittelbar auf ‹vorsätzliches› Verhalten und auf ‹bösen\Willen› zurückgeführt und moralisch verurteilt. Nur etwa ein Viertel der Lehrer interpretiert das Verhalten ausdrücklich direkt oder indirekt als ein subjektiv problemlösendes Verhalten, das von den betreffenden Schülern durch bestimmte Persönlichkeits- und sozialstrukturelle Konstellationen bedingt oder mitbedingt ist. Mögliche Bedingungskonstellationen für abweichendes und potentiell kriminelles Verhalten werden von den Lehrern allerdings ausschließlich außerhalb der Schule gesehen. Eventuelle Verstärkungen oder gar Verursachungen abweichender Verhaltensweisen in der Schule werden nicht wahrgenommen. Die Erziehungseinflüsse aus gestörtem häuslichen Niveau, die als hauptverantwortlich für kriminelle Gefährdung angesehen werden, erscheinen den Lehrern als wenig korrigierbar, entsprechend fehlgelaufene Sozialisationsprozesse als kaum reparabel. Eine Mitverantwortung für die kriminelle Gefährdung einzelner Schüler wird nicht empfunden» (Brusten/Hurrelmann 1973, S. 87 f.).

Hier entwickelt sich – durch die festgefahrenen Rituale der schulischen Kommunikation und Interaktion immer wieder unterstützt – eine Alltagstheorie vom abweichenden Verhalten der Schüler, die nach wissenschaftlichen Kriterien als falsch und in ihren Auswirkungen verhängnisvoll eingestuft werden muß. Das vor allem deshalb, weil sie die soziokulturellen und soziostrukturellen Bedingungskonstellationen für abweichendes Verhalten innerhalb des Sozialisationsbereichs der Schule negiert und zu Reaktionen auf das Auftreten abweichender Verhaltensweisen führt, die diese weiter verstärken; und zum zweiten deshalb, weil die Lehrer selbst mehr oder weniger aggressiv auf das Auftreten abweichender Verhaltensweisen reagieren und zu einer sachlich angemessenen und vorsichtig persönlich engagierten Hilfe für diese Schüler aus diesem Grunde nicht mehr in der Lage sind. Die Konsequenz: Auf Verhaltensstörungen der Schüler, sofern diese wiederholt auftreten und ernsten Charakters sind, können die Lehrer nicht in einer solchen Weise pädagogisch eingehen, daß Heilungserfolge zu erwarten sind. Erreichen die Verhaltensstörungen eines Schülers einen bestimmten Schweregrad und sind sie – was in der Regel der Fall ist – verbunden mit einem deutlichen Defizit an schulischer Leistung, dann antworten die Lehrer darauf mit negativen Sanktionen und schließlich mit der Herausnahme aus dem bisherigen Klassenverband, also mit Nichtversetzen oder mit Umschulung in eine Sonderschule. Der Versuch, die Bedingungskonstellationen für abweichendes Verhalten und die damit entstehenden Persönlichkeitsprobleme für den einzelnen Schüler zu erkennen, gelingt nicht, weil die Lehrer psychisch und sozial zu stark mit der Ausfüllung der dominanten sozialen und beruflichen Anforderungen ihrer Rolle okkupiert sind. Auch solchen Lehrern, die die Problematik der vorherrschenden Reaktionen auf abweichende Verhaltensweisen von Schülern und die Sinnlosigkeit etwa eines

Reagierens in Form von negativen Sanktionen kennen und die eine persönliche Mitverantwortung für die soziale Entwicklung dieser Schüler nicht leugnen wollen, gelingt es in der Routine der täglichen Berufspraxis nur selten, irgendwelche wirksamen Konsequenzen aus diesen Erkenntnissen zu ziehen.

Über die komplexen Ursachen, die solchen hier an einem Beispiel geschilderten Einstellungs- und Verhaltensmodellen zugrunde liegen, wissen wir bisher nur wenig. Wir müßten wesentlich intensivere Forschungsansätze machen, um das Wissens- und Erkenntnissystem der Lehrer zu erfassen, das hinter den jeweiligen Definitionen und Klassifikationen der tatsächlich ausgeführten Aktivitäten in der Schule und der Zuschreibung von Bedeutungen zu einzelnen Handlungen im Kontext der schulischen Kultur liegt. Bisher sind wir auf spekulative und phänomenologische Konstruktionen angewiesen, um beispielsweise etwas über die Theorie der Lehrer zu erfahren, die eingesetzt wird, um die Erscheinungswelt ihres täglichen beruflichen Alltags zu klassifizieren und zu organisieren (Jackson 1968, Rosenthal/Jacobson 1971). Die vorherrschenden methodischen Vorgehensweisen konzentrieren sich notgedrungen sehr stark auf die kognitiven Kategorien, insbesondere auf die von den Lehrern versprachlichten Kategorien, die eingesetzt werden, um die Wahrnehmungen und Erfahrungen der Umwelt zu beschreiben. Doch weder lassen sich alle signifikanten Merkmale dieser Beschreibung wirklich versprachlichen, noch sprechen die Schulkulturangehörigen über ihre Welt in einer Weise, die alle wahrgenommenen und erfahrenen Aspekte wirklich wiedergeben würde. Wir müssen deshalb auf feinere und tiefergreifende Methoden, etwa der Beobachtung und der Interaktionsanalyse, zurückgreifen, um zu verstehen, wie die Lehrer im Alltagsleben ihre berufliche Welt sehen.

Erst wenn wir Bedeutung und Sinn, die eine Handlung für ein schulisches Systemmitglied hat, wissenschaftlich einigermaßen vollständig nachvollziehen können, kann erforscht werden, wie sich soziale Wirklichkeit im Kontext der Schule konstituiert und wie die Handlungsketten aufgebaut werden, die für die Denk- und Verstehensweisen der Akteure einen Zusammenhang haben. Nur auf diese Weise kommen wir an eine Erfassung der Alltagswelt des einzelnen Lehrers heran, die mit ihrer Gewißheitserfahrung eine Grundlage für viele andere Schichten der Wirklichkeit abgibt, in denen er sich bewegt. Wenn wir die Analyse von gesellschaftlichen und organisatorischen Bedingungskonstellationen um die Analyse solcher subjektivistischen interaktionstheoretischen Dimensionen bereichern, können wir besser als bisher zu verstehen und zu erklären versuchen, in welcher Weise sich die objektiven Handlungsbedingungen für einen Lehrer in seiner Sicht darstellen und sein tatsächliches Handeln beeinflussen. Wir können dann vermutlich z. B. schlüssiger als bisher erklären, warum Lehrer ihre Tätigkeit im wesentlichen als eine klassifizierende und selektierende ausüben und in diesem Verständnis für selbstverständlich halten, und wie sie diese Realität mit dem moralischen Anspruch verbinden können, sie würden helfend und unterstützend auf individuelle Probleme des Kindes reagieren. Es ließe sich detaillierter zeigen, in welcher Weise und aus welchen Gründen die Lehrer durch ihre eigenen Aktivitäten interaktive Szenerien in der Schule entwikkeln und aufbauen, die sie ihrerseits wahrnehmen als die «vertraute Welt», die sie für selbstverständlich halten und innerhalb deren und durch die die Richtigkeit ihrer Urteile, Typisierungen, Selektionsakte usw. dann bestimmt wird. Und schließlich könnte die Frage noch besser als bisher geklärt werden, warum die Lehrer die psychischen und sozialen Energien nicht zur Verfügung haben, um sich in die Welt der Kinder wirklich hineinzuversetzen und diese zu verstehen. (Vgl. allgemein zur Problematik der Erfassung von alltagsweltlichen Wissenssystemen Berger/Luckmann 1969, Matthes/Schütze 1973.)

Doch es ist weder notwendig noch bildungspolitisch akzeptabel, auf die über das bisherige Maß hinausgehende wissenschaftliche Klärung dieser Fragen zu warten, um erste konkrete Maßnahmen einzuleiten, die den gefährlichsten Auswirkungen verzerrter und verkrampfter Interaktionsbeziehungen in der Schule und ihren spezifischen Sozialisationseffekten entgegentreten sollen. Denn das zentrale Postulat, dem solche Maßnahmen zu gehorchen haben, steht fest: Es muß zumindest in begrenzten Bereichen schulischer Interaktion für Lehrer und Schüler möglich sein, in die gesellschaftlich und organisatorisch vorgezeichneten Verhaltensmuster persönliche Bedürfnisse und Affekte und den Ausdruck persönlicher Identität einzubringen. Es geht darum, das interaktive Arrangement der Schule wenigstens in Teilbereichen so auszugestalten, daß eine Verarbeitung persönlicher Probleme möglich ist und gefördert und unterstützt wird.

Das kann kurzfristig nur durch eine gezielt betriebene Institutionalisierung sozialtherapeutisch offener Kommunikationssphären in der Schule geschehen. Zu denken wäre etwa an regelmäßige Gesprächskreise, an denen neben Lehrern und Schülern möglichst auch immer ein geschulter Sozialpädagoge oder Sozialpsychologe teilnehmen sollte. In solchen Gesprächskreisen im Rahmen lehrplanbegleitender schulischer Aktivitäten muß ganz konzentriert und bewußt auf einen Prozeß der Reflexion und Verarbeitung derjenigen unterdrückten Bedürfnisse und rationalisierten Affekte abgestellt werden, die einigermaßen zugänglich zutage treten und nicht individualpsychologisch allzu kompliziert verankert sind. Lehrer und Schüler müssen dazu angeregt und angeleitet werden, sich gegenseitig ihre persönlichen Verkrampfungen und Unzugänglichkeiten im Verhalten und ihre Verkrustungen und Vorurteilsbehaftungen in den Einstellungen anzuzeigen und zuzugestehen. Sie müssen Gelegenheit erhalten anzudeuten, in welchen Phasen und Konstellationen interaktiver Beziehungen in der Schule ihnen eine Einbringung persönlicher Bedürfnisse, Wünsche, Interessen usw. am wichtigsten wäre und wo sie ihnen am schmerzlichsten versagt wird. Sie müssen angehalten werden, ihre persönliche Identität möglichst ungehemmt darzustellen zu versuchen und abzugrenzen, wo diese persönliche Identität durch die Anmutungen und Auflagen der Rollenzwänge in der Schule verschüttet bleibt.

Für den oben angesprochenen Problemkomplex abweichenden Verhaltens in der Schule ließe sich diese allgemeine sozialtherapeutische Strategie ganz konkret einsetzen: Auftretende Problemfälle in Form von wiederholt anzutreffenden Verhaltensauffälligkeiten einzelner Schüler könnten in Gruppendiskussionen zwischen Lehrern und Schülern unter Hinzuziehung von gruppendynamisch ausgebildeten und psychologisch und pädagogisch qualifizierten Experten sowie – in bestimmten Phasen des Diskussionsverlaufs – auch der Eltern zur Sprache gebracht werden. Solche sich über mehrere Wochen erstreckenden Gruppendiskussionen sollten dazu dienen, die individuellen Verhaltensschwierigkeiten des Schülers auf die individuelle und soziale Situation zurückzuführen, in der sie in der Regel ihre tieferen Ursachen haben. Auf der Basis dieser Analyse könnten sich dann Vorschläge für Verhaltensänderungen ergeben, die Schritt um Schritt in die interaktiven Beziehungen zwischen Lehrer und Schüler umgesetzt werden müßten. Getrennt davon wäre eine gezielte Elternarbeit, ebenfalls unter Mitwirkung von Lehrern, denkbar, die vor allem auf eine Analyse der konkreten Zwänge der Lebensbedingungen unterer Sozialschichten abstellt und deren Folgen für Verhaltensweisen der Kinder in der Schule nachzeichnet, um hieraus bestimmte Änderungsstrategien zu entwickeln (Bühlow u. a. 1972, S. 283 ff., Brusten/Hurrelmann 1973, S. 167 ff.).

Mittels solcher gruppenbezogenen und Schüler, Lehrer und Eltern sowie Sozialarbeiter, Sozialpädagogen und Psychologen einbeziehenden sozialtherapeutischen Strategien könnte versucht werden, im alltäglichen schulischen Interaktionsprozeß zumindest die relativ manifesten und deshalb zugänglichen Symptome für abweichende und auffällige Verhaltensweisen der Schüler anzugehen und einige der Ursachen der spezifischen Verhaltensweisen dieser Schüler klar zu erkennen. Mit einer konzentrierten Erprobung solcher Modelle könnte durch Unterstützung öffentlicher Mittel und unter Einbeziehung wissenschaftlicher Begleitforschung sofort begonnen werden. Die wenigen bisher vorliegenden Erfahrungen dieser Art haben allerdings die Grenzen dieser Ansätze sehr deutlich gemacht: Sie liegen dort, wo es nicht gelingt, die realen Grundlagen familial und nachbarschaftlich vermittelter sozialer Erfahrungen zum Bestandteil der therapeutischen Bemühungen zu machen. Beobachtungen im Märkischen Viertel in Berlin zeigten, daß erst Milieu- und Bezugsgruppenwechsel langfristige Veränderungen in den fest angelernten abweichenden Verhaltensstrategien der Jugendlichen bewirken konnten – moralische Appelle und verbal dargestellte und konkret ausgemalte Angebote alternativer Norm- und Verhaltensmodelle blieben hingegen ohne tragenden Effekt (Gottschalch u. a. 1971, S. 178). Die Jugendlichen können ihre abweichenden, für sie ja subjektiv problemlösenden Verhaltensweisen nur verlernen, wenn sich die materiellen sozialen Grundstrukturen ändern, auf denen sie aufbauen. Solange sich z. B. die soziale Lage der unterprivilegierten und sozial randständigen Familien nicht ändert, werden von unserer Gesellschaft immer wieder erneut Kinder hervorgebracht, deren eklatante Verhaltensschwierigkeiten nicht ohne weiteres im schulischen Interaktionsbereich repariert werden können – eine Parallele zur Problematik kompensatorischer Erziehungsprogramme im leistungsbezogenen Lernbereich, die in Abschnitt 2.3.1 diskutiert wurde.

Dennoch ändert sich einiges und Entscheidendes, wenn die Schule in ihrem interaktionsstrukturellen Zuschnitt Vorkehrungen trifft, um die verhängnisvolle Starrheit und Schmalspurigkeit der kommunikativen Beziehungen zwischen Lehrern und Schülern und – dadurch stark determiniert – der Schüler untereinander abzubauen. Im Blick auf das Problem abweichenden Verhaltens in der Schule kann ein gelingender Aufklärungsprozeß aller Beteiligten über die lebensgeschichtlichen und verhaltensstrukturellen Ausgangsbedingungen für diese Verhaltensweisen die stigmatisierenden Typisierungen unterlaufen helfen, die in vielen Fällen die Erscheinungsweisen abweichenden Verhaltens in der Schule erst bekräftigen und über den fatalen sozialpsychologischen Mechanismus einer sich selbst erfüllenden Prophezeiung verstärken und in die Persönlichkeitsstruktur einimpfen. Zudem kann die Schule die bekannten Folgeerscheinungen einmal öffentlich bekanntgewordener Abweichungshandlungen abblocken, wenn sie sich nicht wie bisher als eine verkappte Instanz sozialer Kontrolle versteht, sondern als eine pädagogische Institution mit ansatzweise auch therapeutischem Auftrag: Dann nämlich, wenn sie die in der Schule ausgesprochenen Typisierungen betreffs Leistungsstandes, konformen Sozialverhaltens usw. nicht schlankweg an Polizei, Jugendamt und Jugendgericht auf Bedarf weitermeldet, ohne Einfluß auf die Interpretation des Inhalts dieser Meldungen und ihrer weiteren Konsequenzen zu haben (Cicourel/Kitsuse 1974).

Im Blick auf die allgemeine Problematik mangelhaft zu realisierender individueller Bedürfnisse und Affekte und fehlender Chancen der Einbringung persönlicher Identität in schulische Interaktionsprozesse kann die Institutionalisierung selbstreflexiver diskursiver Kommunikationssphären der bezeichneten Art ebenfalls ein erster Schritt zur langfristig anzustrebenden grundlegenden Änderung der Prinzipien und Strukturen interaktiver Beziehungen sein. Die verhärteten Formen der Kommunikation und die verengten Bahnen der Darstellung persönlicher Identität im schulischen Interaktionssystem können durch diese Maßnahme einer «Einbeziehung in (system-)öffentliche Kommunikation» (Wellendorf 1973, S. 264) schon ansatzweise zerstört werden. Die Hoffnung scheint mir nicht unberechtigt, daß sie nachhaltig zerstört würden, wenn ein kontinuierlicher Prozeß gemeinsamer reflexiver Kommunikation und Aufklärung institutionell-organisatorisch auf Dauer gestellt werden könnte.

Wir wissen allerdings nicht, inwieweit die psychischen Kapazitäten bei Lehrern und Schülern vorhanden sind, solch eine Dauerreflexion eigener

Verhaltensbedingungen und -probleme durchzuhalten. Hier kommt es auf Versuche und Experimente an. Diese dürfen sich nicht in die Gefahr begeben, den Spielraum für die geschilderten aufklärerischen Prozesse auf der interaktiven Ebene organisierter Sozialisationsprozesse zu überschätzen: Wohl können Vorurteile aufgelöst, ideologische Barrieren ausgeräumt, fest einsozialisierte Defekte des bewußten Handelns entlarvt werden und dergleichen mehr, doch das kann nur innerhalb des Rahmens der letztlich politisch vorgegebenen Interaktionsnormen geschehen (Lorenzer 1972, S. 121). Eine emanzipatorische Diskussion, die z. B. das Ziel hat, unangemessene Leistungsnormen in der Schule aufzulösen und abzubauen, stößt an die durch gesamtgesellschaftliche Praxis gesetzten objektiven normativen Vorgaben. Diese können nur durch politische Aktionen geändert werden. Die Diskussion der für die interaktiven Beziehungen bestimmenden Leistungsnormen kann hingegen nur zu einer Auflösung überständiger Interaktionsanweisungen führen, also solcher Anweisungen, die die reale Anforderungsstruktur nicht exakt wiedergeben oder einen Spielraum für normative Alternativen offenlassen.

Fazit

Wie auf den analytisch abgrenzbaren gesellschaftstheoretischen und organisationstheoretischen Ebenen habe ich zum Abschluß meiner Überlegungen auch für die interaktionstheoretische Dimension des Gegenstandsbereichs gesellschaftlich organisierter Sozialisation und Erziehung einige realisierbare Ansätze für strukturelle Reformen skizziert. Der Spielraum für die Veränderung der unsere Schulen und Hochschulen kennzeichnenden hierarchischen, starr leistungsfixierten und gegenüber individuellen Bedürfnissen und Affekten relativ repressiven Interaktions- und Kommunikationsstrukturen ist sehr klein. Politische und ökonomische Außenanforderungen an das Erziehungssystem engen ihn ebenso ein wie die organisationsstrukturelle Rahmenverfassung, die eine Entfaltung der pädagogisch-sachlichen Eigendynamik des spezifischen Aufgabenfeldes von Erziehungseinrichtungen hemmt.

Doch gestützt auf die Erkenntnis der relativen gesellschaftlichen Autonomie des Erziehungssystems und die Gewißheit der Möglichkeit einer Umsetzung dieser Autonomie in sachgerechte organisatorische Konditionen für Schulen und Hochschulen darf von der Realisierbarkeit zumindest begrenzter interaktionsstruktureller Reformen ausgegangen werden. Diese Reformen, deren erste mögliche Schritte hier am Beispiel der Einrichtung sozialtherapeutisch offener Kommunikationssphären skizziert wurden, können effektiv nur durchgesetzt werden, wenn bei Lehrern und Schulverwaltern über breit angelegte Aufklärungsprozesse ein verändertes Verständnis von den sozialen, pädagogischen und psychologischen Aufgaben organisierter Erziehungseinrichtungen entwickelt werden kann. Das bestehende Verständnis der Schule als Instanz für die Steuerung kognitiver Lern- und

Leistungsprozesse und für die Klassifizierung und Selektion unterschiedlicher Begabungstypen muß zugunsten eines Verständnisses der Schule als Instanz für die Unterstützung von Lern- und Entwicklungsprozessen nach deren eigener Sachgesetzlichkeit abgebaut werden. Im selben Zuge muß das materielle Substrat, auf dem sich für die Lehrer die traditionelle Vorstellung aufbaut, schon in exemplarischen Schritten mit verändert werden, indem z. B. die in den Abschnitten 2.1.1 und 3.1 diskutierten Ansätze der Schul- und Unterrichtsreform, maßgeblich auch über die Einrichtung von Gesamtschulen, konsequent fortgeführt und ausgeweitet werden.

Die hier vorgelegte gesellschafts-, organisations- und interaktionstheoretische Analyse des Erziehungssystems in industriellen westlichen Gesellschaften, die mit Hilfe des theoretischen Instrumentariums der modernen Sozialwissenschaften vorgenommen wurde, versteht sich als solche als ein Beitrag zur Klärung und Aufklärung bestehender Sachverhalte. Erst wenn möglichst vorbehaltlos, nüchtern und genau aufbereitete Informationen über den gegenwärtigen Zustand des Erziehungssystems in unseren Gesellschaften vorliegen, kann darangegangen werden, die Ansatzpunkte für realisierbare Änderungsstrategien zu verorten – für Änderungsstrategien, die sich an der konkreten Utopie von Erziehungseinrichtungen orientieren, die bei kritischer Offenheit für politische und ökonomische Anforderungen auf dem Wege demokratischer Entscheidungen Sozialisationsprozesse konstituieren, die wahre Chancengleichheit garantieren und den heranwachsenden Gesellschaftsmitgliedern gestatten, ihre persönlichen Begabungen und Interessen zu entfalten und nach autonomen Standards eine emanzipierte Persönlichkeitsstruktur aufzubauen.

Über den Verfasser

Klaus Hurrelmann: Geboren 1944 in Gdingen. Studium der Soziologie, Ökonomie und Sozialpädagogik an den Universitäten Freiburg und Münster. 1965/66 Studienstipendiat an der University of California in Berkeley. 1968 Diplomsoziologe an der Universität Münster. 1968–1971 Projektleiter an der vom Kultusministerium Nordrhein-Westfalen eingesetzten «Forschungsgruppe Hauptschule», Pädagogische Hochschule Münster. 1971 Promotion zum Doktor der Sozialwissenschaften an der Universität Münster. Seit 1971 Wissenschaftlicher Assistent an der Fakultät für Soziologie der Universität Bielefeld. 1971–1974 Fakultätsbeauftragter für Curriculumforschung und Lehrplanung. Habilitation 1975. Hauptinteressengebiete: Sozialisations- und Bildungsforschung, Soziologie der Bildung und Erziehung, Klassen- und Schichtentheorie industrieller Gesellschaften.

Wichtigste Veröffentlichungen:

Die familiale und schulische Situation der Kinder an Hauptschulen, Forschungsgruppe Hauptschule, Münster 1970 / Unterrichtsorganisation und schulische Sozialisation, Weinheim und Basel, Beltz Verlag 1971, 1973 ² / Der schwierige Weg zum «pädagogischen Experten», in: Die Deutsche Schule 11, 1971 / Die Guten ins Töpfchen . . ., Wie Leistungsdifferenzierung zu einer verfeinerten Form der Auslese wird, in: betrifft: erziehung, 10, 1971 / Mit M. Brusten: Abweichendes Verhalten in der Schule, München, Juventa-Verlag 1973 / Familiale Sozialisation und soziale Ungleichheit, in: H. Walter (Hg.) Sozialisationsforschung, Band II, Stuttgart, Frommann Verlag Holzboog 1973 / Bildungs- und Unterrichtsforschung als angewandte Sozialisationsforschung, in: betrifft: erziehung 9, 1974 / Herausgeber: Soziologie der Erziehung, Weinheim und Basel, Beltz Verlag 1974.

Literaturverzeichnis

Adorno, T. W.: Erziehung zur Mündigkeit. Vorträge und Gespräche, hg. von G. Kadelbach. Frankfurt: Suhrkamp 1970.

–: s. a. unter Horkheimer.

Altvater, E./Huisken, F.: Materialien zur politischen Ökonomie des Ausbildungssektors. Erlangen: Politladen 1971.

Anderson, A. C.: A Sceptical Note on Education and Mobility. In: Halsey/Floud/Anderson (Hg.), Education, Economy, and Society. New York: The Free Press 1961, S. 164–182.

Armbruster, W.: Arbeitskräftebedarfsprognosen als Grundlage der Bildungsplanung. Eine kritische Analyse. Berlin: Institut für Bildungsforschung 1971.

Armbruster/Bodenhöfer/Hartung/Nuthmann/Winterhager: Expansion und Innovation. Bedingungen und Konsequenzen der Aufnahme und Verwertung expandierender Bildungsangebote. Berlin: Institut für Bildungsforschung 1971.

Arndt, H./Swatek, D. (Hg.): Grundfragen der Infrastrukturplanung für wachsende Wirtschaften. Verhandlungen auf der Tagung des Vereins für Socialpolitik in Innsbruck. Berlin: Duncker & Humblot 1971.

Baethge, M.: Abschied von Reformillusionen. Einige politökonomische Aspekte zum Ende der Bildungsreform in der BRD. In: betrifft erziehung 11, 1972, S. 19–28.

Baethge/Gerstenberger/Kern/Schumann/Stein/Wienemann: Produktion und Qualifikation. Eine Vorstudie zur Untersuchung von Planungsprozessen im System der beruflichen Bildung. Göttingen: Soziologisches Forschungsinstitut 1973.

Bahr, K.: Zusammenfassende Darstellung verschiedener Ansätze zur Bildungsplanung. In: Internationales Seminar über Bildungsplanung 1966. Referate und Diskussionen. Berlin: Institut für Bildungsforschung 1967, S. 29–51.

Bargel, T.: Probleme der Rezeption empirischer Sozialisationsforschung. In: Walter, H. (Hg.), Sozialisationsforschung. Stuttgart: Frommann 1973, S. 119–138.

Bargel/Framheiw/Kellermann/Peisert/Sandberger: Zweckbestimmung des Studiums als Thema der Hochschulforschung. In: Zeitschrift für Pädagogik 6, 1973, S. 943–966.

Bechert, G. (Hg.): Gesamtschulen in Nordrhein-Westfalen. Weinheim und Basel: Beltz 1971.

Becker, E./Jungblut, G.: Strategien der Bildungsproduktion. Eine Untersuchung über Bildungsökonomie, Curriculumentwicklung und Didaktik im Rahmen systemkonformer Qualifikationsplanung. Frankfurt: Suhrkamp 1972.

Bendix, R.: Inequality and Social Structure: A Comparison of Marx and Weber. In: American Sociological Review 2, 1974, S. 149–161.

Bereiter, G./Engelman, S.: Teaching Disadvantaged Children in the Preschool. Englewood Cliffs 1966.

Berger, P./Luckmann, T.: Die gesellschaftliche Konstruktion der Wirklichkeit. Eine Theorie der Wissenssoziologie. Stuttgart: Fischer 1969.

Bergmann/Brandt/Körber/Mohl/Offe: Herrschaft, Klassenverhältnis und Schichtung. In: Adorno, T. W. (Hg.), Spätkapitalismus oder Industriegesellschaft? Stuttgart: Enke 1969, S. 67–87.

Bernhardt/Böttiger/van Holst/Kaczenski/Weigelt: Soziales Lernen in der Gesamtschule. Eine empirische Studie. München: Juventa 1974.

Bernstein, B.: Der Unfug mit der «kompensatorischen» Erziehung. In: betrifft erziehung 9, 1970, S. 15–19.

–: Studien zur sprachlichen Sozialisation. Düsseldorf: Schwann 1972.

–: Soziologie und die Soziologie der Erziehung. Einige kurze Anmerkungen. In: Hurrelmann, K. (Hg.), Soziologie der Erziehung, a. a. O., S. 47–62.

Bertram, H./Bertram, B.: Soziale Ungleichheit, Denkstrukturen und Rollenhandeln. Ein empirischer Beitrag zur Diskussion über sozio-kulturelle Determinanten kognitiver Fertigkeiten. Weinheim und Basel: Beltz 1974.

Bildungsbericht '70. Hg. vom Bundesminister für Bildung und Wissenschaft. Die bildungspolitische Konzeption der Bundesregierung. Bonn: Bundesdruckerei 1970.

Bildungsgesamtplan. Hg. von der Bund-Länder-Kommission für Bildungsplanung. Band I und II. Stuttgart: Klett 1973.

Bidwell, C. E.: The School as a Formal Organization. In: J. G. March (Hg.), Handbook of Organizations. Chicago: Rand McNally 1965, S. 972–1022.

Bolte/Kappe/Neidhardt: Soziale Ungleichheit. Opladen: Leske 1974.

Boocock, S. S.: Die Schule als soziale Umwelt für Lernprozesse. Soziale Organisation und soziale Mikroprozesse der Erziehung. In: Hurrelmann, K. (Hg.), Soziologie der Erziehung, a. a. O., S. 283–318.

Bourdieu, P./Passeron, J. C.: Abhängigkeit in der Unabhängigkeit. Die relative gesellschaftliche Autonomie des Bildungssystems. In: Hurrelmann, K. (Hg.), Soziologie der Erziehung, a. a. O., S. 124–158.

Brusten, M./Hurrelmann, K.: Abweichendes Verhalten in der Schule. Eine Untersuchung zu Prozessen der Stigmatisierung. München: Juventa 1973.

Bühlow/Hopf/Nagel/Preuss-Lausitz: Gesamtschule zwischen Schulversuch und Strukturreform. Weinheim und Basel: Beltz 1972.

Caesar, B.: Autorität in der Familie. Ein Beitrag zum Problem schichtenspezifischer Sozialisation. Reinbek: Rowohlt 1972.

Cicourel, A. V./Kitsuse, J. I.: Die soziale Organisation der Schule und abweichende jugendliche Karrieren. In: Hurrelmann, K. (Hg.), Soziologie der Erziehung, a. a. O., S. 362–378.

Claessens, D.: Familie und Wertsystem. Berlin: Duncker & Humblot 1962.

Clark, B. R.: Die «Abkühlungs»-Funktion in den Institutionen höherer Bildung. In: Hurrelmann, K. (Hg.): Soziologie der Erziehung, a. a. O., S. 379–391.

Cloetta/Dann/Helmreich/Müller-Fohrbrodt/Peifer: Berufsrelevante Einstellungen als Ziel der Lehrerausbildung. In: Zeitschrift für Pädagogik 6, 1973, S. 920–941.

Coleman, J. S. u. a.: Equality of Educational Opportunity. Washington: US Government Printing Office 1966.

Collins, R.: Functional and Conflict Theories of Educational Stratification. In: American Sociological Review 3, 1971, S. 1002–1019.

Combe, A.: Kritik der Lehrerrolle. Gesellschaftliche Voraussetzungen und soziale Folgen des Lehrerbewußtseins. München: List 1971.

Daheim, H. J.: Soziale Herkunft, Schule und die Rekrutierung der Berufe. In: Glass, D. V./König, R. (Hg.), Soziale Schichtung und Mobilität. Köln und Opladen: Westdeutscher Verlag 1961, S. 200–217.

Dahrendorf, R.: Gesellschaft und Freiheit. Zur soziologischen Analyse der Gegenwart. München: Piper 1961.

–: Bildung ist Bürgerrecht. Plädoyer für eine aktive Bildungspolitik. Hamburg: Nannen 1965 (a).

–: Arbeiterkinder an unseren Universitäten. Tübingen: Mohr 1965 (b).

–: Gesellschaft und Demokratie in Deutschland. München: Piper 1965 (c).

Deppe, F.: Das Bewußtsein der Arbeiter, Studien zur politischen Soziologie des Arbeiterbewußtseins. Köln: Pahl-Rugenstein 1971.

Deutscher Bildungsrat: Einrichtung von Schulversuchen mit Gesamtschulen. Empfehlungen der Bildungskommission. Bonn: Bundesdruckerei 1969.

–: Strukturplan für das Bildungswesen. Empfehlungen der Bildungskommission. Bonn: Bundesdruckerei 1970.

–: Zur Reform von Organisation und Verwaltung im Bildungswesen. Teil I: Verstärkte Selbständigkeit der Schule und Partizipation der Lehrer, Schüler und Eltern. Empfehlungen der Bildungskommission. Bonn: Bundesdruckerei 1973.

–: Aspekte für die Planung der Bildungsforschung. Empfehlungen der Bildungskommission. Bonn: Bundesdruckerei 1974 (a).

–: Zur Reform von Organisation und Verwaltung: Fragen einer ziel- und programmorientierten Schulverwaltung unter besonderer Berücksichtigung des Ministerialbereiches. Empfehlungen der Bildungskommission. Bonn: Bundesdruckerei 1974 (b).

Dittmar, N.: Soziolinguistik. Exemplarische und kritische Darstellung ihrer Theorie, Empirie und Anwendung. Frankfurt: Athenäum/Fischer 1973.

DuBois-Reymond, M.: Strategien kompensatorischer Erziehung. Das Beispiel USA. Frankfurt: Suhrkamp 1971.

Durkheim, E.: Erziehung und Soziologie. Original Paris 1922. Deutsche Ausgabe, hg. von R. Krisam, Düsseldorf: Schwann 1972.

Edding, F.: Ökonomie des Bildungswesens. Lehren und Lernen als Haushalt und als Investition. Freiburg: Rombach 1963.

Feldhoff, J.: Probleme einer organisationssoziologischen Analyse der Schule. In: Hurrelmann, K. (Hg.): Soziologie der Erziehung, a. a. O., S. 245–261. 1974 (a).

–: Soziologische Forschungen zur politischen Sozialisation. Unveröffentlichtes Manuskript. Bielefeld: Pädagogische Hochschule 1974 (b).

Feldman, K. S./Newcomb, T. M.: The Impact of College on Students. San Francisco: Jossey-Bass 1969.

Fend, H.: Schulorganisation als Makroorganisation von Lernprozessen. In: Messner, R./Rumpf, H. (Hg.), Didaktische Impulse. Studientexte zur Analyse von Unterricht. Wien: Österreichischer Bundesverlag 1971, S. 197–238.

–: Gesellschaftliche Bedingungen schulischer Sozialisation. Soziologie der Schule I. Weinheim und Basel: Beltz 1974.

Fend/Knörzer/Nagel/Specht/Väth-Szusdziara: Sozialisationseffekte unterschiedlicher Schulformen. In: Zeitschrift für Pädagogik 6, 1973, S. 887–903.

Ferber, C. v.: Die Entwicklung des Lehrkörpers der deutschen Universitäten und Hochschulen 1864–1954. Untersuchungen zur Lage der deutschen Hochschullehrer III. Göttingen: Vandenhoeck & Ruprecht 1956.

Ferber/Gebhardt/Pöhler: Begabtenförderung oder Elitebildung? Göttingen: Vandenhoeck & Ruprecht 1970.

Fernau, F. W. (Hg.): Das neue Schulrecht. Ratingen: Henn 1973.

Fingerle, K. H.: Funktionen und Probleme der Schule. Didaktische und systemtheoretische Beiträge zu einer Theorie der Schule. München: Kösel 1973.

Freytag, H. L./Weizsäcker, C. C. v. (Hg.): Schulwahl und Schulsystem. Modelltheoretische Entwürfe und verlaufsstatistische Analysen. Weinheim und Basel: Beltz 1969.

Fürstenau, P.: Soziologie der Kindheit. Heidelberg: Quelle & Meyer 1967.

–: Psychoanalyse der Schule als Institution. In: Pädagogisches Zentrum Berlin (Hg.), Zur Theorie der Schule. Weinheim und Basel: Beltz 1969 (a), S. 9–26.

–: Neuere Entwicklungen der Bürokratieforschung und das Bildungswesen. In: Pädagogisches Zentrum Berlin (Hg.), Zur Theorie der Schule. Weinheim und Basel: Beltz 1969 (b), S. 47–66.

Furck, C. L.: Das pädagogische Problem der Leistung in der Schule. Weinheim und Basel: Beltz 1961.

Geiger, T.: Erziehung als Gegenstand der Soziologie. In: Hurrelmann, K. (Hg.), Soziologie der Erziehung, a. a. O., S. 85–107 (Original 1930).

Geulen, D.: Thesen zur Metatheorie der Sozialisation. In: Walter, H. (Hg.), Sozialisationsforschung, Band I. Stuttgart: Frommann 1973, S. 85–101.

Gesamtschulinformationen: Formen und Probleme der Differenzierung.

Hg. vom Pädagogischen Zentrum Berlin, Heft 4, 1973.

Gintis, H.: Education, Technology, and the Characteristics of Worker Productivity. In: American Economic Review 61, 1971, S. 266–279.

Gloy, K.: Bernstein und die Folgen. Zur Rezeption der soziolinguistischen Defizithypothese in der BRD. In: Walter, H. (Hg.), Sozialisationsforschung. Band I, a. a. O., S. 139–171.

Goffman, E.: Interaktion. Spaß am Spiel, Rollendistanz. München: Piper 1973 (Original 1961).

Goldschmidt, D.: Bildungsplanung und Bildungsforschung. In: Internationales Seminar über Bildungsplanung. Referate und Diskussionen. Berlin: Institut für Bildungsforschung 1967, S. 232–250.

Goldschmidt, D./Händle, C.: Erziehungswissenschaft als Sozialwissenschaft? Die Zusammenarbeit von Pädagogik und Soziologie in der Nachkriegszeit. In: Hurrelmann, K. (Hg.), Soziologie der Erziehung, a. a. O., S. 63–84.

Goslin, D. A. (Hg.): Handbook of Socialization, Theory and Research. Chicago: Rand McNally 1969.

Gottschalch/Neumann-Schönwetter/Soukup: Sozialisationsforschung. Materialien, Probleme, Kritik. Frankfurt: Fischer 1971.

Haag/Krüger/Schwärzel/Wildt (Hg.): Aktionsforschung. Forschungsstrategien, Forschungsfelder und Forschungspläne. München: Juventa 1972.

Habermas, J.: Thesen zur Theorie der Sozialisation. In: Arbeit, Erkenntnis, Fortschritt. Aufsätze 1954–1970. Amsterdam: De Munter 1970, S. 376–429.

–: Legitimationsprobleme im Spätkapitalismus. Frankfurt: Suhrkamp 1973.

Habermas, J./Luhmann, N.: Theorie der Gesellschaft oder Sozialtechnologie? Frankfurt: Suhrkamp 1971.

Hartfiel, G.: Einführung in die Hauptprobleme der pädagogischen Soziologie. In: Hartfiel, G./Holm, K. (Hg.), Bildung und Erziehung in der Industriegesellschaft. Opladen: Westdeutscher Verlag 1973, S. 9–61.

Hartung/Nuthmann/Winterhager: Politologen im Beruf. Zur Aufnahme und Durchsetzung neuer Qualifikationen im Beschäftigungssystem. Stuttgart: Klett 1970.

Hartung, D./Nuthmann, R.: Status- und Rekrutierungsprobleme als Folgen der Expansion des Bildungssystems. Berlin: Institut für Bildungsforschung 1973.

Heckel, H./Seipp, P.: Schulrechtskunde. Ein Handbuch für Lehrer, Eltern und Schulverwaltung. Berlin und Neuwied: Luchterhand 1965.

Heckhausen, H.: Förderung der Lernmotivierung und der intellektuellen Tüchtigkeiten. In: Roth, H. (Hg.), Begabung und Lernen. Gutachten und Studien der Bildungskommission des Deutschen Bildungsrates. Stuttgart: Klett 1968, S. 193–228.

Hegelheimer, A.: Berufsausbildung in Deutschland. Systemvergleich BRD-DDR. Frankfurt: Europäische Verlagsanstalt 1972.

Heindlmeyer/Heine/Möbes/Riese: Berufsausbildung und Hochschulbereich. Eine quantitative Analyse für die Bundesrepublik Deutschland. Pullach: Verlag Dokumentation 1973.

Heinz, W. R.: Sozialisationsforschung: Auf der Suche nach Theorie. In: Kölner Zeitschrift für Soziologie und Sozialpsychologie. 1, 1974, S. 138–147.

Hentig, H. v.: Systemzwang und Selbstbestimmung. Über die Bedingungen der Gesamtschule in der Industriegesellschaft. Stuttgart: Klett 1968.

Hessisches Kultusministerium (Hg.): Informationen zur Gesamtschule. Arbeitspapiere für die Praxis III, Wiesbaden o. J.

Hirsch, J./Leibfried, S.: Materialien zur Wissenschafts- und Bildungspolitik. Frankfurt: Suhrkamp 1971.

Höhn, E.: Der schlechte Schüler. Sozialpsychologische Untersuchungen über das Bild des Schulversagers. München: Piper 1967.

Hörning, K. H. (Hg.): Der «neue» Arbeiter. Zum Wandel sozialer Schichtstrukturen. Frankfurt: Fischer 1971.

Horkheimer, M./Adorno, T. W.: Dialektik der Aufklärung. Amsterdam: Querido 1947, Neuausgabe Frankfurt: Fischer 1969.

Hüfner, K. (Hg.): Bildungsinvestitionen und Wirtschaftswachstum. Ausgewählte Beiträge zur Bildungsökonomie. Stuttgart: Klett 1970.

Huisken, F.: Zur Kritik bürgerlicher Didaktik und Bildungsökonomie. München: List 1972.

Hurrelmann, K.: Unterrichtsorganisation und schulische Sozialisation. Eine empirische Untersuchung zur Rolle der «Leistungsdifferenzierung» im schulischen Selektionsprozeß. Weinheim und Basel: Beltz 1971 (a).

–: Der schwierige Weg zum «pädagogischen Experten». Materialien und Überlegungen zur Professionalisierung der Berufsgruppe der Volksschullehrer. In: Die deutsche Schule 11, 1971 (b), S. 690–705.

–: Familiale Sozialisation und soziale Ungleichheit. In: Walter, H. (Hg.), Sozialisationsforschung, a. a. O., S. 23–40.

–: Ansätze zu einer Theorie gesellschaftlich organisierter Sozialisation. In: Hurrelmann (Hg.), Soziologie der Erziehung. Weinheim und Basel: Beltz 1974, S. 13–46.

Hurrelmann, K. (Hg.): Soziologie der Erziehung. Weinheim u. Basel: Beltz 1974.

Illich, I.: Entschulung der Gesellschaft. München: Kösel 1970.

Jackson, P. W.: Life in Classrooms. New York: Holt, Rinehart, and Winston 1968.

Jaeger, R.: Eine quantitative Analyse des baden-württembergischen Schulsystems. In: Freytag, H. L./Weizsäcker, C. C. v. (Hg.), Schulwahl und Schulsystem. Weinheim und Basel: Beltz 1969, S. 115–226.

Janossy, F.: Das Ende der Wirtschaftswunder. Erscheinungen und Wesen der wirtschaftlichen Entwicklung. Frankfurt: Neue Kritik 1966.

Jantsch, E.: Technological Planning and Social Futures. London: Cassell

1972.

Jeismann, K. E.: Das Erziehungssystem in seiner Bedeutung für die Entwicklung des modernen Staates und der bürgerlichen Gesellschaft. In: Westfälische Forschungen 24, 1972, S. 64–76.

Jencks, C.: Chancengleichheit. Reinbek: Rowohlt 1973.

Jensen, S.: Bildungsplanung als Systemtheorie. Beiträge zum Problem gesellschaftlicher Planung im Rahmen der Theorie sozialer Systeme. Bielefeld: Bertelsmann 1970.

Kaufmann, F. X.: Zur Soziologie der weiterführenden Schule. Münster: Deutsches Institut für wissenschaftliche Pädagogik 1968.

Kern, H./Schumann, M.: Industriearbeit und Arbeiterbewußtsein. Eine empirische Untersuchung über den Einfluß der aktuellen technischen Entwicklung auf die industrielle Arbeit und das Arbeiterbewußtsein. Frankfurt: Europäische Verlagsanstalt 1970.

Klafki, W.: Der konsequenteste Schulversuch in der Bundesrepublik: Die integrierte Gesamtschule. In: Funk-Kolleg Erziehungswissenschaft. Frankfurt: Fischer 1970, S. 194–209.

Kob, J. P.: Zur Rollenproblematik des Lehrerberufs. In: Heintz, P. (Hg.), Soziologie der Schule. Köln und Opladen: Westdeutscher Verlag 1959, S. 91–107.

Koch, J.-J.: Lehrer-Studium und Beruf. Einstellungswandel in den beiden Phasen der Ausbildung. Ulm: Süddeutsche Verlagsges. 1972.

Kohn, M. L.: Class and Conformity. A Study in Values. Homewood: The Dorsey Press 1969.

Kollegstufe Nordrhein-Westfalen. Hg. vom Kultusminister des Landes NW. Ratingen: Henn 1972.

Krappmann, L.: Soziologische Dimensionen der Identität. Strukturelle Bedingungen für die Teilnahme an Interaktionsprozessen. Stuttgart: Klett 1971 (a).

–: Neuere Rollenkonzepte als Erklärungsmöglichkeit für Sozialisationsprozesse. In: betrifft erziehung 3, 1971 (b), S. 27–34.

Kratzsch/Vathke/Bertlein: Studien zur Soziologie des Volksschullehrers. Weinheim und Basel: Beltz 1967.

Krause, D.: Politische Ökonomie der Bildung. In: Zeitschrift für Pädagogik 5, 1973, S. 771–798.

Krockow, C. v.: Klassenbegriff und Bildungssystem. In: K. Hurrelmann (Hg.): Soziologie der Erziehung, a. a. O., S. 109–123.

Lange-Garritsen, H.: Strukturkonflikte des Lehrerberufs. Eine empirisch-soziologische Untersuchung. Düsseldorf: Bertelsmann 1972.

Lorenzer, A.: Zur Begründung einer materialistischen Sozialisationstheorie. Frankfurt: Suhrkamp 1972.

Lütkens, C.: Die Schule als Mittelklasseninstitution. In: Heintz, P. (Hg.), Soziologie der Schule. Köln und Opladen: Westdeutscher Verlag 1959, S. 22–39.

Luhmann, N.: Funktionen und Folgen formaler Organisation. Berlin: Duncker & Humblot 1964.

–: Gesellschaftliche Organisation. In: Ellwein u. a. (Hg.), Erziehungswissenschaftliches Handbuch. Berlin: Rembrandt Verlag 1969, S. 387–407.

–: Soziologische Aufklärung. Band I. Köln und Opladen: Westdeutscher Verlag 1970 (a).

–: Institutionalisierung – Funktion und Mechanismus im sozialen System der Gesellschaft. In: Schelsky, H. (Hg.), Zur Theorie der Institution. Düsseldorf: Bertelsmann 1970 (b).

–: Theorie der Gesellschaft. Unveröffentlichtes Manuskript. Bielefeld: Fakultät für Soziologie 1974.

Lutz, B.: Produktionsprozeß und Berufsqualifikation. In: Adorno, T. W. (Hg.), Spätkapitalismus oder Industriegesellschaft? Stuttgart: Enke 1969, S. 227–250.

–: Prognosen der Berufsstruktur. Methoden und Resultate. In: Lutz, B./ Winterhager, W. D. (Hg.), Zur Situation der Lehrlingsausbildung. Gutachten und Studien der Bildungskommission des Deutschen Bildungsrates. Stuttgart: Klett 1970, S. 285–346.

Marx, K.: Das Kapital. Kritik der politischen Ökonomie. Hg. vom Institut für Marxismus–Leninismus beim ZK der SED. Band I–III. Berlin: Dietz 1966 (Original 1867–1894).

Matthes, J./Schütze, F.: Zur Einführung: Alltagswissen, Interaktion und gesellschaftliche Wirklichkeit. In: Arbeitsgruppe Bielefelder Soziologen (Hg.), Alltagswissen, Interaktion und gesellschaftliche Wirklichkeit. Band I. Reinbek: Rowohlt 1973, S. 11–53.

Mauke, M.: Die Klassentheorie von Marx und Engels. Frankfurt: Europäische Verlagsanstalt 1970.

Mayntz, R.: Soziologie der Organisation. Reinbek: Rowohlt 1963.

Mayntz, R. (Hg.): Bürokratische Organisation. Köln und Berlin: Kiepenheuer & Witsch 1968.

Mead, G. H.: Geist, Identität und Gesellschaft. Frankfurt: Suhrkamp 1968 (Original 1934).

Mitscherlich, A.: Vom Protest zum Leistungsverfall. In: Merkur 4/5, 1973, S. 365–380.

Mollenhauer, K.: Sozialisation und Schulerfolg. In: Roth, H. (Hg.), Begabung und Lernen. Gutachten und Studien der Bildungskommission des Deutschen Bildungsrates. Stuttgart: Klett 1968, S. 269–296.

–: Theorien zum Erziehungsprozeß. Zur Einführung in erziehungswissenschaftliche Fragestellungen. München: Juventa 1972.

Moore, O. K./Anderson, A. R.: Some Principles for the Design of Clarifying Educational Environments. In: Goslin, D. A. (Hg.), Handbook of Socialization Theory and Research, a. a. O., S. 571–614.

Müller, W.: Family Background, Education, and Career Mobility. In: Müller, W./Meyer, K. W. (Hg.), Social Stratification and Career Mobility.

Paris: Mouton 1973, S. 223–255.

–: Bildung und Mobilitätsprozeß. Eine Anwendung der Pfadanalyse. In: Hurrelmann, K. (Hg.), Soziologie der Erziehung, a. a. O., S. 212 bis 244.

Naschold, F.: Organisation und Demokratie. Stuttgart: Kohlhammer 1969.

Naschold, F./Väth, W.: Politische Planungssysteme im entwickelten Kapitalismus. In: Naschold/Väth (Hg.), Politische Planungssysteme. Opladen: Westdeutscher Verlag 1973, S. 7–42.

Neidhardt, F.: Die Familie in Deutschland. Opladen: Leske 1966.

Nitsch, W.: Hochschule. Soziologische Materialien. Heidelberg: Quelle & Meyer 1967.

Nunner-Winckler, G.: Chancengleichheit und individuelle Förderung. Stuttgart: Enke 1971.

Nyssen, F.: Kinder und Politik. In: betrifft erziehung 1, 1970, S. 20–26.

OECD: Bildungswesen mangelhaft. BRD-Bildungspolitik im OECD-Länderexamen. Frankfurt: Diesterweg 1973.

–: Ausbildung und Praxis im periodischen Wechsel. Ein Beitrag des Zentrums für Bildungsforschung und Innovation CERI. In: betrifft erziehung 3, 1974, S. 17–29.

Oevermann, U.: Schichtenspezifische Formen des Sprachverhaltens und ihr Einfluß auf die kognitiven Prozesse. In: Roth, H. (Hg.), Begabung und Lernen. Gutachten und Studien der Bildungskommission des Deutschen Bildungsrates. Stuttgart: Klett 1968, S. 297–356.

–: Sprache und soziale Herkunft. Ein Beitrag zur Analyse schichtenspezifischer Sozialisationsprozesse und ihrer Bedeutung für den Schulerfolg. Frankfurt: Suhrkamp 1972.

Oevermann/Krappmann/Kreppner: Elternhaus und Schule. Projektvorschlag. Berlin: Institut für Bildungsforschung 1968.

Offe, C.: Leistungsprinzip und industrielle Arbeit. Mechanismen der Statusverteilung in Arbeitsorganisationen der «Leistungsgesellschaft». Frankfurt: Europäische Verlagsanstalt 1970.

–: Strukturprobleme des kapitalistischen Staates. Frankfurt: Suhrkamp 1972.

–: Bildungssystem, Beschäftigungssystem und Bildungspolitik. Ansätze zu einer gesamtgesellschaftlichen Funktionsbestimmung des Bildungssystems. Unveröffentlichtes Manuskript. Starnberg: Institut zur Erforschung der Lebensbedingungen 1973.

Ortmann, H.: Arbeiterfamilie und sozialer Aufstieg. Kritik einer bildungspolitischen Leitvorstellung. München: Juventa 1971.

Osterland/Deppe/Gerlach/Mergner/Pelte/Schlösser: Materialien zur Lebens- und Arbeitssituation der Industriearbeiter in der BRD. Frankfurt: Europäische Verlagsanstalt 1973.

Parsons, T.: Die Schulklasse als soziales System. Einige ihrer Funktionen in der amerikanischen Gesellschaft. In: Graumann, C./Heckhausen, H.

(Hg.), Pädagogische Psychologie, Band I. Frankfurt: Fischer 1973, S. 348–375.
–: The Social System. New York: The Free Press 1951.
Peter, H. U.: Die Schule als soziale Organisation. Weinheim und Basel: Beltz 1973.
Recum, H. v. (Hg.): Perspektiven der Bildungsplanung. Frankfurt: Diesterweg 1967.
Riese, H.: Die Entwicklung des Bedarfs an Hochschulabsolventen in der Bundesrepublik. Wiesbaden: Steiner 1967.
Rolff, H. G.: Sozialisation und Auslese durch die Schule. Heidelberg: Quelle & Meyer 1967, Neuausgabe 1972.
–: Bildungsplanung als rollende Reform. Eine soziologische Analyse der Zwecke, Mittel und Durchführungsformen einer reformbezogenen Planung des Bildungswesens. Frankfurt: Diesterweg 1970.
–: Sozialisationsorientierte Curriculumentwicklung und curriculumorientierte Sozialisationsforschung. In: Walter, H. (Hg.), Sozialisationsforschung. Band I, a. a. O., S. 89–107.
Rolff, H. G./Tillmann, K. J.: Strategisches Lernen durch gesellschaftsverändernde Praxis. In: Rolff u. a., Strategisches Lernen in der Gesamtschule. Reinbek: Rowohlt 1973, S. 71–110.
Ronge, V./Schmieg, G.: Restriktionen politischer Planung. Frankfurt: Athenäum/Fischer 1973.
Rosenthal, R./Jacobson, L.: Pygmalion im Unterricht. Lehrererwartung und Intelligenzentwicklung der Schüler. Weinheim und Basel: Beltz 1971.
Sander/Rolff/Winkler: Die demokratische Leistungsschule. Zur Begründung und Beschreibung der differenzierten Gesamtschule. Hannover: Schroedel 1967.
Spahn, B./Christian, W.: Organisationsanalyse der Gesamtschule. In: Hurrelmann, K. (Hg.), Soziologie der Erziehung, a. a. O., S. 262–282.
Schäfers, B. (Hg.): Gesellschaftliche Planung. Materialien zur Planungsdiskussion in der BRD. Stuttgart: Enke 1973.
Schefer, G.: Das Gesellschaftsbild des Gymnasiallehrers. Frankfurt: Suhrkamp 1969.
Schelsky, H.: Schule und Erziehung in der industriellen Gesellschaft. Würzburg: Werkbund-Verlag 1957.
Schmitz, E.: Was kommt nach der Bildungsökonomie? In: Zeitschrift für Pädagogik 5, 1973, S. 798–820.
Schütze, F.: Sprache soziologisch gesehen. München: Fink 1975.
Statistisches Jahrbuch für die Bundesrepublik Deutschland. Hg. vom Statistischen Bundesamt. Stuttgart und Mainz: Kohlhammer 1972.
Steinkamp, G.: Die Rolle des Volksschullehrers im schulischen Selektionsprozeß. In: Hamburger Jahrbuch 12, 1967, S. 302–324.
–: Analyse und Kritik des Leistungsprinzips im Ausbildungs- und Berufssystem industrieller Gesellschaften. In: Hurrelmann, K. (Hg.), Soziologie

der Erziehung, a. a. O., S. 159–211.

Strzelewicz, W.: Erziehung und Sozialisation. In: Kippert, K. (Hg.), Einführung in die Soziologie der Erziehung. Freiburg: Herder 1970.

Stubenrauch, H.: Die Gesamtschule im Widerspruch des Systems. Zur Erziehungstheorie der integrierten Gesamtschule. München: Juventa 1971.

Teschner, W. P.: Was leisten Leistungskurse? Eine theoretische und empirische Bestandsaufnahme zum Unterricht in Fachleistungskursen. Stuttgart: Klett 1971.

Thomas, H.: Allgemeinbildendes Schulwesen: Soziologische Aspekte der Schule als Organisation. In: Schulz, W./Thomas, H., Schulorganisation und Unterricht. Heidelberg: Quelle & Meyer 1967, S. 9–31.

UNESCO: Bericht über Ziele und Herkunft unserer Erziehungsprogramme. Von E. Faure u. a., Reinbek: Rowohlt 1973.

Vogel, M. R.: Erziehung im Gesellschaftssystem. München: Juventa 1970.

Walter, H. (Hg.): Sozialisationsforschung. Stuttgart: Frommann 1973.

Weber, M.: Wirtschaft und Gesellschaft. Grundriß der verstehenden Soziologie. Studienausgabe von J. Winckelmann. Köln und Berlin: Kiepenheuer & Witsch 1964.

Webler, W. D.: Einige Aspekte staatlicher Bildungspolitik in der Bundesrepublik. In: Studentische Politik 1/2, 1974, S. 3–30.

Weizsäcker, C. C. v.: Lenkungsprobleme der Hochschulpolitik. In: Arndt, H./Swatek, D. (Hg.), Grundfragen der Infrastrukturplanung für wachsende Wirtschaften. Berlin: Duncker & Humblot 1971, S. 535–573.

Weizsäcker/Dohmen/Jüchter: Baukasten gegen Systemzwänge. Der Weizsäcker-Hochschulplan. München: Piper 1970.

Weizsäcker/Konrad/Kuth/Kwang/Sutter/Vollet: Simulationsmodell für Bildungssysteme. Schüler, Studenten, Lehrer und Kosten des Bildungswesens bis zum Jahr 2000. Weinheim und Basel: Beltz 1972.

Wellendorf, F.: Schulische Sozialisation und Identität. Zur Sozialpsychologie der Schule als Institution. Weinheim und Basel: Beltz 1973.

Wheeler, S.: The Structure of Formally Organized Socialization Settings. In: Brim, O. G./Wheeler, S. (Hg.), Socialization after Childhood. New York: John Wiley 1966, S. 51–116 (deutsch 1974).

Widmaier, H.: Bildung und Wirtschaftswachstum. Modellstudien zur Bildungsplanung. Villingen: Neckar-Verlag 1966.

Widmaier/Krafft/Sanders/Straumann: Hochqualifizierte Arbeitskräfte in der Bundesrepublik Deutschland. Sozio-ökonomische Analyse und Prognose. Bonn: Bundesdruckerei 1971.

Wissenschaftsrat: Empfehlungen zur Struktur und zum Aufbau des Bildungswesens im Hochschulbereich nach 1970. Band I–III. Bonn: Bundesdruckerei 1970.

Witzel, J.: Der Außenseiter im Sozialisationsprozeß der Schule. Stuttgart: Enke 1969.

Wörterbuch der marxistisch-leninistischen Soziologie. Hg. von W. Eich-
horn u. a. Opladen: Westdeutscher Verlag 1969.
Wurzbacher, G.: Sozialisation–Enkulturation–Personalisation. In: Wurz-
bacher, G. (Hg.), Sozialisation und Personalisation. Stuttgart: Enke 1963,
Neuausgabe 1974, S. 1–36.
Yates, A.: Lerngruppen und Differenzierung. Bericht und Dokumentation
im Auftrage der UNESCO. Weinheim und Basel: Beltz 1972.
Zander, H.: Sprache und Aneignung von Erfahrung in der frühen Kindheit.
In: Holzer, H./Steinbacher, K. (Hg.), Sprache und Gesellschaft. Ham-
burg: Hoffmann und Campe 1972.

Namenregister

Sachregister

Sozialwissenschaft

rororo studium · Herausgegeben von Ernesto Grassi

785/9

aktuell rororo

Herausgegeben von Freimut Duve

Gesamtauflage 5 Millionen Exemplare

MIX
Papier aus verantwortungsvollen Quellen
Paper from responsible sources
FSC® C105338

If you have any concerns about our products,
you can contact us on
ProductSafety@springernature.com

In case Publisher is established outside the EU,
the EU authorized representative is:
**Springer Nature Customer Service Center GmbH
Europaplatz 3, 69115 Heidelberg, Germany**

Printed by Libri Plureos GmbH
in Hamburg, Germany